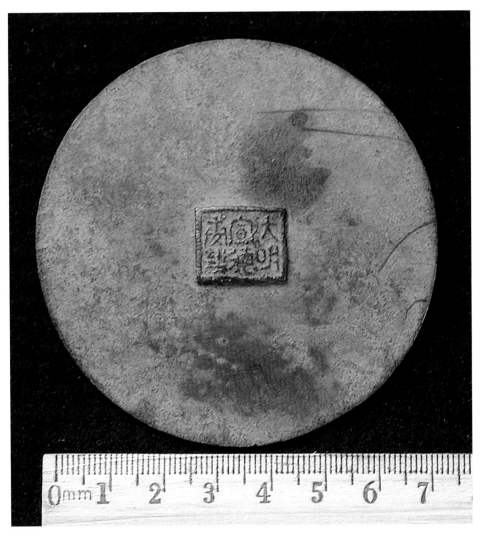

宣德金牌正面（未清理）。（李兆良攝）

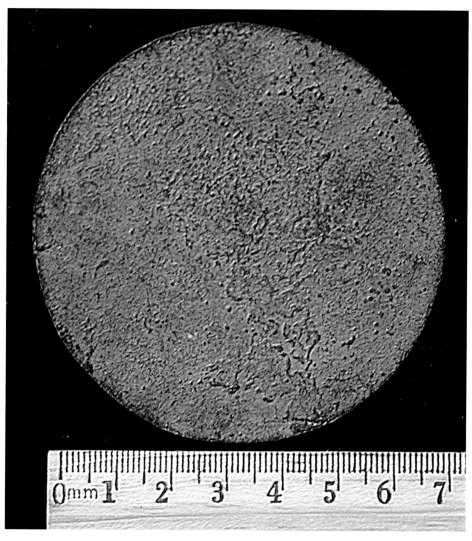

宣德金牌背面（未清理）。（李兆良攝）

宣德金牌正面（清理後）。（李兆良攝）

宣德金牌背面（清理後）。（李兆良攝）

宣德金牌「大明宣德委錫」字樣。（李兆良攝）

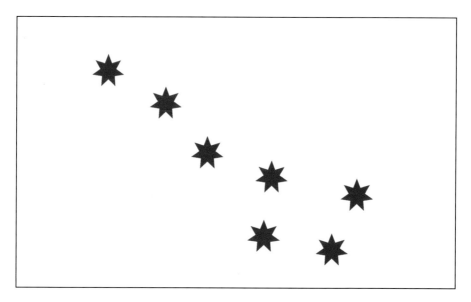

切諾基原來的文旗（和平之旗／文旗）。（Aaron Walden, Wikipedia）

切諾基原來的武旗（戰旗／武旗）（李兆良根據和平之旗重繪）。

馬斯科基初期旗幟（左）與更改後的旗幟。（Himasaram，Wikipedia）

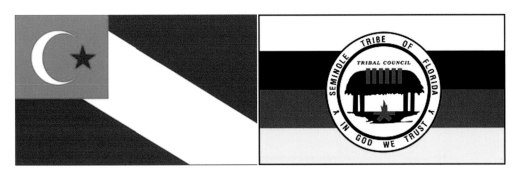

薩民諾爾族初期旗幟（左）與更改後的旗幟。（Wikipedia）

摩希根族的「四靈」。（Wikipedia）

南比族徽。（Wikipedia）

宣德金牌啟示錄

明代開拓美洲

李兆良

博學窮真相

審問以演繹

慎思求知識

明辨出智慧

篤行為真理

真相使你自由

沒有真相，就沒有真理

目　次 ————————————————————————

美洲出土宣德金牌：六百年奇遇

明代旗幟在美洲飄揚：北斗與旌旃

美國的景德鎮：陶藝傳承中美歐

金山嶺長城上的菠蘿：中美農畜交流

有朋自遠方來：中美文化鏈

插圖圖錄 ——————————————————————————

美國的景德鎮：陶藝傳承中美歐

金山嶺長城上的菠蘿：中美農畜交流

▌前言

這本書是六百年中國外交史的鳴冤鼓，四百年「西學東漸」的驚堂木。

我們一生是無數決定的總和。決定的基本是信息與知識。如何看待信息、尋找知識，是我們每時每刻在做的事情。你曾否想過，這些信息、知識是否真確？對自己有什麼影響？如何判別信息與知識的真偽，不讓偽信息支配我們一生？

這本書最終的目的不是為鄭和翻案，更不是為中國掙回美洲大陸的主權。它的目的是想用一個實際的例子，說明如何判別信息的真偽。人人都認為定案的經典，有著不為人注意的一點破綻，抽出一條線，擴大到一個面，抽絲剝繭，解決一個困擾歷史界六百年的懸疑。同樣的方法，也可應用到日常生活，豐富你的人生。

如果看完本書，你對結論仍不同意，能舉出反對的理由，那我的目的就達到了。因為你一定曾經深切地想過，還動手做過研究，不是盲目接受任何餵給你的信息。我希望您提出不同的意見。

明代的中國人不止到達美洲繪製世界地圖，而且曾在美洲開墾定居。這是這本書的結論。

一顆顆散落的歷史明珠，深埋海底，幾百年，幾千年，幾乎為人遺忘。一個偶然的機會，被打撈上來，再次展現它耀眼的光彩，串起來，架接滄溟宗兩邊，一端在中國，一端在美洲。

滄溟宗，是明代中國對太平洋的稱謂，意思是世界上最大的海洋。這個名字從來沒有出現在任何西方地圖上，只有明代的世界地圖有此名。如果中國沒有越過滄溟宗，如何知道它是最大的海洋？「滄溟宗」一詞明確告訴我們，明代中國人已經知道這最大的海洋，也已經渡過。在筆者的另一本書《坤輿萬國全圖解密：明代測繪世界》已詳細介紹過。

　　若明代中國與美洲有任何聯繫，鄭和的大航海無疑是最重要的原因。關於明代鄭和下西洋究竟最遠到達哪裡，歷來爭議不斷。有人堅持，中國文獻沒有就不算。回顧明朝以前的航海文獻，記述唐、宋、元的海陸交通史，遠達中東、東非、紅海、歐洲等地。如果鄭和七下西洋，傾二十萬人次之力，二十八年的功業，尚未超越宋、元，哪能稱為航海大業？要麼不可信，要麼可笑，甚或可悲。

　　本書將從西方原始文獻與文化痕跡的角度審視中美間的文化關係，證明明代的中國人不止到達美洲，而且曾經定居。

　　2006年，一個偶然的機會，我獲得一枚在美國出土的宣德金牌，為了追尋它的來歷，收集了數百項證據，最終在《坤輿萬國全圖》裡找到最重要、最有說服力的答案：

　　明代人不止環球航行，還測繪了第一張最詳細準確的世界地圖。

　　適逢利瑪竇逝世四百年紀念，先完成有關地圖部分的考證，發表《坤輿萬國全圖解密：明代測繪世界》一書。

　　回顧《坤輿萬國全圖解密》的一些重點。參閱六百張古地圖後，我總結出三條規律：

- 第一手勘探者繪製的地圖，永遠比後來抄本要正確。地圖繪製不能先於地理發現。
- 地圖繪製者對自己的家國應該最熟悉、準確、詳細。
- 地圖上的地形和地名的更迭、顯隱，有時間印記，可以用以決定成圖年代。

　　《坤輿萬國全圖》是中文文獻，沒有一個拉丁字母。《坤輿萬國全圖》上有多項信息否定作者是歐洲人或利瑪竇。以《坤輿萬國全圖》圖中的註文推算，該圖的主體並非完成於1602年，而是明朝鄭和時代，約1430年左右，比哥倫布出海早了六十年。

　　如果沒有文獻就不算，西方有何文獻證明《坤輿萬國全圖》之前，曾經探勘過北美洲西部的海岸？西方十六、十七世紀的世界地圖，許多是沒有探

勘文獻根據的。地圖出現比他們探測的時代要早一、兩百年。沒有到過一個地方，怎麼畫出地圖？1699年，歐洲人才知道加利福尼亞巴哈地區是半島，不是一個島。1602年，沒有到過美洲的利瑪竇，如何在一百年前知道這是半島，得知加州以北沿岸的地理和地名？我們對西方地圖同樣要求實證，若無其他文獻支持，地圖出現一些他們沒去過的地方，不可作為探險發現的證據。西方現代地理學鼻祖墨卡托將加利福尼亞標註在北極圈、奧特里烏斯把南美南端的大西洋稱為北海，應做何解釋？極明顯是他們從其他信息抄錄來的，而且抄錯了。而他們的藍本又是出自哪裡？

《坤輿萬國全圖》比奧特里烏斯和墨卡托的地圖都來得正確、詳細。《坤輿萬國全圖》準確地用中文標示符合地理的地名，當時還沒有歐洲人到達。這些地名在歐洲繪製的地圖上，或闕如，或標誌錯誤。只有一個可能，地圖是中國人自己探測、命名的，利瑪竇在中國得到這些材料。《坤輿萬國全圖》原藍圖的實際繪製年代是1430年左右，並非1602年，這個信息明確地記在圖上的一段文字裡。這意謂明代中國人首先測繪世界地圖，也就是說，明代中國人是地理大發現的先行者。

有朋友說，《坤輿萬國全圖》不是「硬證據」。什麼才是硬證據？所有西方文獻記載，十九世紀才到達北美洲西北部。十六世紀西方地圖出現了北美西部地理，硬證據在哪裡？若中國要拿硬證據，那西方難道就不要？

本書談的正是一系列明代中國人到達美洲的「硬」證據。從一面在美國出土的宣德金牌開始，通過第一手文獻、實地調查，用實物比較歐、美、中三方的文化發展特徵、文物特徵。根據現有的資料分析，美洲一些文化與華夏文化同源，早於1492年哥倫布到達美洲的時代，同時回應並肯定了《坤輿萬國全圖》是明代中國作品的論說。

宣德金牌在北美洲東部出土，引發我注意東部印第安人的文化。切諾基人有許多與明代有關的現象。他們的北斗旗是明朝代表皇帝的旗子。白、紅兩色代表和、戰，文武官制度與中國相同。遠至北美中部的克魯族，將旗幟上的北斗稱為「帶信人」，明顯是指明代中國派來宣布宣德登位的外交使節。

美洲原住民切諾基族人稱瓷土為「unaker」，即歐洲人對漢語南方方言「堊泥」的音譯，同樣字彙代表白色與陶泥，與中國白堊的定義，如出一

轍。他們的鄰邦卡托巴族是出名的陶人，製造宣德爐器形的陶器，稱呼瓷土為 itu 或 ito，即「堊土」的音譯。卡托巴原有的領地，有景德鎮特有的陶瓷工藝——水碓、龍窯、鹼性釉、大缸、把手等。除了中國與鄰邦，全世界只有這裡有較完整的景德鎮古老工藝、器形、紋飾。沒有比陶瓷工藝更能代表中國。其中一項特別的陶器是合巹杯，新婚新人共飲合巹杯的傳統，廣泛在美洲各民族間流行，這是中國漢代到清朝以來的禮儀。世界上只有中國和美洲原住民有如此傳統。

美洲特有的農作物，鳳梨、玉米、番薯、南瓜、花生、辣椒、煙草等出現在中國文獻文物，比哥倫布出航起碼早了半個世紀，較歐洲國家種植要早，不可能是從葡萄牙、西班牙帶來。它們首先通過茶馬道進入中國西南，再傳到全國各地，是明代中國人把它們帶回來的。

中美動植物的交流是雙向的。切諾基玫瑰，即中藥金櫻子。美國立國不久，這種金櫻子玫瑰在美洲東部至南部到處可見。美國尚未立國，稻米、蠶桑已經植根東南。五花馬、雞，是美洲沒有的動物，卻早早就出現在美洲。這些具有遺傳基因的實證，世代繁衍，不易毀滅，無法改寫。印第安人乘坐的五花馬（驄、驃、駁），是中國秦漢以來，悉心培育的顯性基因突變品種，中國歷代繪畫中，花馬出現頻率近 10%，而且是帝皇珍貴的馬。十到十六世紀，歐洲的圖畫裡沒有花馬。十七世紀後，歐洲才出現花馬，其實來自美洲，間接來自中國。中美之間的生物交流有其基因印記、時間印記，無法捏造。《坤輿萬國全圖解密：明代測繪世界》一書談到鸚哥、厄驢、火雞，也是中美在動植物方面交流的證據。

美洲還有一些明代或更古老的中國文化特色：二十八宿的天文觀測台、四方神靈用四色代表、饕餮、結繩記事、圭、貝幣、朋（貝珠帶）、旂旌、節杖、佛教的卍（萬字）符和手中眼、洗骨二次葬、和平族的筓禮等等。

美國西部印第安人地區出土中國小孩佩戴作為辟邪用的虎鈴，加拿大育空和美國華盛頓州出土的永樂通寶，是華人在美洲不可否認的實物證據。

從中國西行到美洲，途中必須經過非洲。以往以為鄭和沒有越過好望角，但是西非洲各國有不少文化特徵與明代中國有關，例如將軍帽、頸圈、失蠟法銅鑄等等，一如中國西南民族，保留明代文化至今。

這些實物證據對應了《坤輿萬國全圖》的精確性和豐富的內容，也支持美洲東部出土宣德金牌的事實。物質文化與非物質文化拼出統一、完整的脈絡，證實中美之間的文化淵源。

從刑偵學來看，物理、化學、生物的證據是客觀的。指紋、血跡、凶器、傷痕和時間證人，比任何口供更重要。文獻像口供、是人證，疑犯或證人個人的視聽，會有錯漏。文物、動植物基因是物證，是群體留下的客觀證據，不會說話，不會偏袒，是斷案的主要工具。探求歷史真相，與刑偵分析，道理是一樣的。

不同地區的人類文明有獨立發生，也有受外來文化影響，更多是兩者的融合發展。從人造的器物，可推算出族群間的關係。

一項文物起碼有五項屬性：用途、形狀、紋飾、工藝和物名。同樣用途，不同族群製造的器物形狀、紋飾會不同。工藝包含多種器材與流程，愈複雜的工藝，不同文化自發偶合的機會愈微小。物名牽涉語言思維，在五種屬性中，最具文化特殊性。不同的民族對相同用途的文物有相同屬性的，一定有過交流，有淵源關係。以上述的規律來看，美洲與中國的陶器、旗幟、天文、族徽、宗教、婚葬風俗、工藝技術，有著千絲萬縷的聯繫，加上動植物遺傳的特殊性，可以說，美洲的文化與華夏文化，特別是明代文化，息息相關。因此，明代人沒有來過美洲是不可能的，而且不止一次，起碼永樂時代和宣德時代各有一次。比明代更早的，不同年代遷徙到美洲的有亞洲人，也可能有歐洲人。但是明代人測繪世界地圖所引發的影響，是最為深遠的，西方的「地理大發現」都靠中國的世界地圖，其實是按圖索驥。

早期歐洲人對美洲的文獻記載，比較客觀，因為還沒有利害衝突。美國建國後，這些文獻漸漸隱沒在歐洲中心論裡，哥倫布「發現新大陸」成為美洲史的始點，之前被稱為美洲的「史前時代」。初期文獻原作的電子文件，透過網路公諸於世，讓我們了解，日後的某些文獻並未如實地反映歷史真相。考古學、化學、生物學等的新發現，早已推翻哥倫布的神話，鄭和與利瑪竇的謎團卻始終沒有解決。本書盡量以提供材料為主，加以適當提示，讓讀者自己去判斷歷史的真偽。

歷史的定義，有不同的說法，有人認為是科學、文學、哲學，甚至藝

術。其實，歷史包括所有層面。歷史學的基本，與刑偵學一樣，首先是科學的，建立在真相的基礎上，就事論事，實事求是。其次，記述有文學藝術的技巧。最後，昇華為哲學理論，作為人類社會發展的方向盤。正如文學、藝術、哲學一樣，歷史有局部特異性的一面，但必須以事實為基礎。科學與歷史事實，沒有國界，最終屬於全人類，而不屬於任何一個集體。

　　沒有任何一種政權、君權、神權應該凌駕在歷史事實之上。當事實無可避免呈現時，被誤導者終將回歸真知。蓄意掩蓋、歪曲事實者更難以自容。

　　在證據面前，歷史學家應該毫無畏縮，如實報導，排除個人、集團、民族、國家、宗教的恩仇和利益。歷史，正如科學一樣，沒有人為的疆界。外國人可以為鄭和申直，華人為什麼要忌諱？尋求真理，必須打破非科學的、正的或反的民族主義情結。這並非理想主義，而是探求真理之必然。只有了解事實真相，才可以正確判斷、總結經驗、歸納真理。明代人在哥倫布以前環球航行、測繪世界、開拓美洲是符合現有資料分析的。西方地理大發現的持論，不符合推理，應該更正史實。以後有確實證據否定，也可以再次更正。正如科學，歷史也應該完全以真相為依歸，才有意義。

　　文天祥《正氣歌》讚頌「在齊太史簡，在晉董狐筆」，不畏強權，甚至用幾代人的生命來換取真實歷史的記錄。千山我獨行，他們可貴的人文精神，迴盪在歷史長河中。

　　梁啟超說：「史者何？記述人類社會賡續活動之體相，校其總成績，求得其因果關係，以為現代一般人活動之資鑑者也。」

　　學習和研究歷史，不單是為過去和現在，更重要是為了將來。

李兆良

2012 年 5 月 2 日撰，11 月 11 日定稿

美洲出土宣德金牌

六百年奇遇

　　一塊小銅片，改變了我的命運，改變了我熟知的近代史，這是一場六百年的奇遇。

　　先要回溯幾年前的事。2002年3月15日，英國退休潛艇艦長加文孟席斯（Gavin Menzies）在英國皇家地理學會召開了一個報告會，宣布驚人的理論，說他能證明地理大發現的真正主導者，不是哥倫布，是明代中國人鄭和與他的船員，之後，他把理論寫成書出版（Menzies 2003）。

　　2003年是鄭和下西洋六百周年紀念，當時我頗感興趣，把《明史》中有關「鄭和下西洋」的一段翻譯成英文，登在網上。想不到他居然看到了，特別寫信來謝。《1421：中國發現世界》尚未出版，他就寄來一本給我。看完後覺得裡面的證據有些有道理，也有值得商榷的地方，原本我的興趣就此為止。

　　2006年1月29日，收到一封陌生人的電郵，題目很簡單：「這是什麼？」他附了張照片，是一個圓片狀物體，中央有個長方形框框，裡面有六個漢字：「大明宣德委□」。最後一個字不清楚，但前面五個是毫無疑義的。我心頭一震，宣德是派遣鄭和第七次下西洋的明宣宗年號，這「委」字包含什麼意義？下面又是什麼字？這個金屬物是在哪發現的？為什麼？一連串的問題在腦中盤旋。

　　得到這張圖片，實在無法平靜。於是，我追問這文物的來歷。這位陌生人不是物主，他是在網路上看到的。2月6日，我終於追尋到這位物主發表圖片的網站，去信詢問。一個多星期沒有回音，本來以為作罷。2月17日，他來電話抱歉，說他不太用電郵，這是新手上網的特徵。羅伯森‧辛尼克（Robertson Shinnick）是業餘尋寶者，擁有三十年經驗。從小就喜歡用金屬探測器尋找古錢幣、鈕扣之類的金屬品。雖是業餘，但非常認真，他的挖寶日記登在網路上，將發掘文物的城鎮、年月日、歷史背景、在哪裡找到什麼，都一一詳細記錄。此物件是1994年夏天，在美國北卡羅萊納州西部，阿巴拉契山下一個小鎮出土的，最接近的城市是阿什維爾（Asheville）。出土處離地面約四到六英寸，附近稍淺的土層裡，找到1800年代的錢幣。他不懂這是什麼，一直把它丟在箱子裡，直到懂得上網，才把它的照片登出來，徵求解答[1]。

1　見Robertson Shinnick自述金牌出土經過：http://forum.treasurenet.com/index.php?topic=45920.0

　　我問他是否要出讓，他說不懂有什麼價值，不會訂價，但願意以市價三分一出讓。我也不曉得真假，沒看過實物，不好判斷價錢。他提了幾個價錢範圍，並說願意寄來讓我審閱，假如沒有價值就讓我留著，不用寄回，他認為那只是一塊無用的舊銅片。

　　對話之後，因外孫剛剛出生，我前去西維吉尼亞州幫忙。新任外公的欣喜與對銅片的懸念，交織成兩個星期來的複雜心情。3月6日，回程沒先返家，而是直奔郵局，在一大籃子的積信中，看到一個小黃皮信封，裡面除了用一張練習本紙包著那塊銅片，什麼都沒有。我按照他提供的中等價格，開了張支票寄去。不久收到他的謝函，對我給的價錢認為合理。從此，我成了銅片的新主人，開始了新的人生旅程。

　　此銅牌的出現幾近神奇。為了進一步了解其來歷，筆者特地到出土附近考察。不料，竟引發一連串的追尋、查證，一發不可收拾，從明史到美洲史、歐洲史、非洲史、穆斯林、金屬學、旗幟學、陶瓷、印第安人文化、農業發展史、利瑪竇和《坤輿萬國全圖》等等。六百年來，許多歷史懸案、疑問，在這些證據面前，豁然開朗。明代中國與世界地理大發現的歷史，必須重新評價。

宣德金牌的歷史背景

　　這枚金牌究竟有什麼來歷，讓我如此傾心？

　　宣德（1426-1435）是明宣宗朱瞻基（1398-1435）的年號。他是繼明成祖朱棣（年號永樂）以後，派鄭和出海的第二位皇帝，這也是鄭和最後一次（第七次）大航海。鄭和下西洋的歷史有很多著作，這裡不再重複。成祖於永樂二十二年（1424）逝世，繼位的仁宗（朱高熾，年號洪熙）在位僅一年，認為航海消耗國庫，實施海禁。兒子朱瞻基也稟承父親的意旨，繼續海禁。直到1430年才因為外國來貢者日少，頒命鄭和再次出使。距上一次1422年回航，已相隔八年。《明宣宗實錄》卷六十七載：

宣德五年（注：即1430年）六月戊寅（初九），遣太監鄭和等詔往諭諸
番國，詔曰：「朕恭膺天命，祗嗣太祖高皇帝、太宗文皇帝、仁宗昭皇

帝大統，君臨萬邦，體祖宗之至仁，普輯寧於庶類，已大赦天下，紀元宣德，咸與維新。爾諸番國遠處海外，未有聞知，茲特遣太監鄭和、王景弘等齎詔書往諭，其各敬順天道，撫輯人民，以共享太平之福。」

關於金牌，《明史・輿服四》有一段話：

永樂二年制信符、金字紅牌給雲南諸蠻。凡歷代改元，則所頒外國信符、金牌，必更鑄新年號給之。此符信之達於四裔者也。

明代新皇帝登位，用來宣布新年號的金牌，與皇帝的禮物一起賜賞送給外國元首，等於今日的名片，金牌在史書上是有據的，以下即以金牌稱。

金牌表觀與文字分析

原來金牌緊緊附著一層暗紅色的泥土，重2.2公克，厚0.2公分，直徑7.2公分（3.1英寸），以一明尺等於32公分算[2]，直徑相當於2.25明寸。

經清理後，發覺金牌背面粗糙，帶有褐、綠、紅、黃等各種氧化物的顏色。正面（有字一面）平滑，呈金屬光澤，有微粒星點閃爍。文物上留有歲月的痕跡，叫包漿。玉、瓷、銅器各有包漿的色澤，人工無法模仿自然的包漿。銅器的包漿有所謂「黑漆古」，經過人手的把玩、埋在土裡、空氣氧化或在土壤裡的化學反應，器物的表面會生成一層牢牢不脫的皮，有柔和的光澤。金牌的顏色正是如此。

金牌中央有長方框1.4公分×1.8公分，內鑄三行六個小篆字，最後一個字終於弄清楚，應該是「錫」。「錫」字，同「賜」，整體六個字是「大明宣德委錫」，意思是大明朝宣德皇帝委託某人賞賜。

「錫」字，有人認為是「製」字。前面這「委」字是清清楚楚的，不是「年」字。皇帝要「製」，從來不需要「委」。所有皇帝製的瓷器、銅器，有朝代年號的，都不用「委」，只有「賜」需要「委」。為什麼？

2　中國文物信息網 http://www.ccrnews.com.cn/100014/100016/19391.html

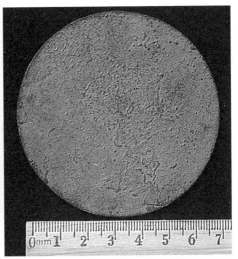

圖1.1 宣德金牌正面（未清理）。（李兆良攝）　圖1.2 宣德金牌背面（未清理）。（李兆良攝）

圖1.3 宣德金牌正面（清理後）。（李兆良攝）　圖1.4 宣德金牌背面（清理後）。（李兆良攝）

　　賜的原字是「易」，古代「易」字是從一個杯子把酒或水倒到另一個杯子裡，還可以看到液體與杯子的形象，有敬客的意思。當貝是珍寶則加「貝」旁；惠贈金屬的物品，則加「金」旁。這就是賜與錫的字源。為了恭敬，賜必須親自為之，今天，中國的禮節還用這樣的規矩，親手交付。皇帝

圖1.5 宣德金牌「大明宣德委錫」字樣。（李兆良攝）

圖1.6 賜（錫）與製的寫法（楷書、甲骨文、金文）。（李兆良攝）

不能親賜，讓使臣去賜，就用「委錫」的字眼，是表示尊重他國的元首的意思。《睡虎地秦墓竹簡·秦律十八種》有「有米委賜，稟禾稼公」[3]。所以「委錫」是有先例可循。

　　金牌上錫字有「勿」的彎折，「金」字旁雖然位置較高，都是明顯的。篆書「製」字上方與金牌的寫法不一致。所以，應該是「錫」，不是「製」。

　　有人認為「宣德」只能是皇帝的年號，不能代表他的稱呼，其實不然。明代以前，一些皇帝有多個年號，像武則天就有十八個年號。明朝開始，基本上，一個皇帝一個年號。明英宗有正統、天順兩個年號，那是因為他的帝位中斷過。清代皇帝經常用年號代表自己，乾隆御筆、康熙御覽、雍正御賜等字眼，文獻中普遍可見。至於以宣德年號稱呼皇帝，最具說服力的是沈粲為感謝朱瞻基（宣德）賜文房四寶而寫的幾首詩，呈給宣德，見於《三希堂法帖》，「特承　宣賜」的宣字抬頭，就是稱呼宣德，作為年號時，「宣」字不抬頭，也不省筆，沒有避諱（沈粲 1986）。年號不止是皇帝自稱，且是臣子對皇帝的稱呼。皇帝父母給的名「瞻基」，倒是不能直呼的。

　　金牌上面的字體，是否與宣德年代的其他字體相符，是鑑定的重要證據。

---

3 《睡虎地秦墓竹簡》，文物出版社，2001。

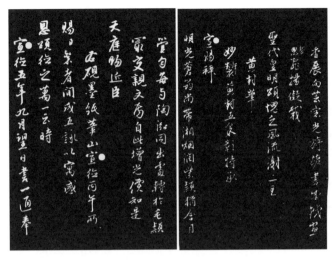

圖1.7　沈粲謝宣德賜文房四寶詩。

　　宣德的瓷器、銅器，楷書款多，篆書款少。有人以瓷器的底款比較金牌的字。永宣時代的官窯瓷器，很多底款是由沈度撰寫的。沈度（1357-1434）、沈粲（1379-1453）兩兄弟，被稱為大小學士，是永宣時代最重要的宮廷書家。

　　按宣德的旨令，金牌應是1430年鑄造的。宣德爐時代，沈度已經超過七十歲。弟弟沈粲也是宣德器重的書家，擅行、草、楷、章，但未見稱於篆。宣德爐是1428年由呂震主持鑄造。呂震著的《宣德彝器圖譜》，列出人員名單上沒有沈度、沈粲的名字（呂震 2006, 50）。

　　《宣德彝器圖譜》中羅列的款有「大明宣德年製」六字款，全為楷書；「宣德年製」、「壽山福海」四字款篆書；「宣德」兩字款和「宣」一字款均為篆書。重要的特色是所有宣德爐的篆款「宣德」和「宣」寫法均較統一，與金牌一樣，圓角、宀頭兩旁到底、「日」無回文，尤其是仿古周素蟠虬鼎的款，應是出自同一手筆。根據《宣德彝器圖譜》，監製宣德爐的呂震，官至太子太保兼禮部尚書，學問相當。歷代篆書的「宣德」二字有許多變化，而金牌的「宣德」二字與宣德爐的款最接近。鑄造宣德爐的同年（宣德三年，1428）呂震奉勅編《歷代璽印譜》兩冊。璽印都用篆書。宣德宮廷銅器的篆款，極有可能是呂震自己書寫，或他所指定的人寫的。

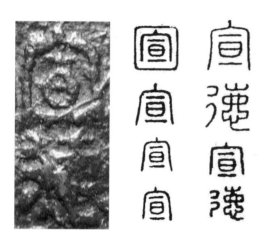

圖1.8　宣德爐款與宣德金牌比較。（李兆良摘自〔明〕
呂震《宣德彝器圖解》）

小篆的寫法變化多端，有時從風格即可判斷年代真偽[4]。這六個字較傳統小篆寫法簡單，「大，明，委」三字幾近於楷。估計理由有二。每個字0.5平方公分，太繁的寫法有困難。若是偽造，字體可能就會大一點，炫耀一下。也可能是當時造工覺得把字寫白一點，外國人較容易懂。其實這是一廂情願的想法，外國人對漢字，即使再簡單，不懂還是不懂。

歷來宣德的銅器、銅錢上面的德字都有很多爭議。「德」字心上有沒有一橫，有人認為是真偽的標準，有橫是假的，沒橫是真品。德字缺一橫的寫法，並非始於宣德。元朝趙孟頫書的《道德經》有很多德字，全缺一橫，此先例說明不是宣德自謙，少寫一筆。宣德八年鑄宣德通寶，無一橫的少，有橫的反而多。按抽樣統計，有橫的占80%。鑄錢與鑄宣德爐是完全不同的部門。鑄錢是由地方鑄幣廠負責，不能由中央統籌，中國幅員廣大，若由中央統一鑄幣，再從中央運到邊遠地方，運費已經把幣值吃掉。相信偽錢不可能比真錢多幾倍，那經濟早就垮掉。歷代許多鑄幣同年號有不同式樣，因此有沒有一橫並非是銅錢的真偽標準。

宣德爐是宮廷監製的，而且是宣德親自選樣、督造的。按照《宣德彝器圖譜》的解說，宣德爐的「德」字，心上沒有一橫。該書的插圖楷篆的德字都沒有一橫。金牌的德字，部分不清楚，左邊是篆，右邊是楷，也沒有一橫，還是明顯符合宣德爐譜的規格。雖然左篆右楷是出格的做法，但左邊與

4　參考《漢印分韻合編》，上海書店，1991，437頁；李新之，《篆刻字形字典》，大連出版社，1992，625頁；北川博邦編，《清人篆隸字彙》，熊山閣，1979，1390頁。

圖1.9　篆書宣德（摘自漢至明清歷代）。

宣德爐款完全一致。這從未出現過在任何其他宣德的器物，因為它是出口的，特別是為這次鄭和出使送禮用的。

　　宣德始終稟承父親的旨意，禁止航海，直到發覺外國不再來貢，才恢復海上往來。其實，外邦不來，是因為沒有交通工具，很多小國是靠明朝的船才能到中國來交易的。宣德五年六月下旨，閏十二月初六從龍江關（今南京下關）啟航，中間僅六個月時間準備所有大航海的裝備、招募各業人才，十分倉促。即使事先透露風聲，但沒有皇帝下旨，也不能有實際行動。八年未出海，許多程序已經不熟練。為了趕冬季北風南下，金牌雖然重要，只是小節，設計從簡，不能苛求了。

　　偽造骨董主要目的是利潤。仿造者一不仿不值錢的、二不冒沒有裝飾價值的、三不敢創新越軌。賣方根本不懂這文物的重要性，當廢銅賣，甚至不要錢，可排除為經濟因素而仿造；沒有特別紋樣，不能賣價錢，不是偽造者所為；金牌半篆半楷的書法獨特，偽造者不敢做。根據這三點，金牌不符合假冒仿製者的心理和目的。

金牌的金屬分析

偽造古銅器，用移植、電鍍、膠著等方法使得文物帶銅鏽古氣[5]，容易脫落。宣德金牌上各種顏色的鏽蝕緊緊附著金屬，成為保護層，無法輕易去掉。分析金屬時要用解剖刀刮掉外層，技術員花了很大力氣才把一點表層刮掉，顯示氧化層與金屬間的緊密關係。金牌有字的一面沒有銅綠，明顯不是青銅。

換上別的年代、別的文物，非專業發掘的文物，沒有好好保存現場資料，鑑定斷代可能比較困難。宣德銅器適巧是容易斷代的，因為宣德是中國有意識鑄造黃銅器的創始人。

宣德皇帝是個文人、畫家，愛畫花鳥動物，特別喜愛書畫器物。宣德三年，他下旨鑄造黃銅爐，從真臘（即今泰國、柬埔寨）進口了最精的貢銅，按照宋代瓷器、各式古代禮器典雅的款式，製造了爐、鼎等物，共3,365個，後來又加鑄，共一萬多個，分送皇宮、大臣、寺廟等，詳見《宣德彝器圖譜》一書。

宣德爐是中國冶煉史上的重要轉捩點，中國首次能按一定規格比較大批地生產黃銅。黃銅與青銅之別，前者含鋅，後者含錫和鉛。西方古代也有黃銅，只是不經意在冶煉中，混進碳酸鋅的礦石生成的，含鋅較低，成分不固定。含鋅的礦石，中國叫爐甘石，即菱鋅礦（Calamine），李時珍的《本草綱目》裡也提到。明代不止用爐甘石煉鋅製黃銅，還入藥，治皮膚病、止血、消腫毒、生肌、明目、去翳退赤、收溼除爛。爐甘石含鋅，現代的皮膚藥也含鋅，鋅是多種維他命中的一員。中藥的成功實踐，比西醫藥物早四百年。

黃銅的好處是不容易鏽蝕，保持黃金樣的光澤。鋅，舊名倭鉛[6]，沸點只有九百零七度，普通燒陶器的火候，就可以使它蒸發。沒有掌握技術的話，一煉就莫名其妙不見了，因此發現得比較晚。宣德彝器原料用的倭源白水鉛

5　中華收藏網http://big5.sc001.com.cn/news.sc001.com.cn/dictionary/01/02/20071129/033807.shtml

6　「倭鉛」一名最早見於署名「飛霞子」著的《寶藏論》。

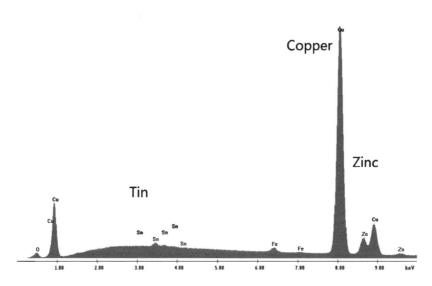

圖 1.10　宣德金牌正面色譜（含鋅）。（Dr. Cameron Begg 提供技術分析）

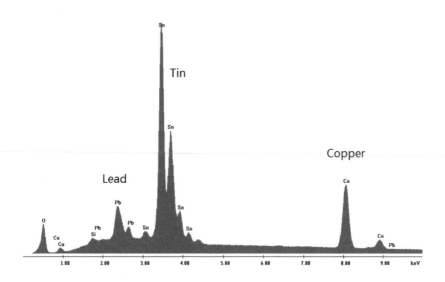

圖 1.11　宣德金牌背面色譜（主要含錫）。（Dr. Cameron Begg 提供技術分析）

就是指鋅、倭源黑水鉛則指鉛。中國是最早煉鋅的國家之一，宋代就開始了（一說印度最早）[7]。明代宋應星在《天工開物》中有敘述，用坩堝冶煉爐甘石（潘吉星，宋應星 1989, 364）。2003年，四川永安鎮發現宋代冶鋅的遺址[8]。2007年，重慶市發現明代冶鋅遺址集中在酆都、石柱、酉陽等地二十多處[9]。鋅是從什麼年代開始，尚有爭議（劉廣定 2002, 303-314）。

西方羅馬時代也有黃銅製品，是銅鋅合礦冶煉，不是有意識將銅與鋅按固定比率造成合金。1745年，一艘東印度公司商船在瑞典Gothenburg沉沒，載著中國進口的鋅，純度達98.99%（Hofman 1922, 3）[10]。那時的歐洲才剛認識鋅元素。中國成功煉鋅五百年後，即1740年，英國人查姆皮恩（William Champion）第一次煉成鋅（Porter 1991, 60）。中國目前仍然是鋅儲存量和產量最高的國家，年產260萬噸（United States Geological Survey 2008）[11]。

明代初期還沒有很好掌握黃銅技術。洪武、永樂、宣德都鑄青銅錢。宣德一直是用前朝鑄造的錢幣，直至宣德八年才鑄宣德錢。宣德很寶貴他的黃銅，只用做貴重的器物。關於中國錢幣的合金，有文章書籍論述。嘉靖以後，黃銅技術成熟，才開鑄黃銅錢（賈瑩，周衛榮 2003, 21-30；周衛榮 2002）。大英博物館分析中國歷代錢幣，由1583年（嘉靖）10%的鋅遞增至1628年（崇禎）的35%。清初回降至20%左右，1662年（康熙）又恢復到35%的鋅（Wang, et al. 2005）。上述觀察顯示，宣德時代的銅錢不含鋅。嘉靖時開始，技術比較穩定，發展至崇禎時代，鋅已經很便宜。清初，鋅的比率減低，可能是因為戰爭使得鋅的來源困難，到康熙時又恢復到鋅比較高的比率。

為統一測定儀器與方法，香港中文大學生物系麥繼強教授（退休）特地提供了一系列明代銅錢，俄亥俄州州立大學材料科學系貝格博士（Cameron

---

7　文化遺產保護科技平臺 http://kj.sach.gov.cn/kykt_detail.asp?t_id=8553

8　人民網 http://www.people.com.cn/GB/shizheng/14562/2476148.html

9　新華網 http://news.xinhuanet.com/newscenter/2007-12/21/content_7286945.htm

10　瑞典歌德堡號網 http://gotheborg.info/exhibition/gotheborg.shtml

11　http://minerals.usgs.gov/minerals/pubs/commodity/zinc/myb1-2006-zinc.pdf; http://finance.sina.com.cn/money/future/20070412/00483493369.shtml

Begg）使用 Philips XL30 ESEM-FEG 掃描電子顯微鏡，為銅錢和金牌進行分析比較。結果證實，從大中（朱元璋建明前的年號）到弘治（包括宣德）錢幣都不含鋅。嘉靖、隆慶的銅錢含 8% 的鋅。萬曆的銅錢含鋅量達 40%。鋅愈來愈容易煉，銅卻愈來愈少愈貴。這些結果與大英博物館的分析是一致的。晚明天啟崇禎時代的錢，含銅量只有 20%-30%（王大業 1998, 259）。

表1 明代銅錢成分（麥繼強教授提供銅錢，俄州州立大學物料研究所分析）

	開鑄年分	銅	**鋅**	錫	鉛	鐵	鎂	矽
大中	1367	74.99		17.88	7.13	0.57		
永樂	1408	77.07		7.61	12.21			
宣德	1432	60.21		14.33	15.48	0.57	0.30	0.83
弘治	1503	77.98		11.51	10.51			
嘉靖	1527	68.32	**8.19**	5.14	17.31	0.44		
隆慶	1570	80.26	**8.34**	0.80	4.03	1.76		
萬曆	1576	53.36	**40.24**		3.35			

注：大中為朱元璋稱明帝前之年號。明代有些年號未鑄錢，如建文、正統、景泰、天順、成化。
王裕巽：明代錢法變遷考 http://www.lunwentianxia.com/product.free.2506308.1/
王裕巽：論明代錢法的變革與制定。錢幣博覽 2007 第 4 期。
明朝錢幣的鑄行 http://big5.gov.cn/gate/big5/www.gov.cn/test/2006-05/10/content_277336.htm
明朝貨幣 http://mypaper.pchome.com.tw/ricjy/post/1321643617

明代可謂是黃銅發展最快的時代。宣德時代，一般民間使用的銅錢還沒有資格用上黃銅。鑄爐用黃銅，其他方面卻省得厲害。因此，金牌是否含鋅是重要的斷代鑑定方法。分析光譜顯示：金牌帶字的正面含 8.2% 的鋅，屬於黃銅，沒有氧化物，把邊緣刮開一小點，金光閃閃。背面粗糙無字，含鉛和錫，錫含量達 55%，有不同斑點的氧化物，電子顯微鏡下，錫的分布不平均。

金牌表面含鋅 8%，與後來嘉靖、隆慶銅錢含鋅量是一致的，顯然後者是沿襲宣德時代的技術。從鋅的成分，可以證明金牌與宣德和以後明代中葉的冶金術是一致的，也就確證了宣德金牌的身分。

表2　宣德金牌正、背面的不同合金成分

元素	金牌正面		金牌背面	
	重量%	原子%	重量%	原子%
銅 Cu K	89.97	90.52	26.77	27.67
錫 Sn L	1.06	0.57	55.04	30.45
鐵 Fe K	0.77	0.89	—	—
鉛 Pb M	—	—	8.55	2.71
鋅 Zn K	**8.20**	**8.02**	—	—
氧 O K	—	—	9.43	38.68
矽 Si K	—	—	0.21	0.50
總計	100	100	100	100

《周禮考工記》中有「六齊」之說：

> 金有六齊，六分其金而錫居一，謂之鐘鼎之齊；五分其金而錫居一，謂
> 之斧斤之齊；四分其金而錫居一，謂之戈戟之齊；三分其金而錫居一，
> 謂之大刃之齊；五分其金而錫居二，謂之削殺矢之齊；金錫半，謂之鑑
> 隧之齊。

　　這段文字的「金」是指銅的合金。製造不同的器物如鐘鼎、斧、戈戟、大刀、切削和鏡，錫在合金的成分比率，依據物品性質之所需，由低至高，逐漸增加到一半，科學實踐性很高。

　　有一種想法認為此文物是面鏡子，因為銅錫各半的成分適宜做鏡子。金牌的錫比例較六齊所述，屬於鏡子一類更高，以重量算，錫與銅達二比一。直徑七公分，作為鏡子太小，而且表面太粗糙，不應是鏡子。

　　金牌分兩面製造不單節省黃銅，含錫鉛的主體也比較硬，用銅鋅做不鏽的表面，是很精明的設計。製造兩面不同成分的過程要繁複得多。正面用脫蠟法鑄的，經過打磨。今天要製成同樣的黃銅器簡單多了，只要用模子一次就可鑄成，成分也會很均勻。到清代黃銅工藝已經相當先進、便宜。只有宣德時代才需要省鋅。再次證明金牌偽造的機會極低。

　　估計金牌有字的一面才顯露，背面是不準備顯露的。我認為這是鑲在一個禮盒上，相當於皇帝的名片，曉諭宣德新年號。中國嫁娶壽典的傳統禮盒，上面都有一個凹下去的圓圈，雕上福壽喜等字樣[12]。這金牌大概就是放置在這類禮盒的圓圈裡，只露出有字的一面。禮盒可以回收再用，換年號時，就只要換「名片」。今日要偽造，背面會造得精細些，起碼會加龍紋。

　　一位新加坡的澳籍「明史專家」，連金牌的照片都沒看過，一聽到金牌是黃銅做的，馬上就說是近代偽造的，因為他以西方黃銅歷史來衡量中國黃銅歷史。中國煉鋅始於宋代，早西方六百多年，黃銅鑄造是宣德時代的特點，起碼早西方三百年。這位「明史專家」未免太缺乏常識了。

　　根據以上文獻、文字、金屬分析、金屬史，金牌無疑是宣德時代的，它在當地出土是有特殊意義的，下面會解釋。

金屬測試的小插曲

　　開始測試金牌的成分是用一具比較舊的儀器，技術員非常仔細。電腦軟體分析的結果是含有Tantalum（鉭）。鉭是1802年瑞典人發現的元素，原子量180.94778，熔點3017°C，僅比鎢的熔點低一點，完全出乎意料。用同樣儀器再測了兩次，結果一樣。首先，宣德時代不可能造鉭的合金，當時應該沒有這種技術；第二，仿製品不會用這種稀有、昂貴的金屬；第三，鉭非常難提煉，惰性高，不易形成合金。唯一原因是儀器軟體計算錯誤。

　　說起鉭Tantalum的命名，有宗有趣的故事。Tantalum一字來自希臘神話人物Tantalos，他被天神罰站在一池水裡，頭上是棵果樹。他要喝水，水位就下降，使他喝不到；他餓了要吃，要摘果子，果樹就往上長，使他搆不著。有點像廣東俗語：「蛋家雞見水，可望不可即。」所以他就永遠處在飢渴之中，無法如願。這的確有點像我當時的寫照，無法得到渴望的結果。假如，我當時就此罷休，也許這面金牌又再次埋沒了。還好，我堅信金牌不可能含鉭，用精確儀器再三測試，得出正確結果。

12　http://www.fygdjs.cn/Article/UploadFiles/200807/2008070410213564.jpg

再論金牌真偽與來源

　　假如金牌真的是宣德送給外國元首的禮物，原物主說在附近同樣深度的土裡找到十八世紀的錢幣。根據土層的厚度和附近出土的美國錢幣年代，它是在美國獨立戰爭前後掉在這裡的。

　　我估計金牌是明朝人接觸美洲土人時的禮物。假設金牌隨船隊在1430年代登陸東海岸，輾轉於美國東部的幾個族群中，到1776年在山區裡丟失，它「走」了四百公里、經歷了三百年。今天要十幾代人守著一件文物，也不容易，可以想像當時的切諾基人是相當珍惜它的，對他們來說，肯定有極其重大的意義。如果明代中國人流落在美洲，有一天後代能回中國，宣德金牌是他們最重要的身分證明，也許切諾基人對這金牌異常重視，務必取回。如果它在東岸沙灘發現，經歷就太簡單了。

　　偽造文物的目的，基本上只有一個：經濟價值。經濟價值可分歷史價值和藝術價值兩方面。這金牌是沒有什麼藝術價值的。尋寶者不知道它的歷史價值，一般的骨董商也不會起眼。賣主是先郵寄給我審查，假如沒有價值，則免費送給我，可以排除經濟動機。

　　是否因為歷史價值而仿造？有人甚至認為尋寶者是孟席斯的搭檔，為支持鄭和環球的論說而偽造的。這位賣主，有三十年尋寶經驗，他只對早期歐洲移民的文物有興趣。自言是1994年挖到的，因為不懂，金牌一直放在箱子裡，直到懂得上網，才把照片登在網上。撿到金牌時，鄭和新說尚未面世，他不認得孟席斯，所以沒有道理說謊。首先接觸筆者的是另一位網友，不認得我，也不認得賣主，他只是好奇。筆者追尋了一個多星期才找到賣主，賣主沒有存心欺騙的可能。倘若這兩位能編造一個如此完美的故事，對應所有歷史背景的話，他們不止是天才，簡直是超人了。

　　反對明代人把宣德金牌帶來美洲，有多種說法。有一說是西班牙人在海上碰到中國船，打劫回來的。宣德時代，西班牙尚未進入大西洋，葡萄牙還沒到達印度洋，按照他們的說法，中國的船隊不是沒有能力到達大西洋，又如何被打劫？大西洋的面積約是7680萬平方公里，一艘普通中世紀的船在桅杆上能見的海平線距離是30公里，可見區域是方圓2744平方公里，兩艘船在大西洋上相遇的機會是1/3727。能見到，不一定能追得上；能追得上，不

一定會打贏；打贏了也不一定能將這面金牌奪過來。這些概率乘起來近乎零。

以上的假設，由後來的人把金牌帶來此地，概率低到一個程度，等於不可能。

我從北京故宮博物院開始，沿鄭和當年的路線向各國的主要博物館及文物專家詢問，包括東方文物收藏頗豐的大英博物館。但沒有一個博物館藏有類似的文物。假如這金牌的確是鄭和時代由中國人帶來美洲的，這樣的「金牌」當時應該不只一個，為什麼在國內國外都沒有同樣的文物？這是否代表該文物是偽造的呢？不一定。

沿著鄭和下西洋的路線，他到過的亞洲、非洲國家都受過殖民主義摧殘，有價值的文物被擄掠，沒有價值的就丟棄。在外國，鄭和出使經過的國家，幾乎都被異國占領、掠奪過，文化受到極大摧殘。這個平凡的銅牌，設計簡單，沒有紋飾，缺乏藝術價值，僅六個外國人不懂的小漢字，留下來的機會不大。假如有龍紋，它的經歷就不一樣了。

在中國，這種物品對下一任的皇帝是毫無意義的，就會將其收回，熔鑄成新的銅器、錢幣或兵器。從明代起，中國銅器在戰爭中受的災難特重，別說這不顯眼的銅牌，宣德爐這麼珍貴的銅器也散落或熔掉做刀槍、子彈和大砲。一萬多件宣德爐，今天所剩寥寥無幾。清朝仿品較多，連博物館裡的藏品也不能斷定是宣德時代的真品。六百年間，中國發生過多少戰亂。區區一塊小銅牌，丟失的機會是挺大的。

金牌只有一個，是否孤證？皇帝玉璽也只有一個，是否真品？這都需要其他旁證支持。要鑑定由非專業考古人士發掘的文物就得比一般的調查更嚴謹。宣德金牌為何在美洲出土？為何在這裡出土？這是下一步的探索。首先要了解金牌出土地的地理歷史背景。

出土地的地理重要性

金牌出土地點是北卡羅萊納州西部的一個小鎮，在阿什維爾市東邊二十公里，以前屬切諾基族的領地，距離該族的文化中心伯萊森城（Bryson City）約一百一十公里。

此地有其特殊的歷史意義和戰略意義。

北美洲東部有一段山脈，阿帕拉契山脈（Appalachian Mountains）從北到南、由加拿大的聖羅倫斯河口到美國南部阿拉巴馬州，綿延兩千四百公里，寬一百六十到四百八十公里，將美國東海岸切離中西部，極少缺口。中國的太行山是天塹，不過是山東、河北與山西的阻隔，四百餘公里長。想像太行山延長六倍，從河北一直伸展到福建，就可以領略這座阿帕拉契山脈的艱阻。

阿帕拉契主山脈與海岸之間，還有平行的藍嶺（Blue Ridge），中間的山谷就是81號州際公路。這條路是早期歐洲移民從費城到南方的篷車徑。

為什麼殖民地時代的法國能先占據美國中部，而英國只局限在東部海岸？因為法國從聖羅倫斯河的北岸往南走，抄過這座縱貫美洲的大山脈，繞到北美的中部。而英國人一直在維吉尼亞、卡羅萊納附近定居，不能逾越這座大山。初到這裡的人，只要登上第一座山，往西、往北、往南一看，都是

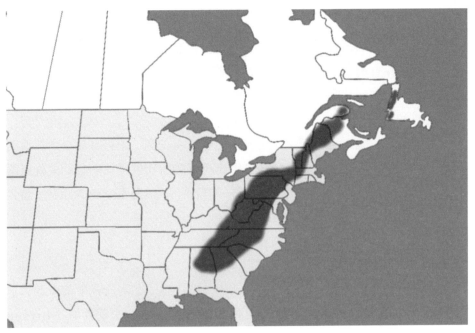

圖1.12　美國東部阿帕拉契山脈與金牌出土處。（李兆良摘自Wikipedia〔Lanma726〕）

望不盡的山巒，無法不洩氣，只好安於在山脈的東面定居。地理大發現時代有些地圖，還以為這些山後面是大海，以 Verrazano 命名[13]，與中國相接。

在金牌出土的東面，有一處斯挽南努阿山坳（Swannanoa Gap），是最重要的關隘[14]，千萬年來，人類與動物就是利用這個通道，從東部進入美國中西部大平原。其重要性，比中國的潼關、山海關，有過之無不及。

山坳西邊原是切諾基族（Cherokee）世世代代生活的領地，有良好的條件，一個不大不小的山谷，溪水長流，草木豐茂，像個窄長的漏斗，是狩獵的好場所。

出土地的歷史重要性

發掘金牌地點是原美洲土人切諾基的重要領地。切諾基是不準確的英文音譯，應該念「扎勒基」（Tsalagi），是別族對他們的稱呼，他們自稱是「真人」（Ani-yunwiya）。此處離海岸有四百公里。為什麼會在這裡發現金牌呢？為什麼金牌埋在只有四到六英寸深的土裡，只相當於十八世紀的土層呢？我繼續追蹤，引出了許多美洲土人與明代文化的關係，以及他們一段悲慘痛苦的歷史。

決定走訪金牌出土地後，我和小玲從哥倫布市出發，先到西維吉尼亞州，繞道的原因是探望女兒外孫一家，同時，要領略當年歐洲移民對阿帕拉契山脈的經驗。2006年3月20日沿81號州際公路南下，這是當年歐洲移民走的路，兩邊是高山，中間的谷地頗寬，但一進入山谷，七百公里走不出去。這條路，就是當年歐洲人進入中西部的途徑，叫「大篷車道」（Wagon Trail）。從81號州際公路接上40號公路西行，爬過斯挽南努阿山坳，就抵達出土金牌的小鎮。美國開國時期，新移民從費城（Philadelphia）要往西發展，一是繞道賓夕法尼亞州北邊；另一缺口就是斯挽南努阿山坳，東西貫通的40號公路，直通金牌出土的附近。

---

13 http://www.unctv.org/birthofacolony/acts.php（2012年4月24日閱）

14 http://gmap3d.com/?r=3dmap&ml=35.62151&mg=-82.2704&mt=Swannanoa%20Gap （2012年1月23日閱）

　　三月中，山坳岩壁上還掛著冰稜，大地仍凝固在一片冬日的肅殺中。下午兩點，我們到達小鎮，半小時裡竟然沒有看到一輛行駛間的車。整座小城一片死寂，沒有鳥叫，沒有風聲，彷彿重現兩百多年前的一幕。

　　重溫美國獨立革命前後的歷史，對了解金牌為什麼在這裡出土是很重要的。

　　從哥倫布啟航的1492-1776年美國開國，美國史稱為「殖民地時期」，真正大規模的英國移民是從1620年五月花號抵達波士頓附近的普利茅斯開始。1776年，新移民反抗英國統治，獨立成為國家。美國史連移民史不過五百年左右，但是，許多美國人對這段歷史一樣糊裡糊塗。最近美國中學生歷史測試，沒有一位知道什麼是1763宣言。1763年，距離美國獨立十三年，還是英國殖民地時代，英國國王下了一道宣言，英國殖民只能在阿帕拉契山脈的東面定居，山脈以西歸原住民所有。美國星條旗上的十三橫，代表最開始的十三州，全部在阿帕拉契山脈以東，就是因為有這道宣言。為什麼有這樣的決定？前因是一次世界大戰。

　　對歐洲而言，第一次世界大戰不是在二十世紀，應該是十八世紀的七年戰爭（1756-1763），參與者包括英、法、俄，西班牙、葡萄牙、普魯士和奧地利，戰場在印度、南北美洲、非洲、菲律賓和歐洲，沒有觸及中國。這七年戰爭決定了以後歐洲國家在世界政局的霸權地位。七年戰爭的結果，英國奪得法國在美洲密西西比河以東的領地，卻也因此負債累累，要向殖民加重稅項，為後來的美國獨立革命埋下伏筆。波士頓的茶葉暴動事件（Boston Tea Party），只是導火線而已。

　　法國方面，本來與美洲原住民聯手對付英國在北美的殖民地。七年戰爭的結果是法國輸掉，把加拿大和原來在北美中部密西西比河西面的占地讓給盟國西班牙，以補償西班牙損失了佛羅里達，而西班牙則用佛羅里達與英國交換了古巴的主權，一連串的換位造成了今天的美國版圖。美洲原住民在這場戰爭中是夾心層，在英、法、西之間周旋，腹背受敵。1803年，法國把剩下的路易斯安那賣給美國，當時的路易斯安那比今天的路易斯安那州大得多，是整個美國的三分之一。至今，魁北克的法裔始終想獨立，恢復過去的主人翁身分。他們對拿破崙的看法，很可能與其他法國人很不一樣，大半個

美國地區本來是法國占領的，卻在拿破崙手裡丟掉，很晦氣。1970年代到蒙特婁（Montreal），講英語根本沒人理睬，生澀的法語換來冷漠的待遇，不懂法語的遊客會興趣索然。英、法之間的宿怨，在加拿大很明顯，至今未泯。

七年戰爭後，英國元氣大傷。雖然得到大片原法國占領的土地，但為了安撫原住民，少惹麻煩，以便生息，英王於1763年宣言不讓新殖民進入原住民區域，旨在暫時綏靖原住民，這是1763年英皇禁止移民翻越阿帕拉契山擴張的原因。然而這個政策卻是與移民想繼續擴張發生牴觸，再加上英國對移民徵收重稅，釀成後來的移民反英獨立戰爭。

當時北美東部最大的族群是切諾基族，他們原來的領地是現在的南／北卡羅萊納州、喬治亞州和田納西州等，擁有很大一片土地。關於切諾基族的歷史有很多著作可參考[15]（Mooney 2005; Mooney 2006; Mails 1992）。

因為英皇保護原住民土地的政策，在1776年美國獨立戰爭中，切諾基族當然是擁護英國，聯合抵抗歐洲新移民的入侵，反對獨立。美國獨立戰爭的結果，輸家不止是英國。美洲原住民，尤其是切諾基族亦遭到懲罰。華盛頓領導的革命軍政府是沒有經濟能力的。勝利後，士兵解甲歸田的遣散費沒有著落，正好甩開英皇的條約，讓士兵自由進入原住民的領地。

上面講過，金牌出土的地點是綿延兩千四百公里的阿帕拉契山脈比較能越過的關口。這座小鎮原來是切諾基人的重要領地，距離首都很近，也是歐洲移民進入中西部重要的突破點、第一要衝，在美國歷史上占有極關鍵的地位。切諾基族與白人的屢次戰爭都在此較量。若了解這小鎮的歷史地理重要性，金牌在此出土就很有道理了。

1776年9月，美國發布獨立宣言之後不久，美國的一位將領盧瑟福（Griffith Rutherford）帶領兩千五百名士兵，沿著今日的40號公路，越過斯挽南努阿山坳，長驅直入，進擊切諾基的家園，摧毀切諾基人的三十六個村落，燒毀全部莊稼，趕走牲畜，使切諾基人斷糧，七十英里內一片焦土[16]。宣

---

15 切諾基歷史網 http://cherokeehistory.com/
16 北卡羅萊納歷史檔案室 http://www.learnnc.org/lp/editions/nchist-revolution/4300（2012年1月23日閱）

德金牌出土就是在這個方圓幾里、主要衝突的古戰場。說戰場，有點不貼切，在槍砲之下，切諾基人根本沒有還擊的能力，其實是大屠殺的墳地。關於當時有多少人被殺，各有說法，美國歷史用上「焦土清野」的形容詞，足見其慘烈程度。估計金牌大概就是在這時候遺失或藏起的。

歐洲移民在切諾基的原居地建立了美國中西部的第一個殖民地。1784年，切諾基人心有不甘，潛回，殺死了一名歐裔長者山姆·大衛森（Samuel Davidson），結果又被復仇屠殺。關於新移民與切諾基歷次戰爭的事跡，可參看阿什維爾歷史（Sondley and Davison 1922, 54; Arthur 1914）。讀者要明白，這些歷史是勝利者寫的，在他們的立場，原住民是拓展的阻力。

切諾基人的厄運並未完結。1815年，一位切諾基小孩在喬治亞州發現了一塊金塊，消息馬上傳遍各地[17]。喬治亞州發現金礦，引起歐洲移民的垂涎。傑克森總統於1838-1839年，勒令將所有密西西比河東邊的美洲原住民強迫遷移到西部奧克拉荷馬州。1812年，傑克森還沒有當總統，作為軍人，他在與克利克（Creek）族的一場戰役中，幾陷絕境，是切諾基首領把他救回來的。以怨報德，莫過於此。

1830年代，美國政府強制收買土地、武力驅逐原住民，把美國密西西比河東部的原住民，包括美國最有文化的五大民族，全部趕到奧克拉荷馬州[18]。這就是美國歷史有名的「淚之路跡」（Trail of Tears），其實，名為「死亡之路」，或稱之「血路」也不為過分。

一位從小和切諾基人一起長大、後來當兵並押解切諾基人西行的約翰·伯內特（John M. Burnett），在八十歲誕辰，寫下一封給後人的信，敘述當時的慘狀，由著名的歌星富有感情的聲音敘述，很值得一聽[19]。以下是信中一段：

　　我看見無助的切諾基人被捕，在刺刀下被押送，離開他們的家園，被關

17　http://chenocetah.wordpress.com/（2012年1月23日閱）

18　http://www.pbs.org/wgbh/aia/part4/4p2959.html（2012年1月23日閱）

19　John Burnett's letter narrated by Johnny Cash　http://www.youtube.com/watch?v=qW8rIM2lNN8（2012年1月23日閱）

圖1.13　淚之路跡──切諾基被遷徙的路線（US National Park Service）。（Wikipedia）

進牢裡。在10月一個淒風苦雨的早晨，我目擊他們像牛羊一樣被裝進六百四十五輛篷車，開始向西……在11月17日上午，我們遇到了一個可怕的冰雹和暴風雪。從那天起，直到我們走完旅程的1839年3月26日，切諾基人蒙受到極大的虐待。這條放逐的路是死亡之路。他們不得不睡在貨車上和冰冷的地上。我知道他們由於肺炎，被寒冷折磨死的，一個晚上多達二十二個……

當時，被押解放逐的共一萬五千人，平均二十人一部車，還要載運物品。很多人徒步，沒有鞋子，在石頭荊棘上，在隆冬雪地裡，飢寒交迫的切諾基人，赤腳踏出一條血路。五個月，長途跋涉兩千公里，是多漫長的折磨啊！再加上傳染病，切諾基族人口銳減三分之一。

　　一千名切諾基人逃進附近的大煙山（Great Smoky Mountain）藏匿。這大山，方圓七百五十六平方公里，山高林密，峰巒起伏，氤氳瀰漫，只有熟悉的人能辨路進出。我一次要探訪大煙山，走不到三分之一的路，就被濃霧擋住，能見度不到五公尺，無法前進，只好作罷。當時切諾基人也是被大煙山的霧所拯救，躲過劫難，免受遷移，成為東切諾基族。遷到奧克拉荷馬州的，成為西切諾基族。之後，西切諾基族很久都沒有機會回到這塊原居地，

直到一百七十年後，即2009年，兩地分隔的族人才有重聚的機會，但是再不能回到這金牌出土的小鎮。

當年歐洲第一批移民就在這座小鎮建立第一個居住點，第一所教堂成立於1794年。宣德金牌的出土地是當年切諾基人與歐洲移民交鋒的戰略重地、戰場和葬身處。

出土地的人口地理

金牌是否是後來的華人帶來的？

美國政府移民局訂1849年為華人首次移入美國的年分，作為淘金客，他們都集中在西岸。1850年，美國人口統計才開始列出非洲裔、華裔與美洲土著人口，當時全美華人總人口是七百五十八名。而後在1882年美國的排華政策禁止華人來美，直至1943年解禁、1965年放寬限額，基本上華人來美多聚居在東西岸大城市。

明宣宗以後，中國閉關四百多年，直到1850年後才開始再有中國人來美，早期華人移民都是在西部淘金或建鐵路的勞工。清朝也是這個時期才派幾十名留學生到美國，耶魯大學的容閎便是其中之一。其餘中國人來美僅限於勞工，集中在紐約和加州，極少華人到北卡羅萊納州。理由有幾方面：卡羅萊納州經濟沒有紐約、加州繁榮，就業機會少；早期交通不便；在異鄉，不懂言語的華人喜歡聚居，互相照顧，因此城市華人多者愈多、少者愈少；卡羅萊納州曾經是維護黑奴制度、歧視有色人種的州，華人更不可能前往。

清朝時來美的華人，在金礦挖罄後，轉為鐵路工，基本上在美國西部。直到今天，北卡羅萊納州仍是華人較少的州。1900年，整個北卡羅萊納州的華人人口是51人[20]。1930年，全美華人只有46,129名[21]。

附近比較大的城市是阿什維爾（Asheville），按2010年的人口普查，也只是美國一個八萬人的小城而已，華人不到一百人。宣德金牌出土的小鎮總

20　北卡羅萊納歷史博物館 http://ncmuseumofhistory.org/nchh/twentieth.html

21　美國人口統計局 http://www.census.gov/population/www/documentation/twps0029/tab04.html

人口四千多人，亞裔不到十名。全鎮有四家賣小玩意兒的商店，根本算不上骨董店，當然更沒有中國文物店[22]。沒有華人的地方，骨董商為什麼要在地下埋藏一塊沒有藝術價值的銅片？

有人認為可能是傳教士帶回來的紀念品。清朝的藝術品比比皆是，任何一樣都比這銅牌強。美國的傳教士也不會千里迢迢帶這樣的物品回來，因為它看來完全沒有任何經濟價值或藝術價值。即使今天，連中國人也很少知道它的歷史價值。

小小博物館

阿什維爾市立圖書館有一本小冊子，帶引我找到黑山鎮（Black Mountain）一所很小的博物館[23]。按照上面的信息，給博物館打了電話，館長瓊斯太太（Jill Jones）原本翌日有事開會，只給半小時，電話裡她說博物館很小，一下就看完了。博物館本在冬季是關門的，這次破例開放，她會在開會前接待我們。

隔天大早，我們來到這座博物館，的確如她所言，從沒看過如此小的博物館，相當於一般博物館的小賣部，不到一百平方公尺，是一家老消防局部分改建[24]。

館長瓊斯女士的姓，是相當常見的英國姓，果然她的祖先是創鎮的英國人後代。知道我有意做研究，不是一般遊客，又聽說我們是從哥倫布市開了六百四十公里路，特別熱情歡迎。取消了會議，為我們做了近兩小時的專門介紹。其實我們繞了一個大圈子，開了一千一百二十公里，比她想像的代價還高。繞道81號州際公路，沒有白費，讓我體會當年歐洲移民從費城下來，尋找往西的途徑那種艱辛。

整個博物館分成兩部分，前面是開鎮歷史，甫進門是一個立體地理模

---

22 http://swannanoa-nc.areapages.com/census（2012年3月1日閱）

23 Black Mountain and the Swannanoa Valley. Swannanoa Valley Museum. Acadia Publishing. 2004.

24 http://www.inst.ncecho.org/Thumbnail.aspx?searchterm=00689（last accessed June 13, 2011）

圖1.14　黑山鎮博物館——作者與館長瓊斯女士，2006年。（衛小玲攝於2006年）

型，展示這裡的山水。比我在地圖上看到的更清楚，三面環山，成漏斗形，中間是河，是一塊狩獵的福地，野獸進來，就像進了布袋，難怪切諾基人選擇在此處定居。牆上掛了一幅大地圖，用不同顏色的標籤，將小鎮發展的年代過程，清清楚楚標示，一如我前面的介紹。後面的小房間是殖民時代的一些家庭文物、古老的廚房用具等等。

該鎮也有鐵路通過，不過建造工人全是黑人奴隸或囚犯，沒有華工。金牌不是華工或其他華人在十九世紀帶來的。博物館的一個玻璃櫃裡陳列著鐵路建造工人的珍貴照片，證實這一點。鐵路於1911年完工，工人都是非洲裔的囚犯，其實是黑奴解放後、經濟始終沒著落的可憐人。黑人囚犯比黑奴待遇更差。這一部分的美國歷史，已被遺忘了。

在圖書館看到的小冊子就是這個博物館編印的，館長是編者之一。她以歐洲移民立場介紹當地歷史，談到原住民的遭遇，仍抱有一絲歉意。博物館的物證和她的解說，基本上印證了我參閱的其他歷史材料。宣德金牌出土處，方圓十幾平方公里，是當年歐洲移民與切諾基人多次激烈衝突的戰場，金牌極有可能是在1776年左右的一場血戰中遺下的。之後切諾基人被趕到西部，永遠無法取回金牌，於是金牌埋在土裡兩百多年，直到落在我手中，謎底才被揭開。

回程往西的路，就是當年切諾基人敗退、逃生的路。猛看到峭壁上欲融還止的冰稜，像一塊塊滴著淚水的白手帕，漫山鋪掛。1839年的同一時間，劫後餘生的切諾基人剛剛走完了一千多公里路，到達奧克拉荷馬州，沿路遺

下許多沒有掩埋的親人屍體。這段「淚之路跡」起點，山崖上還滴著、凝固
著他們的哀泣，每年這個時候，弔祭一段沉痛的血淚史。

胡說八道？

有人認為金牌的驗證是胡說，其中最努力的是那位不知道黃銅宣德爐的
「明史專家」。談到胡說，一宗往事，使這金牌出土地聞名全國，在字典裡添
加了一個詞語，巧合也有趣。

金牌出土的地方屬於本科姆縣（Buncombe County）。1820年，美國國
會辯論，是否接受密蘇里州為黑奴州，或是支持解放黑奴的州。本科姆縣的
一位議員在表決前，硬是要發表一篇冗長又沒有內容的演說，拖延時間，阻
止表決。他說是為本科姆縣說話。日後這種「胡說八道」被稱為bunkum
（Buncombe的俗寫），而「反胡說」叫debunk。這個美國俚語的典故，竟然
發祥在這裡。

激烈反對明代人到達美洲者，說要debunk這學說。

我在《坤輿萬國全圖解密》一書上，列舉超過一百宗地名與地理的證
據，支持明代人到達美洲，測繪世界。這本書從文化痕跡著手，盡量列舉最
早的、沒有經過過濾的原始資料，包括歐洲、美洲及中國的歷史文獻、典章
制度、風俗習慣、旗幟、陶瓷、語言、動植物、農耕技術、地圖和金屬等
等，從多個角度去探討明代人留在美洲的證據。是「胡說」還是「反胡
說」，希望讀者耐心看下去，自己判斷。

真理是真相的總結，沒有真相，才會愈辯愈糊塗。徹底找出真相，才能
得出真理。

三寶疑案閱經年
東西紛爭執為先
金牌沉冤埋血土
委賜兩字出生天

參考書目

Arthur, John Preston. *Western North Carolina: A History (1730-1913)*. Asheville: Edwards & Broughton Printing Company, 1914.

Hofman, Heinrich Oscar. *Metallurgy of Zinc and Cadmium*. New York, NY: McGraw-Hill Book Company, Inc., 1922.

Mails, Thomas E. *The Cherokee People: The Story of the Cherokees from Earliest Origins to Contemporary Times*. Oakland, California: Council Oak Books, 1992.

Menzies, Gavin. *1421 China Discovered America*. New York, NY: Harper Collins, 2003.

Mooney, James. *Historical Sketch of the Cherokee*. Piscataway, NJ: Aldine Transaction, 2005.

——. *Myths of the Cherokee and Sacred Formulas of the Cherokees*. Whitefish, MT: Kessinger Publishing, 2006.

Porter, Frank. *Zinc Handbook: Properties, Processing, and Use in Design. International Lead Zinc Research Organization*. Boca Raton: CRC Press, 1991.

Sondley, Forster Alexander, and Theodore Fulton Davison. *Asheville and Buncombe County*. Asheville: Citizen Co., 1922.

United States Geological Survey. *2006 Minerals Yearbook: Zinc*. Washington, DC: United States Geological Survey, 2008.

Wang, Helen, Michael Cowell, Joe Cribb, and Sheridan Bowman. *Metallurgical Analysis of Chinese Coins at the British Museum*. London: The British Museum, 2005.

劉廣定，《中國科學史論集》，台北：國立臺灣大學出版中心，2002。

呂震，《宣德彝器圖譜》，北京：中國書店，2006。

周衛榮，《錢幣學與冶鑄史論叢》，北京：中華書局，2002。

沈粲，《三希堂法帖》，北京：中國書店，1986。

潘吉星、宋應星，《天工開物校注及研究》，成都：巴蜀書社，1989。

王大業，《中國古代冶金與金屬文物》，西安：陝西科學技術出版社，1998。

賈瑩、周衛榮，〈齊國及明代錢幣的金相學考察〉，《文物保護與考古科學》
15，第三期（2003）。

明代旗幟在美洲飄揚

北斗與旌斾

旗幟，多少人為它自豪、謳歌；多少人為它流血、犧牲。

旗幟是每個民族、國家的象徵。源自族徽、圖騰，旗幟是一個族群的文化總結，團結站在其下的子民。誰會想到，一塊有花紋的薄布能隔開基因99.99%相同的人類，分為不同的世界？沒有一塊布能交織出那麼多愛與恨，沒有一塊布有這麼多色彩，還染上如此多紅紅的鮮血。每一面旗子的設計包含許多歷史因素、文化信息。旗幟不輕易改，它的改動代表一個政權的更迭、一個時代的終結與另一個時代的開始。旗幟可以斷代、可以溯源。

國際旗幟學

旗幟學（Vexillology）是專門研究旗幟的一門科學，是歷史學、人類學、社會學重要的一環。這名詞是1957年惠尼‧史密斯（Whitney Smith）創建的。1969年，旗幟學會國際聯會（Fédération internationale des associations vexillologiques, FIAV）成立，現在有五十一個會員，中國沒有代表[1]。由於語言隔閡，西方學者對中國的旗幟並不了解，旗幟學的書，基本上沒有清代以前中國旗幟的紀錄。

西方最早使用軍旗的是古希臘和羅馬軍隊。軍旗最初較簡單，用雕刻的動物圖案，或在一塊方布上繪製貓頭鷹、獅身人面像、狼等動物圖案，以區分不同的部隊單位（Gordon, Stokoe and Hulme 1915）。

英國聯邦的米字旗是英格蘭、蘇格蘭和愛爾蘭三面旗幟合併組成的。以前英國殖民地的旗幟都有米字圖案，獨立後才取消。澳洲、紐西蘭成為獨立國家，現在仍保存英國聯邦旗幟的圖案。美國夏威夷州的州旗也有米字，因為夏威夷原來是英國的「保護地」（1794-1843）。1959年，夏威夷成為美國一州，旗子仍保留了英國的米字的歷史標誌。伊斯蘭國家幾乎無一例外，都用彎月和星作為旗幟的主體，大多數含綠色。美國國旗兩百多年變了很多次。每加入一個州，便加一顆星。這些設計基因，令人一望即知旗子的來歷。這些旗幟的設計，像指紋一樣，告訴我們扛著旗子的是什麼人。

中國是最早有織布的國家之一，有文字記載的歷史久遠，應該是旗幟最

1　國際旗幟學會聯盟會員國 http://www.fiav.org/FIAVMembers.pdf

豐富、最早有旗幟的國家。布旗本就不易保存，每次改朝換代，前朝的旗幟就被毀掉。本來應該旗幟最多姿多采的國家，資料卻最貧乏。直到最近，中國才出版了一本歷代旗幟的書（黃明延 2003）[2]。

《六韜》是中國古代兵書。作者已不可考，約為周朝時書籍。其中《虎韜》多處說明旌旗在軍隊作戰時通訊的作用[3]：

> 車上立旗鼓（軍用）；將士持玄旗（必出）；立五色旗旌（軍略）；列旌旗，擊鼙鼓，完為守備（臨境）；多其旌旗，益其金鼓（動靜）；遠我旌旗，疏我行陳（動靜）；人執旌旗，外內相望（金鼓）。

旌、旗往往並列。《說文解字》（西元100年）：「析羽注旄首，所以進士卒。」旌，用牛毛綁在竿頭，竿上有羽毛，指揮作戰用。旌旗其實只是廣泛的稱謂。實際上，中國的旗幟多得很。甲骨文「中」字原來是一根桿子，上下有飄揚的布帛，中間一個圓圈，「中國」這詞的來源，很可能與此有關。「旗」字去掉「其」，加上另外一些符號，成為各種與旗幟有關的字。

《周禮・春官・宗伯》介紹了幾種旗幟：「日月為常，交龍為旂，通帛為旜，雜帛為物，熊虎為旗，鳥隼為旟，龜蛇為旐，全羽為旞，析羽為旌。」[4]旗幟的名字按照繪畫的動物、紋飾、顏色、使用羽毛的多寡定義。常、物，這兩個經常用到的字，沒有多少人知道它們也是旗子的類別。

黃明延的《中國旗幟圖譜》介紹了這類字（黃明延 2003）。有關旗幟的字，漢代的《說文解字》有三十個，《中文大辭典》有九十四個。明代的《三才圖會》有若干旗幟的圖像可參考。

中國古代的旗幟，什麼圖案最普遍？哪一面旗子用得最久？

大家自然想起龍旗。其實，與龍有同樣歷史重要性的標誌是北斗。實際

2　http://new.ssreader.com/ebook/read_11172059.html

3　http://202.101.244.103/guoxue/%E5%AD%90%E9%83%A8/%E5%85%AD%E9%9F%9C/O-1-001-1d4.htm

4　http://www.guoxue.com/lwtj/content/hghzxwssj_tbzbsybz.htm

右說文解字與旗有關字

右中文大辭典與旗有
關字

圖2.1 《說文解字》與旗幟有關的字。
（李兆良書）

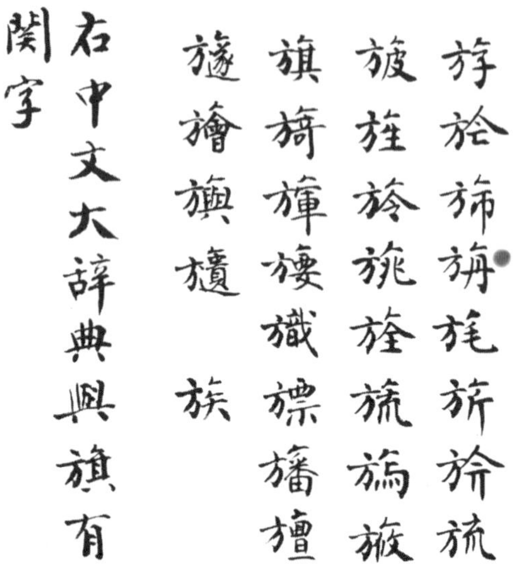

圖2.2 《中文大辭典》中與旗幟有關的字。
（李兆良書）

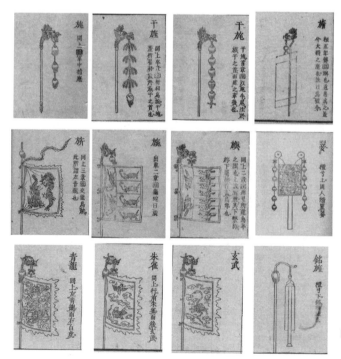

圖2.3 《三才圖會》皇帝鹵簿
（儀仗隊）一部分旗幟。

意義來說，北斗比龍還重要，它不止是中國沿用最久的徽號，也可能是世界上用得最久的旗幟圖案。

河南濮陽縣的中華第一龍與北斗七星同時出現，已經有六千五百年左右的歷史。龍是四靈之一，各朝代所繪的龍，形態不一。北斗只有一個。從周朝開始，北斗被認為是帝星，因為在北半球，北斗永遠不會落到地平線之下。北斗旗是宋、元、金、明、清各朝鹵簿中最重要的旗子，鹵簿是皇帝巡行的儀仗隊。明朝的鹵簿有十二面龍旗，只有一面北斗旗，後者是君主標誌，可謂是皇旗。

金牌出土地是美洲切諾基人的主要根據地，他們原來的旗幟是北斗旗，這是中國明代的旗幟。

切諾基族的旗子

切諾基是美國東部最大的民族，也是被譽為最有文化的一族，原來居住在南／北卡羅萊納、田納西、肯塔基和喬治亞等州。切諾基族本來有兩面北斗七星旗幟，一面是白底紅星，一面反過來是紅底白星。白底的是和平的旗幟（文旗），紅底的是戰旗（武旗）（Healy, Orenski and Waldman 2003）。據說戰旗在「淚之路跡」出發時，連同戰斧一起埋掉，表示永不再戰，這就是美國俗語「Bury the Hatchet」（埋葬戰斧＝永息干戈）的緣起[5]。1968年9月7日，切諾基在他們的慶典上還用過北斗和平旗。

切諾基族部落由兩位酋長管理。一位管內政民事，相當於文官；一位管戰事，相當於武官。跟旗幟一樣，切諾基族的酋長，文穿白，武穿紅，相當於中國的文武官制度[6]。文官是世襲的，武官則是從戰士中選拔的。以權力來說，文高於武。這種制度類似中國的文武制度，很早就有人覺察（McIntosh 1859）。

---

5 「淚之路跡」是美國原住民的一頁慘痛歷史，所有在密西西比河以東的原住民被趕到荒蕪的奧克拉荷馬州，在談論金牌出土地曾提到。http://www.rootsweb.ancestry.com/~itcherok/history/flags.htm

6 切諾基最重要的文官是Attakullakulla。文武酋長的制度，其他部落也有，Spotted Tall（Sioux文官）Comelius C. Cusick（Tuscarora文官）。

圖2.4　切諾基原來的文旗（和平之旗／文旗）。
　　　　（Aaron Walden,Wikipedia）

圖2.5　切諾基原來的武旗（戰旗／武旗）（李兆良
　　　　根據和平之旗重繪）。

　　切諾基族被認為是美國原住民中五個最優秀、最有文化的民族之一。這
五個民族（Cherokee、Choctaw、Chickasaw、Muscogee、Seminole）都在美
國東南部。在歐洲移民來美洲前，他們已有農耕、村落、法律制度。穆尼
（James Mooney）曾與切諾基人長時間生活在一起，是研究切諾基文化最主
要的作者（Mooney 1898）。切諾基，不是他們自己起的名字，切諾基
（Cherokee）原發音應是Tsalagi（扎勒基），是克利克族（Creek，即Muscogee）
給他們起的名字，指說不同語言的人。他們自稱Ani-yunwiya，意思是真
人。今天，除了他們自己，很少人知道這個稱謂。切諾基人原來聚居於南／
北卡羅萊納、喬治亞、田納西和肯塔基等州。他們的文化中心原來在今日的
布賴森城（Bryson City），切諾基人原稱基圖哇（Keetoowah），在宣德金牌
出土地往西約七十英里。

　　1978年，遷移到奧克拉荷馬州的切諾基人，由一位與切諾基通婚的納瓦
霍（Navajo）族人重新設計旗幟，因為他不知道原來切諾基旗子的歷史，將
旗子改成橘黃色，七顆星列成一圈，因為他對這七顆星的認識是代表切諾基
七個族，或是三個獵者在追一隻熊，沒有北斗的概念。東切諾基族的旗幟也
依此修改，原來的切諾基北斗旗的意義早已不復存在。原來的北斗星旗幟在
《美洲原住民的旗幟》一書記載得非常清楚（Healy, Orenski and Waldman
2003）。北斗七星的概念是外來的，不是他們自己的，所以他們不懂箇中的
深刻意義，相當可惜。因為再隔段時日，切諾基人會完全忘掉這文化的象徵
和與中國的聯繫。

圖2.6　切諾基西遷後的旗子。（Wikipedia）　　圖2.7　東切諾基族的新旗子。（Wikipedia）

切諾基人稱北斗七星為 Yvna（念 Yong-na），即「熊」，這是從歐洲人得來的概念。歐洲人看到切諾基的北斗，以為是大熊星，切諾基人也隨歐洲人將北斗七星稱為熊。其實西方的大熊星座不止北斗，還有好幾顆星。

吳語（江蘇方言）和客家方言的「熊」念 yong，與切諾基的「yvna」完全一樣。切諾基語，字尾往往加上「那」音，正如廣東人、新加坡人喜歡加「啦」。Yong 不是熊的叫聲，也沒有其他語言用同樣的發音稱呼熊。鄭和船隊從江蘇長江口出海，船員中有客家人、江浙人。切諾基「熊」的讀音來自中國方言，不可能是巧合的。

切諾基旗幟的紅、白兩色代表戰、和，特別有意思，與我們今天的習慣一樣。

紅白之分

我問過旗幟學的創始人惠尼·史密斯何時開始有紅旗、白旗，哪個國家開始。他認為這是個很難回答的問題[7]。就已知的中外文獻資料分析，我認為紅旗、白旗的傳統意義始自中國。

《禮記·明堂位》：「有虞氏之旂，夏后氏之綏，殷之大白，周之大赤。」夏朝的旗幟是黑的、殷（商）是白的、周是赤的。關於「周人尚赤」也有不同的意見，認為周還沒有固定的顏色象徵意義（胡新生 2005）。一般還是認

7　私人通訊 2006 年 10 月 22 日。

為周是中國道統之始，尚赤。

紅、白旗對峙，用於戰爭，首次出現於商周之戰（西元前1046年），周持紅勝，商持白敗，大概從此留下伏筆，用「紅、白二事」代表喜事和喪事。紅旗代表革命、抗爭、勝利、歡慶；白旗代表妥協、投降、休戰、哀傷。直到今天，中國對紅與白的含意是非常敏感的，京劇臉譜用紅白分忠奸。紅色代表戰鬥、警戒，交通指揮用紅燈、紅旗示停，是現在公認的規律，可能也是從中國的習慣開始。美國俗語 "raise a red flag"（舉起紅旗），是警告的意思。根據英國人說，這句俗語不是來自英國，是美國開始的，應該是來自切諾基人。

有人認為紅色是波長最長的顏色，與此有關。勝敗、喜喪用紅白，而不是紅紫配對，紫色的波長最短，說明與波長兩個極端的顏色不一定有關。國際上，股市紅色代表下降，中國偏愛紅色，代表喜慶，股票以紅色數字代表上升，西方人看中國股票市場，不知道這規律，會莫名其妙。財政「赤字」，則中美有同樣意義和表達。

其他國家的顏色概念，與中國有同有異。法國、蘇聯革命中，紅軍、白軍與中國商周之戰情況巧合，白軍皆輸。當時法國與蘇聯的白軍，當然不會認為自己一定會打敗才用白旗。白色在日本不代表哀傷，反而是喜慶之意，日本過年是掛白的。希臘人認為紫色是帝王的顏色。愛爾蘭喜慶節日、聖帕特里克日，大家要穿戴綠色。伊斯蘭國家也喜歡綠色。全世界歷代用過純紅旗代表國家，有摩洛哥（1666-1912）。此外，突尼西亞的黎波里商船也曾經使用過，但不含有戰旗的意義（United States Navy Bureau of Navigation 1882）。不同國家對顏色的含意有不同的傳統，為何切諾基族與中國有相似的顏色含意？

紅與白代表戰爭與和平的象徵，在美洲原住民裡有極明顯的例子，不止是切諾基族。1775年，在一份歐洲人的日記裡講到，克利克族（Creek）有一個「白城」，是和平之城，在城裡保證絕對安全。白城也是族內重大事情決策的地方。另外有「紅城」是培訓戰士的，文武分明[8]。切諾基人的制度，

8　http://www.whowont.com/SaMPLe/Regional/flavor_details.php?id=154

白為文，紅為武，連他們的居屋、墓葬也按照身分塗上紅色或白色的泥以示識別[9]。

紅旗、戰旗、旃

中國古代的戰旗叫旃（音氈），就是紅旗。旃字裡的「丹」就是紅色，旃是紅色的戰旗。《周禮》曰：「通帛為旃。」鄭玄注：「通帛為大赤，從周正色，無飾。」周朝用全紅布製作、沒有其他裝飾的戰旗叫旃。《說文解字》：「旗曲柄也，所以旃表士眾。」《史記・魏其武安侯列傳》：「前堂羅鐘鼓，立曲旃。」旃是曲柄的旗，曲柄的形制，可能出現更早。唐詩隨便就可舉出用旌旃寓意戰爭的例子。崔湜〈送梁卿王郎中使東蕃弔冊〉：「贈冊綏九夷，旌旃下雙闕。」李白〈憶舊遊書懷贈江夏韋太守良宰〉：「半夜水軍來，潯陽滿旌旃。」

中國用純紅色旗子做戰旗，可見於明清的繪畫，戰旗都是紅色的。

根據世界旗幟網站，1290 年，北歐諾爾曼人曾經用過一面豎在桅杆上的 2×30 碼的紅旗，代表決死戰，絕不投降。到十七世紀的海盜首先升起黑色骷髏旗（Jolly Rogers）做恐嚇，對方不投降，就升起紅旗，表示格殺勿論[10]。這兩面紅旗與戰鬥有關，但意義不同。《牛津字典》認為歐洲最早用紅旗表示準備戰鬥的是在 1602 年，比中國晚了兩千年。因此，中國絕對是第一個使用紅旗為戰旗的國家。

白旗

白旗往往被濫用做投降的成語象徵，有時文學應用，並非事實。本章參考盡量以第一手資料，最接近經典的學術原著作為準。

《史記・周本紀第四》：「（武王）以黃鉞斬紂頭，懸大白之旗。已而至紂之嬖妾二女，二女皆經自殺。武王又射三發，擊以劍，斬以玄鉞，懸其頭

9　Southeastern Archeology 29(1) summer 2010. 59-79. http://www.tulane.edu/~crodning/rodning2010B.pdf

10　Flags of the World- http://flagspot.net/flags/vxt-dvb2.html

小白之旗。」周武王伐紂，紂王戰敗自殺，武王將他的首級掛在大白旗上；其愛妾已自縊，也被斬首掛在小白旗上。周商之戰，歷史上首次提到紅旗、白旗。紅旗勝，白旗敗，也成了以後中國人對紅白兩色的潛在意義，時為西元前1046年。

西元109年，羅馬軍隊舉盾過頭為降意。歷史學家科尼利厄斯‧塔西圖（Cornelius Tacitus）曾敘述羅馬軍隊舉白旗示降，但未成歐洲慣例[11]。

《太平御覽‧諸葛亮軍令》記載：「聞擂鼓音，舉白幡絳旗，大小船皆進戰，不進者斬。聞金音，舉青旗，船皆止，不止者斬。」絳旗就是紅旗，白幡就是白旗。東漢時，紅白旗同時用做進攻。

西元617年，唐高祖李淵向隋朝宣戰，李淵的反隋革命軍借用突厥兵，突厥用的是白旗。隋朝的旗子是紅的。《新唐書‧本紀第一》：「七月壬子，高祖杖白旗，誓眾於野。」《唐書》：「帝曰，誅紂之旗牧野臨時所仗，未入西郊，無容預執，宜兼以絳雜半續之。」「以絳雜半續之」，李淵用的旗幟應該是紅白兩色各半，而不是純紅旗雜在純白旗間。

又據《新唐書‧卷十六》：「東軍一鼓，舉青旗為直陣；西軍亦鼓，舉白旗為方陣以應。次西軍鼓，舉赤旗為銳陣；東軍亦鼓，舉黑旗為曲陣以應。」青白赤黑黃五色旗子是指揮列陣的信號。唐代時，白旗還不是投降的象徵。

《資治通鑑‧唐紀十七》：「高宗……總章元年。……圍平壤月餘，高麗王藏遣泉男產，帥首領九十八人持白幡詣勣降。」西元668年，唐軍包圍高句麗王於平壤時，高句麗王派子舉白旗投降。這是中國首次記載用白旗代表投降。

西元880年，《資治通鑑‧唐紀七十》：「僖宗……廣明元年。……黃巢前鋒軍抵關下，白旗滿野，不見其際。」唐末，黃巢反唐持白旗。在他們來說，當然不是投降。

宋有「望樓車」，瞭望者執白旗通報敵情。守軍開旗則敵來；旗竿平伸則敵近，旗竿垂直則敵到；敵退却將旗竿慢慢舉起，敵已退走又將旗捲起。《宋史志‧禮二十四‧軍禮》：「舉白旗，三司馬軍首尾相接；舉紅旗，向台

11　http://www.ourcivilisation.com/smartboard/shop/tacitusc/histries/chap10.htm

合圍，聽一金止。」說明在宋代，紅白旗並用指揮軍隊，宋代的白旗沒有完全用於停戰投降。

羅貫中《三國演義》第十九回：「侯成到曹操寨，獻上馬匹，備言宋憲、魏續插白旗為號，準備獻門。」指宋憲、魏續要豎白旗降曹。又第三十二回：「城上豎起白旗，上寫『冀州百姓投降』。」因為這段，有人認為白旗投降始於東漢。其實，這是明朝的小說。羅貫中（1330？-1400？）是元末明初人，是否曾考證東漢以白旗示降，不得而知。羅貫中可能根據明初的規矩，白旗代表投降。根據前面的考據，宋代還沒有用白旗投降的規矩。從羅貫中的描述可知，明代首先用白旗做投降信號。

《隋史遺文》是晚明崇禎時代出版的說唱文學。第四十回：「左孝友……約日頭帶白旗，將寨柵盡行拆毀，到山前投降。」[12]這是明代文學說隋代。

《明史・楊嗣昌吳甡傳》，記載用白旗做投降免戰的例子，有「（吳）甡行軍豎二白旗，脅從及老弱婦女跪其下，即免死」，這是明末的事。

清八旗中有正白旗，因此，白旗不是投降的象徵。吳三桂反清，軍隊穿白衣、用白旗，是悼明，而非投降。所以，用白旗做投降談判，明朝較清朝更明顯普遍。

十五世紀的歐洲，還沒有使用紅旗、白旗代表戰、和的習慣。

1512年，葡萄牙海軍將領阿爾伯克基（Afonso de Albuquerque）包圍印度果阿（Goa）。當時拉蘇爾汗（Rasul Khan）率領六千名土耳其及波斯軍隊舉白旗投降（Stephens 1897）。白旗曾經是穆斯林Umayyad王朝（661-750）的旗幟，他們與唐朝疆域接壤，也就是輔助唐滅隋的突厥。但十六世紀的奧斯曼帝國已經換了彎月旗子[13]。鄭和當年出使西洋，必經果阿。在此場合，果阿守軍舉白旗投降，極有可能是跟隨明朝用白旗投降的習慣。西方用白旗做投降，載於文獻，這是第一次。

1593年，萬曆二十一年日本攻朝鮮平壤。明軍出兵救援，為分辨日、朝兩軍，豎白旗，讓朝鮮兵立白旗下者免死。這是用白旗示意非戰的例子。

12《隋史遺文》http://open-lit.com/bookindex.php?gbid=306

13 http://en.wikipedia.org/wiki/Ottoman_flag

1594年，英國霍金斯在厄瓜多爾舉白旗向西班牙投降（Perrin and Vaughan 1922）。

1624年，天啟四年，荷蘭軍豎白旗向明軍投降，退出澎湖[14]。

1652年，英國與荷蘭艦隊交戰，開始用舉起白手帕作為投降的象徵（Stockton 1911）。

1656年，葡萄牙敗與荷蘭，從錫蘭的可倫坡城退出，以白旗示降（Danvers 1894, 316）。

1661年，明鄭成功率兩萬五千兵由金門經澎湖，進軍臺灣，包圍赤崁樓之荷蘭軍。荷蘭軍以白旗示降、紅旗示戰[15]，是明顯按照明代的慣例。

美國詞典認為，1600年後期國際才公認白旗表示投降、談和（Ammer 1997, 712）。美國立國後第一次用白旗示降是1781年的約克敦之役。英軍將領在竿子上綁白手帕認輸。雖說美國獨立於1776年，但英國軍隊仍然頑抗，直到1781年，戰爭才真正結束（Mintz 1909, 40）。法國軍隊與美國獨立軍戰爭時，他們的軍旗是白旗，絕無投降之意。1917年，美國才決定白旗是和平談判的象徵（Vance and Bletcher 1917）。

日本在源平合戰（1180-1185）中，源氏（Minamoto）用白旗，平氏（Taira）用紅旗[16]，源氏一直沿用白旗到德川幕府終結（1860）。日本旗子融合紅白兩色在1868年定案，成為今天的日本旗。所以，日本在1852年與美國佩里准將（Commodore Matthew Perry）談判時，美國人仍未有紅白旗的戰和意識。而切諾基人1838年「淚之路跡」前就有此傳統，切諾基人的紅白旗觀念早於歐裔移民。

喬治‧卡特林（George Catlin, 1796-1872）是美國最早接觸美洲原住民的一位畫家（Catlin 1868）。當時攝影技術還不發達。他沿著路易斯和克拉克遊歷的路線，訪問了許多民族，用畫筆記載了原住民的生活，畫了五百張

---

14 《明熹宗實錄》卷四十七。

15 《臺灣通史》卷一〈開闢紀〉：鄭師攻城不下。四月二十六日，成功命使者以書告曰：……而執事始揭白旗，則餘亦止戰，以待後命。……若執事不聽，可揭紅旗請戰，餘亦立馬以觀，毋游移而不決也。

16 http://www.qnhistory.cn/viewthread.php?tid=16137

油畫，是研究原住民歷史的重要工具，現藏於美國華盛頓肖像博物館。其中一張是一位騎馬的原住民持著白羊皮的旗子來談判（1834-1835）。他在日誌中也表示非常驚訝，為什麼他碰到的原住民都普遍知道用白旗表示談判、用紅旗代表戰爭（Catlin 1844, 55）。

國際承認白旗是免戰、和平的象徵，要晚至1899年7月29日國際公約第三十二條，凡是持有白旗的人及陪同，任務是通訊與談判，不能受到傷害。

以上例子，結論是：紅旗白旗在商周時候已有。漢朝以前紅旗（旃）就是戰旗。中國唐代開始有白旗示降免戰，尚未成為體制。直到明朝初年，用白旗作為談判投降的形式，這才定下來。其他歐洲國家用白旗投降都晚於中國，在中西交往中，西方學自中國。中國使用白旗不一定是負方，也有勝方豎白旗，讓敗軍立於旗下免死的。西方晚至十九世紀，還沒有統一這些概念。而切諾基族在歐洲人來美前就有紅白旗觀念，北美平原的原住民與歐洲移民首次接觸，也懂得用白旗。這些習慣與明代中國觀念一致，很難是巧合。以下北斗旗的概念更清楚證明兩者關係。

中國的北斗信仰

2006年，內蒙古自治區赤峰市在白廟子山發現了遠古新石器時代的岩畫群。其中有北斗七星，有一萬年歷史。應該是人類對北斗星最早的紀錄[17]。

六千多年前，中國河南濮陽西水坡的墓葬有北斗、青龍、白虎。北斗在中國，不止是古遠，而且廣泛使用在不同的場合。應該說北斗在中國的象徵意義甚至比龍要更為深遠。

中國人對北斗的觀念如此堅固，是長期觀星的結果，有文字紀錄。春秋時代記載有專門觀星象的官員。從千千萬萬的繁星中，遠古的中原人就發現這幾顆星永遠不落到地平線下。《漢書》卷二十六：「斗為帝車，運於中央，臨制四海。」《鶡冠子・環流》：「斗柄東指，天下皆春；斗柄南指，天下皆夏；斗柄西指，天下皆秋；斗柄北指，天下皆冬。」按照春夏秋冬四季，北斗圍繞著北極星。

---

17 http://news.xinhuanet.com/tech/2006-09/04/content_5044512.htm

圖2.8　萬字圖案的美洲文物。（李兆良2009年攝於北卡羅萊納美洲原住民博物館）

　　中國的「卐」或「卍」（萬）字圖案有可能是根據春夏秋冬，北斗圍著北極星，周而復始、永遠不息的觀察得來的符號。卍在西藏佛教解釋就是永恆不變。四邊代表北斗四季不同的方位，中間是北極星。印度教也用這圖案。萬字圖案是美洲原住民籃織和飾物的傳統紋樣[18]。萬字圖案尤其為和平族（Hopi）愛好。德國的納粹借用後，蒙上一種陰影，那是後話。

　　北斗的永恆意義一直被沿用在墓葬裡。四川西漢新都天文墳有七星墩。我參觀過洛陽古墓博物館，燒溝六十一號漢墓的壁畫有北斗七星的圖案。河南永城漢代梁孝王和王后的墓道地上就用北斗七星的圖案，象徵踏著北斗升天歸西。中國傳統以南斗主生、北斗主死，但死也是長生，佛家稱逝世為往生。

　　埃及也是觀星歷史悠久的國家，他們對星座與生死觀就不一樣。他們認為獵戶（Orion）和天狼（Sirius）才是君主歸西的地方。

18　http://www.californiabaskets.com/consignmentbaskets.htm

明代特尊北斗

中國專崇北斗，莫過明朝。明太祖朱元璋篤信道教，認為他能稱帝，是道教的功勞。而道教最重要的象徵就是北斗。明代南京城牆，經最近南京城牆研究考察認為是仿效北斗、南斗而建（楊國慶 2002）[19]。也有認為朱元璋墓、明孝陵的七座門與神道是按北斗的形狀安排的[20]。

隋唐之間，喪葬已有棺中置七星板的習俗。據北齊顏之推《顏氏家訓‧終制》載：「松棺二寸，衣帽以外，一不得自隨，床上唯施七星板。」

明代用北斗七星做墊棺的例子很多。朱元璋的第十七子寧獻王朱權的棺內，有七枚冥幣，排列成北斗形[21]。萬曆皇帝（朱翊鈞）入葬，身體側臥，雙腿微曲如睡眠狀，姿勢猶如北斗[22]。湖北鍾祥市規模宏大的顯陵是嘉靖皇帝（朱厚熜）的父母朱祐杬和母親蔣氏的合葬墓，始建於1519年，完成於1559年，陵後有七個大土堆，現證明為北斗七星的排列，是嘉靖為提高自己父母陵墓風水所造[23]。2008年在廣西出土的明代石棺裡，也有七枚銅錢以北斗形狀排列[24]。

2001年，廣西靈川縣大圩鎮七星坡發現了一個罕見的古墓群，七座古墓排列成天上的北斗七星狀，中國社會科學院的考古專家稱，這在國內還是首次發現如此排列的墓葬。此墓群屬於明代靖江王（朱元璋的侄孫）的宗室。七座古墓的布局與夏季北斗七星的排列相同，斗柄朝南，斗體向北，而且各墓封土堆的大小與星星的亮度有關聯[25]。這又是明代尊崇北斗的例子。

假如要數哪一面旗幟代表中國最悠久，非北斗莫屬，起碼是一千年以

---

19 楊國慶，《明南京城牆設計思想探微》http://www.wchol.com/html/xin/2006/1231/936.html
20 中國的世界遺產 http://www.sach.gov.cn/publish/portal0/tab95/info7853.htm
21 龍虎網南京日報 http://longhoo.net/gb/longhoo/news2004/njnews/culture/userobject1ai470802.html
22 人民網文化版 http://culture.people.com.cn/BIG5/27296/4671100.html
23 中央電視臺 http://vsearch.cctv.com/plgs_play-CCTV4prog_20080910_6656501.html
24 廣西新聞網 http://news.gxnews.com.cn/staticpages/20081222/newgx494ed8f1-1824316.shtml
25 《人民日報‧華南新聞》（2001年4月10日第四版）http://www.people.com.cn/GB/paper49/3137/415272.html

上。從宋史開始，歷經金元明清，皇帝鹵簿（出巡的儀仗隊）裡，北斗旗都占主要的地位。

《宋史・卷一四六・儀衛四》：「風伯、雨師、雷公、電母旗各一，五星旗五，左、右攝提旗二，北斗旗一，護旗十二人，副竿二。」

《金史・卷四十一志》：「風伯旗一、雨師旗一、雷公旗一、電母旗一、北斗旗一、五星旗五、左右攝提旗二，執、夾共六十人。」

《元史・卷七十九・輿服二》：「北斗旗，黑質，赤火焰腳，畫七星。」

《明史・儀衛篇》：「北斗旗一、蠹一居前，豹尾一居後，俱用甲士三人。」

《清史稿・志八十・輿服四鹵簿附》：「二十八宿旗各一，北斗旗一，五岳旗五，四瀆旗四。」

由於皇帝的迷信和喜好道教，特別崇尚北斗，明代是北斗被提得最高的

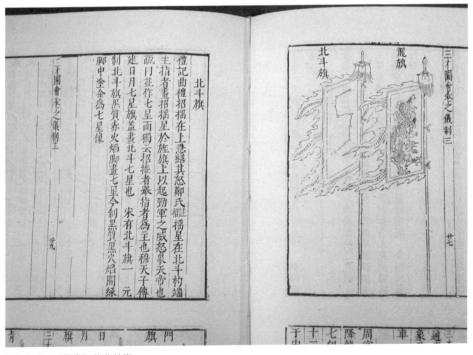

圖2.9 《三才圖會》的北斗旗。

時代。明代的《三才圖會》（1607年完成，1609年出版）有北斗旗。此外，明人寫的小說，如《楊家將演義》、《水滸傳》、《三國演義》；清人小說，如《彭公案》、《說唐演義》、《紅樓夢》及《浮梁縣志》等都記載七星旗（即北斗旗）。景德鎮曾屬浮梁縣，明代出口的瓷器多為景德鎮製造。後來，太平天國、三元里、臺灣劉永福黑旗軍、王爺廟、媽祖廟及北斗奠安宮，各行各業的祭祀都把七星旗放在最重要的地位。

明代繡像（插圖）小說最能說明北斗七星對明朝人的意義。羅懋登著的《三寶太監西洋記通俗演義》裡〈馬太監征頂陽洞〉一圖，鄭和由北斗旗領路[26]，是最重要的證明。《大明英烈傳》裡〈劉伯溫智抓胡仲淵〉和《三國演義》的〈馬超興兵取潼關〉插圖也用北斗旗。三國時代，馬超是否真的用北

圖2.10a 《三寶太監西洋記通俗演義》鄭和與北斗旗。

---

26 羅懋登，《三寶太監西洋記通俗演義》http://open-lit.com/bookindex.php?gbid=218

關崩地裂將軍英氣觸天高

嶺禿袍空老賊奸魂隨日落

馬超興兵取潼關

圖2.10b 《三國演義》北斗旗。

斗旗，不得而知，明代的繪圖者不一定知道三國時代用什麼旗幟，可能是憑個人經驗，以為明代的旗子也是三國時代的旗子。從明朝人寫的書、畫的插圖可見明代的皇旗、國旗是北斗旗。

北斗對鄭和還有很重要的作用。在北半球航行，晚上全賴北斗星導航，見《武備志・鄭和航海圖》裡的過洋牽星圖。鄭和出海兩、三百艘船，白天通訊靠旗號，晚上靠燈號，大霧靠金鼓。遇上新環境，碰到異國的船，要分敵友，究竟是準備禮物，還是準備戰鬥，這些訊號是必須的。北斗是明朝的旗幟。紅旗示戰、白旗示和的習慣在明代已經確立。可以想像切諾基族的紅白北斗旗與明朝鄭和航海有明顯的關聯。

旗子是布做的，不容易保存。幸好，明朝的旗子，今天還看得到。雲南昆明市郊的金殿，位於東北郊七公里處鳴鳳山麓。明萬曆三十年（1602），

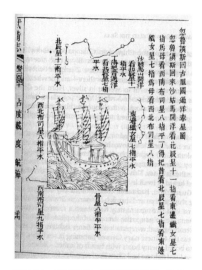

圖2.11 《武備志・鄭和航海圖》忽魯謨斯國回古里國過洋牽星圖。

圖2.12 昆明市郊金殿 銅北斗旗。（金旭東提供）

仿照武當山天柱峰太和宮金殿所建。殿前有一面銅製三角形旗子，上書「風調雨順，國泰民安」。這明朝北斗旗的「銅」證比鐵證還好，不會鏽蝕。

今天，華南的太平清醮、天后誕、廟會、漁船上還是掛同樣字眼的北斗七星旗，與金殿的北斗旗一樣。這些活動與漁民海上作業有關，祈福仍沿襲鄭和時代的習慣，希望風調雨順、國泰民安[27]。清朝時，南方反清情緒較強，在節日裡掛上明代的北斗旗，洪門武館掛七星旗，滇桂間的黑旗軍響應太平天國持黑底七星旗，其實都暗喻反清復明。但清朝也沿襲道統，鹵簿也有北斗旗，奈何不得。

直到今天，中國的城市、名勝、商品用北斗七星命名的多如牛毛。如山、嶺、巖、湖、潭、洞、石、白礁、水庫、台、公園、橋、井及道觀等等。還有衛星導航系統、汽車、汽車旅館、滑雪場、酒店、刀劍和武術等商標商品，數不勝數。可以說，中國無日無處不見北斗七星。

---

27 http://hk.video.yahoo.com/video/video.html?id=577656&p=%E6%B8%85

切諾基族與北斗旗

有人認為，中國可以看到北斗，外國也可以，沒有什麼特殊，其實不然。天上繁星，何止千萬，肉眼看去沒有什麼規則。星座是人工編成的系統，不同民族對星座有不同的演繹和偏好。西方從古希臘的四十八星座增加到今天的八十八星座，中國歷來維持二十八星宿。

中國的北斗是希臘大熊星座的一部分，不是整體。中國的北斗星，其他國家並不叫北斗。愛爾蘭人稱之為犁頭，北英格蘭人稱為屠刀，德國人稱之為牛車，荷蘭人認為是鍋子，在埃及是牛後腿，阿拉伯人則認為是棺材旁邊有三位弔喪者。美國現在也隨中國，稱之為大斗（Big Dipper）。

全世界只有中國使用北斗旗的歷史最久。切諾基有來自中國的北斗旗概念，加上歐洲人對大熊星座的稱謂，用漢語的「熊」來稱呼北斗旗。

據旗幟學的文獻，西方歷史上只有五面旗子用北斗——俄羅斯的東卡累利阿（East Karelia 1918）[28]、愛爾蘭的公民軍（1916）[29]、愛爾蘭運輸工人工會（1934）[30]、阿拉斯加的州旗（1927）[31]和義大利的「自主貿易公會」（2002）[32]。這些旗子都是二十世紀以後才有的，但沒有一面代表整個國家。

從十五世紀到獨立戰爭，在美國出現過的旗幟，包括西班牙、法國、荷蘭、英國等，沒有任何與北斗有關的設計。美國唯一一面以北斗星為設計的旗幟是阿拉斯加的州旗。1927年，阿拉斯加還不屬於美國聯邦，一位七年級學生的區旗設計作品得了獎，藍色背景上加北斗星與北極星。他只有十三歲。1959年，阿拉斯加加入美國聯邦時，正式採用他的設計為州旗。這位學生是阿留申族的孤兒，根據他自己的說法：藍色是阿拉斯加的天空，北極星是阿拉斯加的美國最北的一區，北斗象徵力量。他如何得到這些概念就不得

28　http://flagspot.net/flags/ru-10h1.html

29　http://en.wikipedia.org/wiki/File:StarryPlough.svg; http://www.triskelle.eu/history/starryplough.php?index=060.120.010.010

30　http://flagspot.net/flags/ie-stpl.html

31　http://flagspot.net/flags/us-ak.html

32　http://flagspot.net/flags/it%7Dtrad1.html#orsa

而知[33]。前述談過，北斗並非大熊星座的全部。後者包括其他一些星，最早的北斗觀念來自中國。

切諾基的北斗旗最晚是十九世紀（即1838-1839淚之路跡以前）出現，比上述的旗都早，所以北斗旗不是從歐洲得來的概念。據切諾基傳說，北斗是三兄弟在追一隻熊。中國的北斗星座，是西方大熊星座的一部分，很可能這是切諾基人接觸歐洲人以後的概念。熊，切諾基語念「yona」。客家話、上海話也念「yong」。明代鄭和出海的船員中很多是江西、福建的客籍人，今天東南亞的華人，很多客家人，與此有關。他從江蘇太倉啟航，當然有講吳語。兩個文化差異那麼大的民族，居然用同樣的發音代表同一動物、用同一種顏色和圖案的旗幟代表同一種意義，不可能是巧合的。

文物的屬性有五：功用、造型、紋飾、工藝、名稱。兩個民族有類似的文物，其中有三項屬性相同，這兩個民族一定有過溝通。下面比較中國與切諾基的旗子：

- 功用——族徽
- 造型——旗幟
- 紋飾含意——北斗七星、白紅代表文武
- 工藝——布旗子
- 名稱—— Yvna（切諾基語）、熊（江浙、客家語）

二十世紀前，全世界歷史上所有能找到的旗幟中，用北斗星做標誌的只有中國和切諾基族。北斗，yvna（熊），紅白象徵戰和、文武。圖案、顏色、含意、發音和代表性，能如此巧合地產生在兩個相隔萬里、沒有來往的民族？這些概念與中國文化，特別是明代文化有深切關係。說「明代旗幟曾在美洲飄揚」並不過分。

---

33 http://www.encompassmag.com/2009/03/alaska_flag.html

美洲原住民的北斗信仰

2003 年，一位拉科塔（Lakota）族的軍人葬禮依照他們族人的風俗進行，裡面有以下一段話：「拉科塔族對北斗有特別的關係，北斗是帶領死者到靈界的，死者家屬面東而立。」[34]

這民族對「北斗主死」的信仰，完全與中國相同。他們面東而立，很可能與明代船隊從東方來有關，也可能是信奉太陽升起，也可能紀念他們從東面遷來。美國西部原住民的居處，門多數朝東。納瓦霍族的房子一律朝東開門，也可以說崇拜太陽，也可能是紀念東方來的客人，從東方遷徙至此。

除了美洲的原住民，世界上沒有另外一個國家有同樣對北斗的信仰崇拜。相隔萬里的兩個民族，文化差異如此大，而有同樣對北斗的信仰崇拜，並非偶然。沒有接觸，影響是不可能的。中國信仰北斗有六千多年，究竟何時傳入美洲比較難說，但是按照其他美洲原住民的習俗和可追溯的文獻紀錄，有可能是明朝。

下面是另外一個與明朝、北斗、熊有關的景點。

明戈瀑布與明戈族

在美國大煙山（Great Smoky Mountain）的東切諾基保留區，有一個當地很出名的大瀑布，高四十公尺，是阿帕拉契山脈南部比較大的瀑布。這個瀑布名叫 Mingo Falls，有翻譯為明戈瀑布，也可以翻譯為「明國」瀑布，是否與明朝有關？

明戈是一個族名。明戈族原是易洛魁族（Iroquois）的一部，繁衍在加拿大安大略省、紐約州一帶。加拿大的名字出現在 1602 年的《坤輿萬國全圖》，標註加拿大在今日多倫多附近。比《坤輿萬國全圖》更早，萬曆癸巳年（1593）印行的梁輈《乾坤萬國全圖古今人物事蹟輿圖》也有加拿大的名字，引述南京明政府有一張六幅的大地圖，比《坤輿萬國全圖》早，說明中國原來就有一張六幅的地圖，更早記載加拿大（李兆良 2012）。

法國占領加拿大後，明戈族南遷至俄亥俄州。其他原來的易洛魁族分

34　http://www.tsalagi-atsilvsgi.net/Lakota_Warrior.html（2012 年 3 月 21 日閱）

支，落戶在俄亥俄州的，包括蘇斯卡漢諾克（Susquehannock）、卡尤加
（Cayuga）、莫霍克（Mohawk）、奧奈達（Oneida）、塔斯卡洛拉（Tuscarora）、
奧內達加（Onondaga）、塞內卡（Seneca）及桑達斯基（Sandusky）等族。
紐約州、賓夕法尼亞州、俄亥俄州許多地名、縣市和街道，均以這些原住民
的族名命名。

根據俄亥俄州歷史[35]，明戈族有時叫塞內卡族。1750年明戈族離開原居的
紐約州，遷到俄亥俄州東部。1770年他們遷到俄州中部，其中一個村子就在
哥倫布市塞俄圖（Scioto）河邊上，距筆者的家不到兩哩。明戈族在俄州北
部，與其他邁阿密（Miami）和商尼（Shawnee）較大的民族合併。1774年，
美洲的歐洲新移民與在哥倫布市的明戈族發生衝突。1831年，美國政府強迫
明戈族遷徙到西部地區。俄亥俄州仍有一些明戈人的後裔，不過他們的名字
有些已經歐化。洛根（Logan）與特庫姆薩（Tecumseh）是其中比較出名的兩
位。他們與歐洲移民通婚率很高，畫像中的明戈人沒有太多亞洲人的特徵，
今天要研究明戈族有很大困難[36]。根據現在僅存的明戈族語言，他們數目字以
多音節發音，不同於漢語。但是從文化上說，很可能與明代中國有過接觸。

明戈族的分布與切諾基族相交混，除俄亥俄之外，愛荷華、西維吉尼亞
和北卡羅萊納等州，都有以明戈命名的地名。

西班牙裔有明戈姓氏，源自 Dominus。Domingo，拉丁文意思是掌權
人、統治者，由此衍生的歐洲姓氏多達六十個[37]。有人認為是明戈族源自西班
牙的姓氏。但是，明戈族存在美洲顯然比西班牙人更早。切諾基人把 Mingo
瀑布稱為 Yona，即「大熊」[38]。西班牙的姓氏「明戈」與熊沒有關係。上文表
過，「熊」在切諾基語是 Yona，與江浙、客家語發音一致。切諾基的明戈瀑
布，意思是熊瀑布，明戈代表熊，熊也是他們旗幟上的北斗七星，似乎是有

---

35 http://www.ohiohistorycentral.org/entry.php?rec=608; http://www.ohiohistoryteachers.
 org/02/05/ht.pdf
36 http://pages.swcp.com/~dhickman/notes/mingo.html
37 http://www.surnamedb.com/Surname/Mingo
38 http://www.greatsmokies.com/waterfalls.html; http://www.cherokee-nc.com/index.
 php?page=39

關聯的。明朝人對自己國家稱為「明國」、「大明國」。明戈瀑布也可以翻譯為明國瀑布。瀑布所在，是否明朝人到過的地方？明戈人是否明國人？這是一宗線索，需要進一步的驗證。

克魯族的旗幟

古代人羨慕飛鳥自由，希望自己祖先是鳥。

先秦到漢代有「羽人」的圖案。1989年，江西省新干縣大洋洲商墓出土的側身羽神人玉飾，通高11.5公分，身高8.7公分。典型特徵是在兩側及腿部用圓雕技法雕出羽翼。現收藏於江西省博物館。

許多美洲原住民都有崇拜鳥的習俗。加拿大卑詩省與相鄰的美國華盛頓州原住民，都認為他們的民族是從鳥蛋孵化出來的。美國克魯族（Crow），又名阿布薩洛克（Apsaroke, Apsaalooke），意思是鳥人。克魯族聚居在黃石公園附近，約有一萬兩千人。他們的旗幟很複雜，有太陽、山嶺、帳篷、發汗棚、和平煙斗和煙草種籽，兩頂戰士的頭飾代表父母。最重要的是北斗星，原來在煙斗旁邊。

1967年代，克魯族的旗子還有北斗星，三十年後就不見了。幸運的是還能找到美國文獻記載這面旗子，不然，這麼重要的線索就隨新旗子的刪除而隱沒。《美洲土著的旗幟》這本書裡記載著，克魯族認為北斗星是 "Carrier of Message"（帶訊人或信使）（Healy, Orenski and Waldman 2003, 67）。他們如何想像北斗星會是帶訊人？誰是帶訊人？帶什麼訊息？

《明宣宗實錄》載：

宣德五年（注：即1430年）六月戊寅（初九），遣太監鄭和等詔往諭諸番國，詔曰：朕恭膺天命，祇嗣太祖高皇帝，太宗文皇帝、仁宗昭皇帝大統，君臨萬邦，體祖宗之至仁，普輯寧於庶類，已大敕天下，紀元宣德，咸與維新。爾諸番國遠處海外，未有聞知，茲特遣太監鄭和、王景弘等賫詔書往諭，其各敬順天道，撫輯人民，以共享太平之福。

鄭和是信使，他帶的訊息是宣德登位，是宣德交給他第七次下西洋最主

要的任務。北斗七星象徵帶訊
人，沒有比這更清楚印第安人與
明代使節的關聯。

　　旗幟是代表一個民族、團體
很重要的標誌，有其一定的歷史
根源和保守性。切諾基人也可以
觀星，當然可以有北斗的概念。
但有北斗的概念，不一定會用北
斗做旗幟。再加上克露族認為北
斗是信使，明代大使的形象已經
活現，還有白紅代表和戰。認為

Crow flag 1967 (Flag Book of US 1975, p.258)

圖2.13　克魯族旗幟──北斗星被取消前。

這是偶合的，必須解釋所有這些明代文化的特殊元素，為何如此巧合地存在
於美洲原住民的文化中。

　　再加上拉科塔族的北斗引死者往生的信仰，美洲原住民沒有接觸明代中
國人是不可能發生如此多的文化共同點。當然鄭和本人是否來過美洲，目前
無法證實。但是明代的使節來過美洲，從北斗旗與白紅─文武的沿革來看是
很難否定的。

　　美洲還有比北斗七星旗更古的中國旗幟，證明中國與美洲的交通遠早於
明朝。

曲柄標槍與旌節

　　美國中部平原的原住民夏安（Cheyenne）、蘇（Sioux）和阿拉帕霍
（Arapaho）等族有一種儀杖，叫曲柄標槍（crooked lance）。

　　它是一根用柳條做的標槍，上端彎成勾狀，頂端用一根繩子綁著，固定
到槍桿上。槍桿裝飾有牛毛和羽毛，平常裹上水獺皮。在戰鬥中，先鋒戰士
把曲柄標槍插在陣前，除非有命令撤退，戰死也不退縮，他的同伴有責任冒
死保護他（Salomon 2000, 187）。擁有曲柄標槍是一項很高的榮譽，只有族
內最勇敢的戰士有資格。這些勇士自己有一個會社，存在到今天。

　　愛德華‧寇提斯（Edward Curtis, 1868-1952）幾乎是唯一有機會用他的

圖2.14 克魯族戰士與曲柄標槍。（Northwestern University Library, *Edward S. Curtis's 'The North American Indian': the Photographic Images*, 2001. Digital ID: cp04036）

照相機記錄初次接觸美國原住民時的風貌之攝影師。美國國會圖書館網站有一套他的作品。其中一幅是克魯族的戰士持著一桿曲柄標槍。這就是認為北斗旗代表「信使」的民族。

內布拉斯加州立大學的博物館裡，有一幅描述1873年一次蘇族（Sioux）與潘尼族（Pawnee）的戰役。一位戰士，手持曲柄標槍，騎在馬側，避開槍林箭雨作戰[39]。美國以原住民為主題的畫家，要經過審核批准，嚴格遵守題材的真實性。馬丁‧格利爾（Martin Grelle）是其中一位。他有一幅畫，很清

---

39 內布拉斯加州立大學博物館 http://www-museum.unl.edu/explorethecollections/muslin.html

楚曲柄標槍的形狀，曲柄的頂端是用繩子綁住的[40]。

　　曲柄標槍，明顯不是投擲格鬥用，是一種象徵性的儀杖。與中國的旃一樣。《說文》：「旃曲柄也，所以旃表士眾。」

中國的節杖、使節

　　中國的曲柄儀杖還有「節」，有羽毛、牛毛，是朝廷發給使者專用的信物。其他各國歷代都沒有這樣形式的旗幟儀杖。

　　最初的節是竹子剖開兩半，上下級各持一半以對證。「節」字小篆古文「卩」字。《康熙字典》引《正譌》：「古符卩，所以示信，半在外，半在內，取象於骨卩，故又借為符卩字。」1957年，安徽壽縣出土楚懷王（西元前328-299年）給鄂君啟的節是用青銅做的，分開兩半，合起來成竹筒狀，上面刻著漂亮的楚書[41]，是戰國時代重要委任的系統。後來發展成虎符、信牌和符節等通行證、委任狀。這種符節是比較短的。

　　中國歷來重視禮節，節就是禮的主要組成。《周禮·地官·掌節》：「山國用虎節，土國用人節，澤國用龍節。皆以金為之。道路用旌節，門關用符節，都鄙用管節，皆以竹為之。」《史記·秦始皇本紀》亦有同樣記述。這裡的符節大概是上文剖開兩半的竹節。

圖2.15　卩、節、命、印、令的小篆，示曲柄。（李兆良書）

40　http://www.theolivetreegallery.com/the-olive-tree/index.php?main_page=product_info&cPath=9&products_id=68

41　http://www.ezhou.gov.cn/200804/c1513860.htm; http://www.yingbishufa.com/ldbt/0015.htm

　　《漢書・高帝紀》載，秦王子嬰在壩上向沛公投降時，封皇帝璽符節。顏師古注：「節以毛為之，上下相重，取象竹節，因以為名，將命者持之以為信。」

　　後來演化成曲柄的竹杖，竹子高端比較細，有彈性，用繩子綁住頂部可以彎成勾。節上綴以牛毛，是一種權杖。卩的意義是代表皇帝執行任務的權柄。小篆字的構造可以說明曲柄的節的形狀和含意。指示任「命」、發號司「令」、「印」信等字，都含有節字的原來符號「卩」。

　　秦以後歷代保留節的制度，形制則稍微改動。出使外國的使者有特別的使節。使節是儀杖，後來變成官銜。

　　《漢書》：「張騫使月氏。匈奴得之。留騫十餘歲。與妻有子。然騫持漢節不失。」張騫（西元前？-114年）是第一個通西域的漢使。《後漢書・光武紀》李注云：「節，所以為信也。以竹為之，柄長八尺，以旄牛尾為其耗，三重。」《漢書》卷五十九：「武杖漢節牧羊，臥起操持，節旄盡落。」蘇武（西元前140？-60年）出使異域，被匈奴俘虜，牧羊十九年，始終不降，仍然保住節杖。中國人講保節，從此而來。印第安人的儀杖也有同樣意義。

　　《新唐書・車服》：「大將出，賜旌以顯賞，節以顯殺。旌以絳帛五丈，粉畫虎，有銅龍一，首纏緋幡，紫綟為袋，油囊為表。節，縣畫木盤三，相去數寸，隅垂赤麻，餘與旌同。」

　　中國對友邦也賜以旌節。《宋史・外國四・交阯大理》：「賜推誠順化功臣，仍賜名至忠，給以旌節。」

　　元代的節甚為奢華。《元史・輿服二・儀杖》：「金節，制如麾，八層，韜以黃羅雲龍袋。又引導節，金塗龍頭朱漆竿，懸五色拂，上施銅鈸。朱雀幢，制如節而五層，韜以紅繡朱雀袋。青龍幢，制如前，韜以碧繡青龍袋。」

　　《明史・輿服四》：「洪武十五年，制使節，黃色三簷寶蓋，長二尺，黃紗袋籠之。又制丹漆架一，以節置其上。使者受命，則載以行；使歸，則持之以覆命。二十三年，詔考定使節之制，禮部奏：『漢光武時，以竹為節，柄長八尺，其毛三重。而黃公紹《韻會》注：漢節柄長三尺，毛三重，以旄牛為之。』詔從三尺之制。」

　　歷代蘇武的畫像，京劇裡的造型道具，都有曲柄的節杖。蘇武和張騫生活過的地方，博物館都有他們的塑像。塑像持的節杖則各有不同長短，氂的數目也不一，有多至七、八球。每一朝代的節，其實有獨特的式樣，愈來愈帶裝飾性，貼金、加龍頭等等。隨便找一個朝代的節做樣板，是不符歷史事實的。看戲與學歷史有一定距離。

　　1963 年在雲南昭通後海子發現有一座東晉壁畫墓，從墓內墨銘可知為東晉霍承嗣墓，在墓室後壁正的畫像旁立有一節杖，上束有三重節斿，和漢代的節的形制相同，是真正漢節的形制。明代朱元璋制定的節，就是按此制，與美國印第安人的節相似。

　　1971 年秋，在內蒙古和林格爾縣新店子發現一座大型東漢壁畫墓，其中有一幅表現死者生前任「使持節護烏桓校尉」時乘車出行的場面，主車的後面，斜豎一上有三重紅斿的節。

　　自洪武制定了跟隨漢光武的制度，明史沒有更改的資料。所以明代應該一直沿用此制。到了美洲，它的形制可能因理解不同、原料來源不同，略有變異，但曲柄的特徵還是保留的，特別是綁在曲柄上的繩子和三撮牛毛，是明代沿襲漢朝的制度。

　　印第安人曲柄標槍是死守陣地的信符，與中國的節有相同的意義：是委派給先鋒的權杖，不完成任務死不罷休，就是「使命」的意思。使與命是連在一起的。命是命令，也是生命。國家元首下達的命令，是要以生命維護、執行和完成的。這完全符合美洲原住民曲柄標槍的象徵，也是中國使臣旌節的意義，曲柄標槍就是使節。

　　美洲原住民的曲節標槍與明代使節幾乎一樣。只是明代以黃紗袋籠之、美洲原住民以水獺皮包裹，形制比明代的節簡單，與漢代的節較接近，可能明以前就傳入。兩者的功用、形制、紋飾完全吻合，表示中國與美洲民族之間有交通。

　　曲柄的杖，誰都可以發明，不只中國使者有，歐洲牧羊人、天主教教皇和埃及法老王，他們拿的儀杖也是曲柄的。西方的曲柄杖是誰先發明很難考證，但都沒有一根用繩子固定曲柄，也沒有多束牛毛。埃及的皇杖短於兩尺，是國王拿的，不是交給使者的。牧羊人與教皇的曲柄杖同樣用做引領，

沒有牛毛、繩子。中國的節杖有兩千多年歷史。從功用來說，蘇武節是皇帝發的信物，先有節，才牧羊，不是為牧羊而造的。牧羊只需要一根棒子或鞭子，曲柄作用不大，主要是象徵。綁住節的這根繩子和牛毛是卩的主要象形標誌，是美洲曲柄標槍與中國旄節的關聯，其他的曲杖是沒有的。西方曲柄的牧羊杖，是否是蘇武曲柄節的衍生，則是另一個題目了。

旄

　　中國另一種戰旗是旄，《說文解字》：「析羽注旄首，所以進士卒。」用羽毛、牛毛綴在杖首裝飾，以指揮士兵。今天，已看不到中國的旄，可以從旄節花科的植物形態領會什麼是旄[42]。美國原住民用羽毛、牛毛裝飾標槍是很平常。在美洲原住民中，旄也是普遍看到，就是一根標槍上飾排列整齊的羽毛。

　　曼丹族的酋長「四熊」（Four Bears，曼丹語 Mato-Tope）是卡特林最喜歡畫的對象。他手上拿著的儀杖就等於中國的旄，這種印第安人的戰旗與中國古代的旄無論用途、形制、構造，完全相同。

　　寧波博物館有一件戰國的銅斧，通長22.8公分，寬7.8公分，銅斧中空，一面通體鑄凹紋。邊框線內，上方是兩條相向的龍，下部邊框底線表示狹長的輕舟，內坐四人，頭戴羽冠，雙手划船，船上插著四根羽毛製的旄，與美洲原住民的儀杖一樣。這個戰國銅斧是1976年出土於鄞縣甲村鄭家埭。頭戴羽冠可能與越人的原始宗教舞蹈有關，美洲的酋長也戴羽冠。

　　用羽毛做的旄只有古代中國與美洲文化有紀錄。漢代磚畫描繪羽人站在船上戰爭，羽人拿著的旄，與美洲原住民的旄是一樣的。到明朝，用羽毛造的旄已沒有出現。中國旄旗後來發展用布做，牙邊代替了羽毛，美洲原住民還保留了羽毛的旄。

　　美洲原住民的旗幟與旄與中國文化同源。紅色的戰旗斿和曲柄標槍與明朝的使節類似，保留古制，可能先秦時代就傳入。

42　http://bp0.blogger.com/_ZdOGO_8O6BE/R7mTldNYl3I/AAAAAAAAC7I/dHtg5lAV9vk/
　　s320/f06593.jpg

　　旌、旆、節都是中國的旗幟權杖，在美洲土著的文化中出現，體制、構造、用途相同，很難說這兩方的人民沒有交往。

「四熊」、羆

　　手持旌節的美洲原住民，最出名的要算上文提到的畫家喬治‧卡特林（George Catlin）畫的一位曼丹族（Mandan）酋長（1795-1837）。他的名字叫「四熊」（Four Bear 或 Fourbears），意思是勇敢、孔武有力如四頭熊。熊在美洲是普遍的動物。原住民以熊為名的酋長不少，有坐熊、站熊、大熊、小熊、踢人熊、毛熊、白熊、黃熊或棕熊

圖2.16　曼丹族四熊與旌（Artwork by Karl Bodmer, 1833-1834）。

等，冠以數字的還有十熊（Paruasemana，Ketahto 族酋長）和二熊（Mato-noupa），都沒有太多記載。可四熊的名字成為姓氏，還有村莊、橋梁以四熊命名，保留至今。

　　四熊，曼丹語的英語音譯有 Ma-to-to-pe 或 Mato-topeh 等不同拼寫。曼丹語 Mato 是「熊」、Toop 是「四」，形容詞放在後面。但是，四熊不是讀寫成 Mato-toop，後面還有 peh 的發音，與中文的「羆」一樣。羆是棕熊（Ursus arctos），體態和力量大約等於三、四隻黑熊（Ursus americanus）。根據哈佛大學考古民族學的論文集，曼丹人有另外的詞 mato unknapininde 代表棕熊（Harvard University 1904, 209）。為什麼不用棕熊本來的稱呼，或者用更誇張的數字，而用「四熊」呢？四熊似乎有特別的意義。

　　「四熊」合起來是中文「羆」字，假如用簡體字「罴」，這意義就沒有了。明代文武官制度，官服前心上有一塊方形的補子，繡上動物圖案。文官

用鳥，武官用獸，以不同的禽獸表示官階。五等武官的補子圖案是熊羆。「四熊」是否一位被明人賜予五等官的後裔？已經無法稽考，只能存疑。今天在南達科他州夏安河保留區還可以找到四熊家族的後代。美國國會圖書館藏有愛德華・柯蒂斯（Edward Curtis）在1900年代初期拍攝的曼丹人照片，容貌與亞洲人相似[43]。這裡不宜做過多的猜想附會，僅記錄下來，留待將來進一步探索。

伊斯蘭旗在美洲

　　早期美國居住在東南部佛羅里達州附近的馬斯柯基（Muscogee）和薩米諾爾（Seminole）兩族各有一面旗子，是由一位女士愛麗絲・利珀（Alice Leeper）幫他們造的。利珀是英裔，聯邦政府派駐原住民地區的官員的女兒。兩面旗子的設計都有白色彎月、紅色五角星、綠色背景，另外有紅色和白色的條幅。任何人都知道彎月和五角星是伊斯蘭的標誌，不會是英國人利珀的心思。沒有接觸過伊斯蘭，美洲原住民如何設計出伊斯蘭的旗子？佛羅里達州最早是西班牙人占領的。哥倫布出航找尋新大陸，西班牙人剛剛把穆斯林擊敗，不會對這面旗幟不熟悉，也不會有好感，絕對不會用伊斯蘭的符號幫美洲原住民設計旗幟。而法國、英國人對伊斯蘭亦無特別興趣，要推廣伊斯蘭的徽號。這應該是原住民自己設計的，即原住民裡有穆斯林。鄭和下西洋其中一項重要的貿易是購買產自伊斯蘭國家的青花鈷顏料，而鄭和船隊中的主要領軍人物，多為穆斯林。

　　這兩族人與切諾基族為鄰。他們的膚色、樣貌、服飾與中東民族很接近。切諾基的領袖是包頭巾的，服裝像穆斯林人，不戴羽冠。馬斯柯基族裡還有自由的非洲人，即不是以奴隸身分從非洲來的，而是原就居於美洲的非洲裔，他們如何在歐洲人沒來以前來到美洲，一直是個謎。切諾基、馬斯柯基和薩米諾爾，都被公認為美洲原住民中最聰明的民族。因此這些族人與伊斯蘭的關係是相當值得研究的。目前，沒有記載和證據，證明穆斯林人或非洲人早於哥倫布到達美洲。而鄭和船隊肯定是有穆斯林人和非洲人。美洲的

---

43 http://memory.loc.gov/award/iencurt/ct05/ct05toc.html

圖2.17　馬斯柯基初期旗幟（左）與更改後的旗幟。（Himasaram, Wikipedia）

圖2.18　薩米諾爾族初期旗幟（左）與更改後的旗幟。（Wikipedia）

穆斯林人、自由的非洲人，極可能是隨鄭和船隊的商人、客人，流落美洲，融入到美洲原住民的群體。明朝的泉州曾經是中國最大的貿易港，歐洲的地圖上註明「刺桐」的地方，即泉州。阿拉伯的穆斯林旅行家伊本・白圖泰（Ibn Battuta, 1304-1369）曾東來元代的中國，經福建泉州、浙江杭州、江蘇，取道大運河往北京（大都）（Battuta and Gibb 2004）。泉州有穆斯林集中居住的區域，有些泉州人有鬈髮、黑皮膚，是非洲裔的印記。這些都是中外交通鼎盛時乘中國船來中國經商定居的。元代，首次與中國通的義大利使團從陸路來華，也是坐中國的船回歐洲的。古代中國船有外籍旅客是慣例。

被遺棄的民族：馬倫真人

　　阿帕拉契山脈南部，與切諾基人居住地附近，還有一個很複雜的民族，

叫馬倫真（Melungeon）[44]。經過多年的探索，終於查明他們有土耳其人、南歐人和非洲人的混合血統，也有美洲原住民的血統，但主要是土耳其和中東人，因此最近土耳其大學還與他們建立關係。早期，因為他們是有色人種被歧視，不許擁有土地，不能受公費教育，不能享受一般公民的權利。因此，他們都改用歐洲人的姓氏，自稱是葡萄牙人、西班牙人後裔。

　　土耳其語 melun can，阿拉伯語 melun jinn 意思是被遺棄的人；法語 mélange，西班牙語 mulato，西班牙老民歌有類似的詞，意思是可憐的低下階級，英語 mulatto 是混血兒，廣東有罵人語「麻甩」[45]，意思雜種，來自 Mulatto。所有的詞彙都很清楚說明他們同源的來歷，馬倫真人是流落異鄉的混血兒（Kennedy 1997, 10）。

　　1600 年中葉，當歐洲移民剛剛來美洲時，馬倫真人已經聚居在美東卡羅萊納州。所以他們不是被賣到美洲的奴隸。那他們是什麼人？什麼原因讓他們流落在美洲呢？

　　鄭和下西洋的船員裡有通事教喻，擔任翻譯多國語言，除了明朝自己的官員，當然有外國的教師，其中很重要的是中東的民族，因為其中一項鄭和要購買的貨物是青花瓷的顏料——蘇麻利青。元、明青花的顏料來自雙子河交會處的伊拉克、伊朗一帶，古稱蘇麻利（Sumeria〔Sumer〕）。今日伊朗的霍爾木茲（忽魯謨斯 Hormuz）是鄭和到中東必停的港口。中東人隨鄭和船隊擔任翻譯和其他職務是自然的，馬倫真人是鄭和船隊裡中東船員、乘客的遺民，在推理上是完全可能的。

切諾基與猶太人

　　切諾基人中，也有自稱為猶太人後裔的，認為他們的口述歷史，根據宗教信仰證明是猶太人後裔，他們在家門前掛以色列旗幟[46]。但是，DNA 家譜公司做過檢測，根據單倍群（Haplogroup）分析，認為切諾基人與猶太人完

44　http://www.melungeon.org/
45　普通話注音摔 Shuai，與廣州話 Lat 差很遠。這字應念廣州話。
46　Cherokee DNA, History Channel. http://www.youtube.com/watch?v=wHNRf9H7nD4&feature=related

全沒有關係，不過我們沒有統計數字，不知道他們的抽樣是否有足夠人數下結論。

田納西州東部，有一塊石頭，刻有希伯來文，「供奉約地亞」字樣，是1889年發現的。這一群切諾基人屬於中央支系，居住在田納西州，只有四百人。他們還沒有被聯邦政府承認是切諾基族。直到2010年，仍在爭議[47]。猶太人很早來中國是公認的事實。開封是猶太人聚居的城市，起碼從宋朝開始。有說唐代已有猶太人在中國，敦煌文物有猶太經文。明代中國與中東的貿易中有猶太人參與是完全可能的。猶太人是經商的能手，他們的活動範圍與阿拉伯人有重疊，他們乘搭鄭和船隊的船來華，毫無疑問。他們是否也是隨鄭和來美洲的乘客？哥倫布以前，有記錄承載外國人越洋萬里的航程，只有鄭和。

小結

美洲切諾基族有北斗七星的旗幟，有紅主戰、白主和的傳統，他們稱北斗為「熊」，切諾基語的「熊」念「yona」，與客家語、吳語「yong」同音。中國自古崇尚北斗七星。六千年前河南濮陽西水坡的中華第一龍已經與北斗同時出現。明代帝王尊崇道教易學，而北斗是道教的重要標記。宋、金、元、明、清各朝，北斗旗是皇室鹵簿中最主要的一面旗幟。明代皇室，尤其視北斗為死後登仙界的中介。明太祖建南京城及自己的陵園，皆以北斗為模。明代萬曆年間銅製北斗旗（1602）至今仍存。明代繡像小說，每用北斗旗為將旗，鄭和以北斗旗領路，有圖為證。綜觀世界各國二十世紀前沒有以北斗做旗幟。克魯族認為北斗是「信使」與宣德遣派鄭和下西洋的任務一致。北斗七星的旗幟圖案、顏色、含意和代表性，很難如此巧合產生在兩個相隔萬里的民族。切諾基與克魯族如果沒有與明代中國接觸過，是無法解釋這些現象的。

克魯族和鄰近美洲原住民有曲柄標槍，其構造有牛氂三重、頂端彎曲、

---

47 http://www.nc-cherokee.com/theonefeather/2010/08/17/no-recognition-for-central-band-of-cherokees/

以繩子結紮成勾狀，持有者臨陣任先鋒，非有命，寧死不屈不退，與中國使節同。中國使節制度，先秦已有，尤以漢代張騫、蘇武為著。與使節權責有關的字均有曲柄節杖，如命、印、節、令等。美洲原住民曲柄標槍體制意義與中國出使用之旄節完全吻合。此制度何時傳入美洲，未有定論，最晚是明代，甚至可以更早。歐洲移民首次接觸美洲原住民時已有。

美國東部與東南部的馬斯柯基與薩米諾爾有彎月與星的旗幟，作為自己族群的象徵，證明他們與穆斯林有關。美國東部的馬倫真人有土耳其血統。鄭和當年出使，與中東國家有密切關係，他本人也是穆斯林，其他太監、船員中應不乏穆斯林。這幾個民族與明代航海者很可能有關。這種多民族、多宗教、多元文化的共存，正是鄭和下西洋的最大特點。美國東部的原住民語言複雜、人種複雜。猶太人、黑人、伊斯蘭人和土耳其人都認為是他們的祖先早年發現美洲，但是又沒有任何文獻紀錄，支持他們有能力航行到美洲。唯一解釋是，這些人可能是鄭和船上的乘客、雇員。以後的討論更多證據，逐步把鄭和船隊來美的形象清晰化。

類似中國節杖與曲柄標槍則可推到比明朝更早的年代，羽冠和羽毛製作的旌旗甚至把兩種文化的關係上推春秋戰國時代。這些旗幟、儀杖和象徵意義，多種現象同時出現在中國與美洲原住民文化，尤其明代文化比較特出，而不存在歐洲文化，獨立自發的機率是很低的。兩者之間，沒有接觸是很難令人置信的。

一個點不能畫出一條線，一個拼板看不清圖。然而，當許多點連起來就成線，許多拼板接起來，就呈現清楚的拼圖。從旗幟這種富有文化特徵的文物來看，美洲文化與中華文化是相通的，北斗七星旗的概念極可能是明代傳入美洲，旌、旆、節可能更早。

　　　　　大明北斗七星旗
　　　　　文白武紅切諾基
　　　　　美中交往恆彌遠
　　　　　曲杖旌旆顯真微

參考書目

Ammer, Christine. *The American Heritage Dictionary of Idioms*. Boston: Houghton Mifflin Harcourt, 1997.

Battuta, Ibn, and Hamilton Alexander Rosskeen Gibb. *Travels in Asia and Africa, 1325-1354*. Oxon, UK: Routledge, 2004.

Catlin, George. *Last Rambles Amongst the Indians of the Rocky Mountains and the Andes*. London: Sampson Low, Son and Marston, 1868.

——. *Letters and Notes on the Manners, Customs, and Condition of the North American Indians*. London: David Bogue, 1844.

Danvers, Frederick Charles. *The Portuguese in India: Being a History of the Rise and Decline of Their Eastern Empire*. London: W.H. Allen & Co., 1894.

Gordon, William John, W. J. Stokoe, and Frederick Edward Hulme. *Flags of the World, Past and Present: Their Story and Associations*. London: F. Warne, 1915.

Healy, Donald T., Peter J. Orenski, and Carl Waldman. *Native American flags*. Norman, OK: University of Oklahoma Press, 2003.

Kennedy, Robyn Vaughan. *The Melungeons*. Mercer Island, Washington: Mercer University Press, 1997.

McIntosh, John. *The History of the North American Indians: Their Origin, with a Faithful Description of Their Manners and Customs, Both Civil and Military, their Religions, Languages, Dress, and Ornaments*. New Haven: H.Mansfield, 1859.

Mintz, Frances Sankstone. *The New American Citizen: A Reader for Foreigners*. New York, NY: Macmillan, 1909.

Mooney, James. *Myths of the Cherokee*. Charleston, SC: Forgotten Books, 1898.

Peabody Museum of American Archaeology and Ethnology, Harvard University. *Papers of the Peabody Museum of Archaeology and Ethnology*. Vol. 3. Cambridge, MA: Peabody Museum of Archaeology and Ethnology, 1904.

Perrin, William Gordon, and Herbert S. Vaughan. *British Flags, Their Early History, and Their Development at Sea: With an Account of the Origin of the Flag as a National Device.* Cambridge: University Press, 1922.

Salomon, Julian Harris. *The Book of Indian Crafts and Indian Lore.* N. Chemsford, MA: Courier Dover Publications, 2000.

Stephens, Henry Morse. *Albuquerque.* Oxford, UK: Clarendon Press, 1897.

Stockton, Charles H. *A Manual of International Law for the Use of Naval Office.* Annapolis, MD: Naval institute, 1911.

United States Navy Bureau of Navigation. *Flags of Maritime Nations: From the Most Authentic Sources.* Washington DC: United States Navy Bureau of Navigation, 1882.

Vance, Anna Lydia Russell, and Jacob S. Bletcher. *Our Nation's Flag: From the Standard of Spain in 1492 Up to the Flag of 48 Stars in 1917, Also Laws and Usages of the American Standard.* Milwaukee: Press of J.S. Bletcher, 1917.

李兆良，《坤輿萬國全圖解密：明代測繪世界》，台北：聯經出版公司，2012。

楊國慶，《南京明代城墻》，南京：南京出版社，2002。

胡新生，〈周人尚赤說的歷史考察〉，《文史哲》，第二期（2005）：91-97。

黃明延，《中國旗幟圖譜》，北京：中國和平出版社，2003。

美國的景德鎮

陶藝傳承中美歐

　　宣德金牌出土在北卡羅萊納州西部，離海岸約四百公里。若是鄭和船隊遺下的，有人把它從海岸帶進內陸四百公里。假定上文的判斷，金牌是美國獨立戰爭時代遺下的，1776年離宣德送鄭和出海的1430年，總共三百四十年左右，以三十年一代算，相當於十一到十二代人，那時的人壽命較短，應該是十五到二十代。一件物品能保存三百多年，歷經十幾代人，是很不簡單的，即使是現在也不容易。切諾基人一定對這金牌有非常深厚的感情。

　　從美國的原住民分布圖看，切諾基的領域未達東海岸，中間夾著卡托巴族（Catawba），所以首先得到金牌的應該是卡托巴。這卡托巴族可不簡單，他們帶動了歐洲瓷業的興起。

首當其衝的卡托巴

　　2009年，我來到北卡羅萊納州的帕姆利柯河（Pamlico），追尋三百年前第一個真正探勘北美洲的英國人羅森的足跡。附近是一個大沼澤（Great Dismal Swarm），夏天潮溼酷熱，到處是蚊蠅和帶傳染病的蝨子，不宜居住，所以這裡發展很慢，保留著三百年前的建築。可以想像為什麼卡托巴與切諾基人寧可住在比較內陸的山地。

　　歐洲人最早探測南／北卡羅萊納的是英國人約翰‧羅森（John Lawson, 1674-1711）。1700年，他在今日的南卡羅萊納州的查爾斯頓（Charleston），帶著一小隊人，從今日的桑蒂（Santee）河口出發，沿著桑蒂河北上進入內陸，碰到許多民族，像桑蒂（Santee）、康格利（Congaree）、瓦特利（Wateree）、瓦薩（Waxhaw）、蘇格利（Sugaree）和卡托巴（Catawba），最後到達帕姆利柯河口。羅森遇到的民族，現在大部分都不存在了，只在地名上留下印記，剩下的被歸入卡托巴，是上述部族最後的綜合群體。後述以卡托巴代替這些小民族的總稱，事實上是一個多民族的合體。

　　羅森成為第一位勘探員，在巴斯（Bath）定居，開發了北卡羅萊納的第一個城市。羅森1709年出版的《卡羅萊納新遊記》膾炙人口，英國後來的移民都是被他的書吸引來的（Lawson 1709）[1]。這本遊記是了解最早歐洲人與美

1　http://docsouth.unc.edu/nc/lawson/menu.html

洲原住民接觸的重要文獻，當時英國人知道的美洲，主要局限在卡羅萊納和
維吉尼亞，這兩地的界線並不像今天這麼清楚。這張地圖是當時羅森走過的
範圍，也是當時歐洲人真正探勘繪製的美國地圖，局限在美國東部三個州，

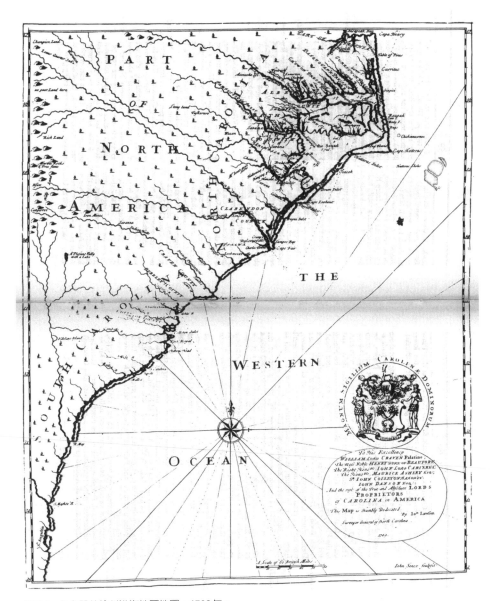

圖3.1　北卡羅萊納州沿海地區地圖，1709年。

比對1602年的《坤輿萬國全圖》，非常有限。

羅森記錄了他碰到的美洲原住民，他們的風俗、語言、動植物等等，從他的書，讀者宛如親身體驗原住民的生活。這裡只引一段耐人尋味的描述。一天晚上，他與印第安人一起，發覺其睡處有一口他在美洲看到的最大鐵鍋。他好奇詢問鐵鍋的來歷，印第安人笑而不答。印第安人會利用自然銅，打製簡單的銅器，但是沒有冶煉鐵的技術，因為鐵的熔點比銅高得多，要加氧才能熔解。毫無疑問，這口鐵鍋是外來的。至於是誰留下這口大鐵鍋？以後再談。

卡托巴可能接觸的歐洲人，更早的是西班牙人埃爾南多‧底蘇圖（Hernando De Soto）。他除了對金銀有興趣，就是要找一條通往中國的捷徑，沒有歐洲人知道美洲是多大的大陸。底蘇圖與西班牙國王簽訂合約，他從土人領袖擄獲的財富，六分之一上繳給西班牙國王，其餘歸他所有，如果因土人死亡而獲得的財物，一半歸國王，一半屬於自己一夥（Galloway 2006, 339）。

1539年，底蘇圖從佛羅里達的西邊出發，歷經了喬治亞、卡羅萊納、田納西、阿拉巴馬和密西西比等州，最後於1542年病死在密西西比河邊。

底蘇圖有六百二十人、兩百匹馬，大部分留守在佛羅里達，其餘跟他分散行動的進入到內地，營地之間隔開頗遠。開始原住民善待這些客人，提供食住。西班牙人往往不帶糧食，糧食吃光，就靠搶掠，引起原住民的不滿。更甚者，他們經常抓住原住民，強迫帶路到他們的村莊去找糧食、金銀，動不動就殺人，或者把手腳砍掉。有一次他們抓了四、五個土人，土人知道這批人不是善類，都不願意帶路，底蘇圖將其中一名當場活活燒死，其他寧死不屈也被殺害，這是底蘇圖同伴的紀錄（Biedma, Oviedo y Valdés and Ranjel 1904; Shipp 1881）。底蘇圖的凶殘使印第安人對歐洲人早有戒心，一聽到歐洲人要來，全跑掉了。擁有鐵鍋的印第安人應該沒有和底蘇圖的隊伍打過交道，否則對羅森就不會那麼友善。以底蘇圖的行軍習慣，不會帶大鍋子。他們穿著盔甲，帶著沉重的武器，準備運走找到的金銀，所以盡量不帶非必要的物品。這裡好幾個州的博物館都有底蘇圖的遺物藏品，全是小物件。羅森看到的大鐵鍋沒有出現在沿路的博物館目錄。

　　唐・謝潑德（Don Sheppard）是一位做了三十五年田野考古的熱心人士。他沿著底蘇圖的路線，尋找殖民者最早的遺物和資料。他的佛羅里達歷史網站比一般的書還要來得詳細[2]。我聯繫了謝潑德，他說多年前曾在佛羅里達州的沼澤裡找到一枚鐵鍋，上面有土人的「刻字」，他認為是西班牙人帶來做交換禮物，鍋子出現的地方是1830年塞米諾爾族（Seminole）著名的首領奧西奧拉（Osceola）[3]的家園[4]。謝潑德認為是土人刻的字，當然不是他懂的拉丁字母，也不是西班牙文。如果土人不會冶鐵，土人如何在鐵器上面「刻字」？那是什麼文字？他們的文字內容又是什麼？一連串的謎，尚未有答案。

尋訪卡托巴

　　卡托巴其實不是一個民族，它是好幾個民族合併而成。卡托巴也不是他們自己的名字。當年在海岸居住的很多民族首當其衝，被歐洲帶來的傳染病感染，尤其是天花。與新移民的衝突戰爭也使他們的人口銳減，殘餘的民族合併到卡托巴族。現在卡托巴是目前南卡羅萊納州唯一被承認的少數民族。卡托巴這個民族原具有很大勢力，據說他們很會戰鬥，也很會貿易。從南卡羅萊納有多條原始的途徑，名為卡托巴徑，是幾百年前的貿易公路網，一直通賓夕法尼亞州、印第安納州，是自行車旅遊者喜愛的途徑。俄亥俄州的北部的伊利湖和卡托巴島，離哥倫布城不到六十公里，有卡托巴村。我常經過70號州際公路，與多處卡托巴徑交叉。戰爭與疾病曾經把卡托巴族的人口減到只剩一百人左右[5]。卡托巴族現在有兩千六百人，在南卡羅萊納州沙洛特（Charlotte）附近一個保留區，叫洛克希爾（Rock Hill，意為「石山」）。

　　2009年，我去拜訪卡托巴的洛克希爾保留區，前面一道經常開著的閘門，有個牌子告訴遊客，這裡是卡托巴的保留區，在區內該注意的事項。閘

2　佛羅里達州歷史網 http://www.floridahistory.com/inset44.html
3　奧西奧拉是著名的首領，他帶領土人對抗殖民者的擴張，最後在和談中被誘騙，死時才三十三歲。薩米諾爾族嚴禁與歐洲人通婚，他是少有的混血兒。今天半個美國中十幾個縣城鄉以他命名，遠達威斯康辛州和紐約州。
4　私人通信，2011年7月6日。
5　1847年美國人口統計。

GROUP CATAWBA INDIANS, ROCK HILL, S. C.

圖3.2 卡托巴人，1913年於Rock Hill玉米博覽會。（Wikipedia〔Walden69〕）

門沒有守衛，進去後，就像一般美國的普通小鎮，房子是磚砌的，較美國南部所看到的破落小村鎮要整潔得多，與西部保留區裡印第安人的原始房子更無法比擬。那天是八月十五日，應該是遊客季節，我們只碰到一對遊人。

他們的文化中心幾乎就在路的盡頭。我在文化中心看到的卡托巴族人沒有什麼亞洲人的特徵。他們很早就與歐洲移民通婚，在他們的族譜裡，只看到歐洲人的姓名，從姓名無法知道他們是土著。有一張二十世紀初卡托巴人的照片，仔細看，他們明顯有亞洲人的臉型和服裝特徵，除了東亞的臉型，還有南亞和西亞的特徵，這是他們多種族合併的痕跡。

所有有關卡托巴的書籍文獻都談到他們的陶器。卡托巴是美國公認最會製造陶器的民族之一，在美國東部尤其重要。他們的陶器影響了整個歐洲的瓷器業。一個在首次接觸歐洲人時還是用石箭頭的民族，影響了歐洲的瓷器發展？沒錯。這就是為什麼他們這麼重視這門看起來無法維持生計的手工藝。我們老遠跑到這保留區就是要看看他們的陶器製作。

文化館有一個陶器作坊，教導學生如何傳承他們的製陶工藝。小賣部裡也是擺設著他們最值得驕傲的產品。以質量來算，遠遠無法跟中國瓷器比的。一個象徵他們族徽的陶煙斗要四百美元。不過，你只能在這買到，模仿印第安人的繪畫和工藝品是違法的。

沒有不鏽鋼、沒有塑膠的年代，我們的生活會怎樣？這個時代離開我們才不到兩百年前。當時每件的炊具、盛器、食具、禮器和葬器，除非有金

屬，沒有一樣不是用陶瓷製造。生老病死都離不開陶瓷。

考古文物中，生物性的纖維，像木建築、布、紙張會腐爛，石頭也會風化。除了金屬器物外，最耐久的是陶瓷。經過燒製的陶瓷，歷幾千年不變，保持原來的化學結構。每個民族造的陶瓷與他們的文化背景有關，陶瓷有用料調配、成胚、燒製技術的參與，在功用、器形、釉彩、紋樣和工藝等都有特色，可以用來判斷民族的風俗習慣。陶瓷，縱可以斷代，橫可以判別族群的關係，所以考古學家對人類遺址最先注意的是陶瓷器。

卡托巴的宣德爐

首先引起我注意的是卡托巴人的三足陶器。他們的族旗是幾個人合用的一個大煙斗，下面有三足。他們認為這是他們祖傳的器形，世世代代都製作一種直徑六寸到一尺的三足容器，以為這是放草藥的器具（Medicine pot），形狀和用途就是中國的香爐。

湯姆斯・布魯默爾（Thomas John Blumer）與卡托巴族生活了多年，研究他們的製陶技術，他寫了一本關於卡托巴陶器的專著（Blumer 2003），封面是著名藝人喬治亞・哈里斯女士（Georgia Harris, 1905-1997）拿著她做的傳統三足陶器，圓腹、雙耳是兩個酋長的頭像，是用模子造的，這模子一代代傳下去，容易複製。酋長的頭像相當於宣德爐的獅首耳，三獸足與中國的鼎足一樣，也有圈足的[6]，另外有環耳三足器，也像宣德爐。《美國人類學》雜誌介紹卡托巴族造陶的詳細過程，與我在卡托巴文化館看到的展覽一樣（Harrington 1908）。

早期卡托巴的三腳器用獸足，先往外伸展，再往內收斂，如明代家具的腿。十八世紀初，法國的洛可可（Rococo）家具、英國的安妮女王（Queen Anne）型家具和十八世紀中期的齊本德爾（Chippendale）家具也用類似的

6　http://www.catawba-people.com/catawba_indian_pottery.htm（2012 年 1 月 14 日閱）
　http://www.ebook3000.com/Catawba-Indian-Pottery--The-Survival-of-a-Folk-Tradition_100480.html（2012 年 1 月 14 日閱）
　http://usclancaster.sc.edu/NAS/GHarrisExhibitPR.htm（2012 年 1 月 14 日閱）

圖3.3　卡托巴三足陶器（Harrington 1908）。

圖3.4　卡托巴族陶器——三足器（c）（Harrington 1908）。

桌椅腿。這些桌椅腿稱為卡比里歐式（Cabriole），其實是中國的鼎足。十八世紀歐洲有中國熱，套用了中國這種設計，卡托巴的獸足設計是歐洲移民前就有的。十八世紀的歐洲與美洲的歐洲移民崇尚中國的設計，瓷器和家具均帶有中國圖案器形，對中國瓷器尤其熱中，在顯眼處擺放中國瓷盤、花瓶，是高貴人家炫耀的方式。直到現在，美國白宮與議院辦公室總有一、兩件中國瓷器，作為電視訪問的背景。

　　作者曾做過一項美國早期華人的研究調查，十九世紀，美國人口普查紀錄裡有許多小女孩，名為China，開始以為是中國人，後來發現是德國裔的、美國出生的女孩兒。以China為名，指的是瓷器，等於中國女孩用珍珠、玉、金或銀命名一樣，可見當時瓷器何等貴重。

　　近代，卡托巴人受遊客影響，開始製作一些新的器形，但是做工不及往昔精美。2004年建成的美洲印第安人國家博物館（華盛頓），擺放著一件這種三足器，造工不算很好，是近期的作品。早期的三足器的獸足，已經慢慢變成直足，整體毫無疑問還是中國鼎、香爐的形狀。這些陶器雖然不很細緻，卻是早期歐洲移民和其他民族喜歡的日用器具。卡托巴人以販賣陶器為生，幫助他們度過最困難的時期。

　　三足香爐是中國特有的器形，沿用至今，除了祭祖與禮拜外，香爐也是辟臭、除蚊、暖手的用具。卡托巴人稱之為藥罐，大概是除蟲的意思，有道理。

圖3.5 中國新石器時代三足器。（李兆良攝於南京博物院，2010年）

圖3.6 卡托巴三足器。（李兆良攝於華盛頓印第安人國家博物館）

歐洲的三足器

生活器具與生活習慣是分不開的。歐洲國家一開始是畜牧、漁獵的民族，肉食較多，植物也是採集、生吃的。燒烤和沙拉是西方日常食物。燒烤時，直接把肉架在火上，鍋子也同時吊在架子上，因此鍋底是圓的。歐洲的廚房，以前與壁爐是一體的，既是取暖，也是燒烤煮食的。直到十九世紀，美國廚房還是把鍋子吊在架子上，在北卡羅萊納州黑山博物館看到的廚房還是用這種方法。下面談到的南卡羅萊納州「美國景德鎮」，我們午餐的飯店仍保持殖民地初期的特色，服務員穿著十八世紀服裝，桌旁的壁爐就

圖3.7 美國南卡羅萊納州十八世紀的壁爐廚房。（李兆良攝於2010年）

圖3.8　荷蘭銅鍋1400-1500年左右。（李兆良
　　　　繪，原件藏於美國費城圖書館）

圖3.9　克里特島的三足器，西元前1400-1300年。
　　　　（李兆良攝於英國牛津大學博物館）

是他們以前的廚房，圓底鍋吊在架上。這種圓底鍋，歐洲從中世紀一直沿用
到十九世紀。二十世紀，開始用電、煤氣平面加熱，圓底鍋改為平底。三足
器則從來不是西方的日用炊具。

　　希臘有三足器，金屬的腳很直、很高，像相機的三腳架，完全不像鼎，
是擺放東西、點火照明的。歐洲烹煮用的三足器出現在中世紀後，可能是與
中國接觸的結果，始終不流行。歐洲的三足器另外一個特色是有提梁，與其
他吊起來的鍋子一樣。因為鍋子是鐵製的，鍋體很熱，不能用把手。歐洲人
把三足器稱為吉卜賽鍋子（Gypsy Pot）。還有一種三足器叫皮普肯（pipkin），
有一個橫柄，像中國的藥煲，不是常用的烹調器具。中國香爐主要裝土，不
會很熱，把手只是裝飾，宣德爐沒有提梁的樣式，卡托巴的三足器也沒有提
梁。西方也有熏香爐，都用長鍊吊著熏爐的提梁。

中美洲三足器

　　中美洲也有三足器，多見於尼加拉瓜、哥斯達黎加，造型與鼎較不同。
中美洲三足器的造型多樣化，三條腿延伸至器身外，腳比較肥大，往外撇，

上面多有紋飾，看起來較不平穩，
與明朝的宣德爐差異較大[7]。這一類
與中國商朝或以前的三足器較相
似。中國國家博物館藏有的良渚文
化三扁足陶器（西元前3300-2200
年）。許多學者認為中美洲的文化
與中國古代文化有淵源，本書暫時
不討論。

圖3.10　瓜地馬拉三足器。（李兆良繪，原件藏於
　　　　西班牙巴塞隆納民族學博物館）

中國三足器

　　到目前為止，沒有一個國家比
中國更早有三足陶器。直到今天，中國的三足器還在用。

　　中國文化以農業為主，五穀是不能燒烤的，要用水煮，為此發明了鬲和
鼎，鬲的發明尤其聰明。鬲的足中空、體積小，火在下面燒，很快把袋足裡
的食物加溫，湯水上升，用對流的原理，上面冷的水往下沉，很快就能將食
物煮熟。三足是最容易固定在不平的地面。古人的物理常識已經非常先進。
中國的三足器後來發展為三足灶，是倒過來的三足器，在下面承受上面的圓
底鍋，這種灶到二十世紀中期中國家庭普遍用柴炭生火時還用。

　　鬲和鼎在西元前3300-2200年已經相當普遍，這些器皿在江蘇良渚文化
遺址發現不少。從鬲、鼎發展而來的甗、盉、爵等炊具、盛器，多樣食具使
中國擁有世界最璀璨的食文化。中國的三足器源自鬲和鼎，連承酒器、飲酒
器也用三足做裝飾。這些實用器又發展成禮器，香爐就是鼎的延伸。

　　宣德爐是香爐的一種，沒有宣德爐，可能宣德的名字沒有那麼響亮。

　　1428年，派遣鄭和做第七次航行的宣德皇帝，從泰國緬甸引進上好風磨
銅，親自按照古代禮器的式樣和宋代瓷器中較好看的共一百一十七種做藍
本，訂造了三千多個香爐，有鼎、鬲、簋、甫、爐等器形，每一種都有名
稱。後來又添造了一萬八千個。當時監造的工部大臣呂震把營造的經過、詳

7　中美洲中古陶器 http://www.prehispanicpottery.com/costarica.htm

圖3.11　良渚文化三足器。（馬崧良提供）　　　圖3.12　永宣時期青花瓷鼎。（李兆良攝於景德鎮
　　　　　　　　　　　　　　　　　　　　　　　　　　御窯博物館，2006年）

細的式樣，甚至每一種爐送往何處安放，清楚記錄在《宣德彝器圖譜》中，在考證宣德金牌一章裡已經敘述。宋代以來習慣用瓷器造鼎形香爐。這些瓷器和銅器作為對外國賞賜的物品是很普通的。明清兩代皇帝仿效宣德製的香爐，也用宣德的底款，有時真假難辨。歷代戰爭中，宣德爐遭受劫難重重，被徵用去熔掉製造兵器、子彈和大砲，或者被擄掠到外國。真正的宣德爐是否存在很難說，因此有人認為即使是博物館裡的也未必是真的。

卡托巴製陶法

　　卡托巴製陶的方法比較簡單，沒有轉盤，先把陶泥捏成長條，圍成一圈，螺旋形往上繞，做成器形，再安放三腳和把手，用光滑的石頭平整、打磨罐面，然後直接放在火上燒製，沒有窯。所以陶器上有不均勻的黑色烙印。中國雲南一些少數民族用臨時搭建的窯燒陶器（楊莉 2002），卡托巴則連臨時的窯也沒有，直接放在火堆裡燒。

　　根據布魯默爾多年觀察，卡托巴人對陶泥非常珍惜，不浪費一點點。假如是儲存藥的罐子，這麼小的罐子不需要把手，也不需要足。當然，他們要

紀念酋長，把他的頭像作為設計是可以理解，三足倒是完全不需要，純粹是裝飾。然而，他們堅持這是他們祖祖輩輩留下來的樣式，不能改，已經有四千五百年的歷史[8]。這個數字很有趣。中國人常說五千年文化，倒數到鄭和時代，應該是四千五百年左右。是否他們的年代被「塵封」了五百年？我們無法知道他們如何計算是四千五百年的歷史。最後一位能說卡托巴語的已於1970年代去世。今天，卡托巴語是一個滅絕了的語言，雖有非常簡單的紀錄可參考，卻無人傳授[9]。俄亥俄州歷史學會的圖書館有一本很老的書（Lieber 1858），只有十八頁，介紹卡托巴語，發音和語法與漢語很不一樣，但是製陶的原料，發音卻跟漢語一致，以後再詳細討論。

北卡羅萊納州有專門的考古網站，展示陶器考古的文物[10]。較早的沃蘭德時期（Woodland，意為林地），陶器是圓底或尖底的，沒有足[11]。接著的考古年代為密西西比時期（1000-1650），大概在1400年左右，北卡羅萊納州阿帕拉契山脈下的原住民開始迅速發展，現代卡托巴的陶器的器形和燒製方法就是那時候出現的，這與鄭和下西洋的時代（1405-1433）吻合。

大衛・摩爾教授（David G. Moore）專門研究卡羅萊納州西部卡托巴的古蹟，他任教的瓦倫・威爾遜學院（Warren Wilson College）就在宣德金牌出土的小鎮附近，研究範圍也是附近的原住民遺址（Moore 2002）。根據他的研究結果，最早的卡托巴陶器斷代是1441年左右，正是鄭和最後一次出航後的十年[12]。北卡羅萊納州，在沙洛特市西邊不遠的加斯通尼亞鎮（Gastonia），有一座不大卻很出名的席勒（Schiele）博物館，藏有最多的卡托巴陶器。在歐洲人尚未來到美洲前，兩百年內為什麼會有這麼突然的飛躍，是值得注意的。卡托巴的三足器只是「藥物罐」，從來沒有用三足器做炊具的傳統。三

8　http://www.catawbaindian.net/content.php?title=About%20Us

9　http://www.angelfire.com/az2/catawba/

10　北卡羅萊納州考古官方網站 http://www.archaeology.ncdcr.gov/

11　北卡羅萊納州考古實驗室 http://www.rla.unc.edu/lessons/Lesson/L304/L304.htm; http://rla.unc.edu/ArchaeoNC/time/wood_App.htm

12　瓦倫・威爾遜學院考古網站 http://www.warren-wilson.edu/~arch/culturalchron
　　摩爾教授考古報告 http://antiquity.ac.uk/projgall/moore/index.html

足不是他們的習慣。為什麼突然出現在1441年以後的器形？

這種器形不是歐洲移民帶來的，當時的歐洲移民不做三足陶器，因為歐洲本就沒有三足陶器，有的三足器是鐵製的。美國考古學家愛德華・海特（Edward Heite）比較了卡托巴的陶器和英格蘭、蘇格蘭、愛爾蘭、西班牙、北非柏柏爾人（Berber）及加勒比海等地的陶器，認為這種名為殖民地陶器（Colono）並非歐洲移民的產物，而是美國東南方非洲奴隸採用了各種外來器形創造出來的[13]。這與卡托巴族人堅持保留他們四千五百年傳統的觀念相牴觸，但卡托巴人說這句話一定有原因。我搜索過北非、西非國家近代與考古出土的陶器，北非主要是受羅馬帝國影響，流行用雙環耳的把手，無一處的陶器有類似卡托巴的三足器形。再者，非洲奴隸直到十七世紀才來美，而卡托巴的三足器在十五世紀就有了。十八、十九世紀，卡托巴地區裡看到的陶器93%以上是三足器。要知道器形是很重要的一項文化根據，發展一類的器形與民族的生活習慣、傳統、歷史息息相關，不是隨便從天上掉下來的，有經驗的陶瓷鑑定人，不需要看底款、紋飾，只看器形也可以基本斷代。這也是為什麼海特比較陶器的原因。

中美洲的三足器與卡托巴的器形也不一樣，可見即使「獨立」發生類似器形，總是有比較大的差異。卡托巴的三足器除了酋長頭代替雙獅耳外，圓腹、獸足、口沿完全是鼎的器形。卡托巴這種陶器大小則是宣德爐的規格，此外，有像奩的三足罐、圈足器等，均為宣德爐的器形，不可能是巧合獨立發生的。

要知道中美歐三洲的陶瓷史關係，得從陶瓷本身的性質和發展說起。

陶與瓷

有人說陶瓷是火與土的工藝，其實不止。土與水混為泥，釉的顏色不同是有各種金屬化合物形成的，古窯都是燒木材的，有時木炭的灰亦是釉的一部分。所以陶瓷應該是金木水火土五行兼備。

---

13 Edward F. Heite, "Colono: Also a European Pottery Tradition?" http://www.heite.org/Colono-10-16-02.pdf（draft Oct16, 2002）

陶瓷（ceramics）是一個概括的名稱，代表一類硬材料，主要有氧化矽、氧化鋁組成，可以塑製不同的器皿，供盛載、儲存及運輸用。在中國，陶瓷也是禮器，陶甕是葬器。在人類生老病死的整個過程中，不可或缺。由於它是無機物，成分歷久不壞，但工藝又一直演變，考古界視為最重要的分析文化和斷代的工具。

中國無疑是製造瓷器最著名的國家，英文瓷器china與中國China的名字連在一起。

陶與瓷最大的分別在材料和燒製的溫度。一般的火焰只能達到900度以下，燒成的器皿結構鬆散，分子鏈結合不均勻。燒製瓷器的溫度要達到1250度以上，才能有結實均勻的結構。因此，卡托巴人的燒製，只能做陶器。要溫度達到1250度以上，必須要加氧。中國為什麼在商代能造原始瓷器，就是因為發明了龍窯和釉。卡托巴族不用窯，只能造陶器。

中國與歐洲的陶瓷（ceramic）定義稍有不同。中國只有陶和瓷兩種，西方則分為陶器（earthenware）、石質瓷（stoneware）、骨質瓷（bone china）和瓷器（porcelain）。（見表1）

表1　陶瓷特性比較

	陶器 Earthenware 無釉陶 Terra cotta	石質瓷 Stoneware	骨質瓷 Bone china	瓷器 Porcelain
材料	瓷土加沙	有色瓷土	細白瓷土加牛骨灰	細白瓷土
窯火溫度	900-1150°C	1200°C	1200°C	>1250°C
透明度	不透明	不透明	半透明	半透明
透水性	透水	透水	不透水	不透水
厚度	比較厚	比較厚、重	厚	薄、輕
耐久性	易破損	耐久	耐久	耐久
釉	有釉或無釉	帶釉	帶釉	帶釉
價格	一般較低	中等	貴	中等至昂貴

中國瓷器發展

　　中國的陶瓷與其他文化的不同，在於瓷的發明早於其他國家。之前一直以為東漢時代浙江生產的青瓷最早。1955及1965年，河南新鄭的望京樓遺址發現商代的原始瓷，把瓷器史提早了一千年以上[14]。2010年1月13日，浙江東苕溪流域發現數量眾多、分布密集的商代窯址群，是目前知道最早的商代原始瓷窯址群，還有最早的龍窯[15]。這是2010年中國考古六大發現之一。龍窯是中國陶瓷工藝非常重要的一環，也是從陶瓷發展探討明代中國與美洲關係的重要證據。2011年2月德清發布消息，在土墩墓發掘了最早的原始瓷，距今三千五百年[16]。

　　龍窯是中國先民的聰明發明。長條形的窯依山而建，窯口在坡底進風，出口在上端，熱空氣上升，自然吹氣加氧，使窯內溫度很快升高，達到1250度，溫度與坡度有一定比例，可以按溫度需要，燒製不同成品。這是燒製瓷器的絕竅。

　　2004年是景德鎮建鎮一千年紀念，連續幾年，景德鎮派出多個貿易展銷團到世界各地。巧的很，我就在2006年出發到香港講演宣德金牌的離奇經歷前，他們來哥倫布市做展銷，介紹我訪問景德鎮。6月，在香港演講完畢，我就直奔世界瓷都景德鎮。景德鎮的朋友饒維坤師傅替我聯繫到市政協主席龔農民（已退休），給予許多方便與招待。龔先生以農民為名，卻是儒雅的文人，送給我一本《景德鎮歷代詩選》，是他自己編的。這本書不止有文藝價值，龔先生的注釋，對我啟發很大（龔農民 1994）。

　　筆者參觀了古窯博物館、官窯博物館，饒先生一直陪同講解。看起來普普通通的一件瓷器，要經過七十二道工序，每一步驟都是專人專業，不跨行（白明 2004）。光是準備材料的主要工序就有開採、選土、洗土、碓碎、混合材料、細篩、除雜質、去水、捏揉去泡和漚土等。成器的過程更複雜，包

14　藝術河南 http://www.arthenan.com/gems/meishuzhizui/2597.html（2011年6月26日閱）

15　高古陶瓷鑑定修復 http://220.248.124.140/gtcbbs/dispbbs.asp?boardid=2&id=2042（2011年6月27日閱）

16　中國文物網 http://www.wenwuchina.com/news/detail/201102/21/84906.shtml（2011年7月13日閱）

括拉胚、上釉、彩繪、雕刻和燒製等步驟。不同的分工，自己也是保密的，因此很少人能掌握全部工藝。

卡托巴製陶的比較

卡托巴人能製造陶器，選土、採土是非常重要的一步。主要能在他們領地裡找到好的黏土和懂得處理方法。據布魯默爾說，卡托巴人對他們陶土的來源和製陶的技術非常保密，不輕易告訴外人，有時還故意誤導，迷惑想竊取技術的人，這點與以前景德鎮的瓷業相似。卡托巴男子當戰士，製陶技術是傳女的。

我在卡托巴博物館裡看到的陶器製造過程是非常簡略的，主要的竅門當然不會說明。布魯默爾是幾乎唯一獲得卡托巴信任，能看他們製陶的。有一項重要的流程與景德鎮處理一樣，就是漚土。經過初步篩選、捏揉後，陶土要放置幾個月，景德鎮的術語叫「漚土」。我猜想，漚土是讓碎石裡的氧化矽、氧化鋁等礦物慢慢吸收水，使成品的化學微結構均勻，增加易塑性，不產生太多氣泡和「沙眼」。燒製時脫水，矽—氧—鋁之間結合成牢固的化學鍵，成為堅硬的陶瓷。這些技術是長期經驗積累的結果，無人傳授，不可能短期自創。

卡托巴文化館臨近的卡托巴河是他們取瓷土、瓷石的地方，他們保持祕密，不告訴外人真正採土的地方。從文化館到河邊有一條小徑，讓人到河邊去觀景。沿河的叢林茂密，除了看到河以外，不能走太遠。沿路上，我看到零星的小塊長石（feldspar），不像周圍的石頭，顯然這些小石塊是從別的地方運來時遺下的，這應該是卡托巴人造陶的祕方材料之一。要學會把這些石頭打碎、混合瓷土是一宗重要的技術，以前，歐洲人一直沒搞懂，而卡托巴人已經掌握這技術。中國的陶瓷工藝經過幾千年嘗試經驗，才摸懂這些規律。卡托巴族的陶藝到了十五世紀中葉，突飛猛進，絕非偶然。

卡托巴人能造宣德爐的器形，因為看過這類器物的人都會知道形狀，他們也會找瓷土、調配陶土原料、「漚泥」，但是他們沒有掌握轉盤拉胚、燒窯的技術，只是放在篝火裡燒。結果溫度只能達到攝氏九百度以下，不能達到瓷器的標準，產品比較粗糙。卡托巴人裡有陶藝的技工，懂得部分技術，但

是沒有掌握全部造瓷技術，而另外一些地方卻發展龍窯和鹼釉的技術。這說明什麼問題？這是景德鎮瓷人七十二行分工的結果。一些人只會流程中某部分的作業，不同的技工無法還原景德鎮的整套工藝。

歐洲瓷業的萌芽——梅森瓷

英國學會造瓷，是從卡羅萊納州買進原料開始的。一個正在進行工業革命的先進國家要向被認為處於石器時代的美洲人取經，不是很難理解嗎？比較中、美、英三方的陶瓷發展史，真相就大白。

有一部電影，一個探險家進到寶庫裡找聖杯（The Holy Grail），他看到幾百個杯子，有金的、銀的、鑲寶石的，究竟是哪一個？聰明探險家的選擇是木杯，因為這才符合兩千年前歐洲和中東的情況，當時平民用的杯子是木製的。歐洲的陶器在希臘、羅馬時代曾經有過一段不錯的輝煌，但始終沒有達到瓷器。貴族的食具、烹具基本上是金屬的，平民用的是木製的。1592年的英國，王室貴族還是用皮囊裝酒、用木杯子進餐（Marryat 1857）。歐洲的陶器非常粗糙，沒有釉，到1690年才發明鹽釉。當中國的瓷器通過元朝征戰，從中東進入文藝復興前的歐洲，如此精美的用具羨煞歐洲人，他們以為貝殼是原料。瓷器，英文porcelain的字源porcellana是義大利文貝殼。1698年，耶穌會教士殷弘緒（François Xavier d'Entrecolles, 1664-1741）來到景德鎮，目的就是要學燒造瓷器的祕訣。1712和1722年，他寫了兩封非常長的信，把造瓷的整個過程詳細透露給歐洲（Burton 1906）。但是歐洲人不知要到哪裡找瓷土，瓷器依舊可望而不可即。中國幾千年的祕密沒有洩漏。

1710年，德國偶然發現了瓷土，視為最高絕密，別的國家無法製造，這裡面有段有趣的故事（Sparkes 1897, 220）。

約翰·博特格（Johann Friedrich Böttger）是當時德國一名藥劑師，十八世紀初期的藥劑師相當於煉丹的術士。有一次他誇口說能煉金，這一說，禍從口出，他被關起來，限期要煉出金子。還好，他命不該絕，一位化學家艾倫菲利德·全豪斯（Ehrenfried Walther von Tschirnhaus）把他收為徒弟，兩個人關在城堡裡實驗。他們首先造出了一種紅色的石質瓷，類似宜興茶具。1713年，他們終於造成了白色的瓷器。傳說他偶然淋了雨，發現帽子沉甸

旬，與平常不同。追問之下，知道這撒在假髮上的不是平常用的麵粉，而是一些白土。一位鐵匠史諾爾（Schnorr）的馬蹄陷進泥中，拔出來，清理出一些白土，他拿來代替麵粉撒在假髮上，稱為「史諾爾白土」，比麵粉的成本便宜多了，可謂假上假。他們拿這種白土摻進陶土，造出比較堅硬的陶器。這種白土相當於中國的高嶺土，出高嶺土的山立刻被封。博特格日日夜夜用它燒製白陶器。這個高嶺土的來源被視為最高機密，所有製造陶瓷的工人都要宣誓守祕，洩漏者處以極刑。這就是梅森（Meissen）陶瓷的來歷（Hayden 1904, 196）。博特格再不用煉金了，他造的瓷器比金子還貴。中國商代就已經會造白陶器了，比西方早兩千七百年。從此可以看出，為什麼當時西方對中國充滿景仰之情，千方百計要來中國貿易。

歐洲人視梅森陶瓷為他們最早的瓷器，非常寶貝。除了在德國的梅森博物館外，大英博物館、美國佛羅里達州傑克森維爾市的堪馬（Cummer）美術館都有專門收藏。在堪馬美術館，印象最深的是一個瓷盤，中央畫了幾個清朝的官員向幾位歐洲人展示一幅豎起的中國地圖，他們低著頭看，一副羨慕的表情。旗幟林立的旁邊，站著雄赳赳的中國士兵，其中居然有黑人。這是十八世紀歐洲人畫的瓷盤，當時中國還是受仰慕的對象。

英國瓷業源自美洲切諾基族

製瓷需要瓷石和高嶺土，比例是70：30至90：10左右。瓷石（feldspar）含石英、長石，是鉀、鈉的鋁矽酸鹽，高嶺土是含鋁的矽酸鹽。瓷石搗碎後經精煉處理做成磚塊樣的「白不子」[17]，高溫熔化時呈半透明狀，與高嶺土結合成微結晶，是瓷器的特徵。據景德鎮陶瓷考古研究所所長劉新園和白焜考證，南宋以前的瓷器，也有光用瓷石搗碎製造。

當時英國與荷蘭的商人曾向中國買入白不子，但沒有得到高嶺土，也可能是中國商人留一手，不賣高嶺土。中國的瓷商嘲笑「紅毛」[18]的瓷器只有「肉」，沒有「骨」。想不到，英國人信以為真，在原料中加入牛骨灰，發明

---

17 不，音「墩」，應為木字去頭，但電腦字彙暫無此字，以「不」字代。
18 中國把英國人與荷蘭人混為一談，均稱為紅毛。

了骨質瓷，錯有錯著，是陶瓷史的趣談。

英國一直為找不到高嶺土而煩惱，因為他們根本不曉得高嶺土是什麼。

十八世紀的歐洲製瓷技術的保密程度，猶如我們今天對電腦晶片技術一樣。當美國還是英國殖民地時，英國對美國也是嚴格控管高端技術的。初期殖民地用的陶器是從英國進口，儘管它們是多麼粗糙，美洲的英國移民產品是限制進入英國的。英國政府的不平衡貿易政策，殖民地的利益衝突，埋下美國獨立革命的伏筆。

殖民地的居民哪裡能夠負擔從英國運來的昂貴陶器。他們早就學會自己用製磚的紅泥造一些非常低階的陶器，雖然很容易碎。

1739年，安德烈‧杜遂（Andre Duché）在南卡羅萊納州查爾斯頓開辦了第一家歐洲人在美洲的陶器店，販賣本地造的牛奶瓶、牛油罐，比一般的土製陶器高級得多。查爾斯頓是當時英國最老的殖民地之一。杜遂的祕密是切諾基族的高嶺土，來自阿帕拉契山，順薩凡納河（Savanna River）運下來的。

杜遂的陶器店馬上聲名大噪，有人從杜遂處得到一些瓷土。1744年，愛德華‧黑林（Edward Heylin）在博城（Bow）申請了專利，裡面就提到切諾基人的瓷土unaker（Jewitt 1883）。博城的瓷器也因此揚名英國。他們後來從殷弘緒得知高嶺土的名稱，把所有瓷土都稱為高嶺土。要注意英國人把高嶺土翻譯成kaolin，念成kay-o-lin，而不是kau-lin，一般人都念錯。從此瓷土這種含有氧化矽鋁的黏土，他們就稱為kaolinite。

1767年，英國人托馬斯‧格里菲斯（Thomas Griffiths）抵達查爾斯頓來尋找瓷土。據說他綁架了切諾基酋長的妻子，命她引見酋長，經過很長的談判，終於買到一噸瓷土，運回英國。這噸瓷土開始了英國瓷器的新紀元，英國著名的約西亞‧韋奇伍德（Josiah Wedgwood）陶瓷，從此稱霸了歐洲兩個多世紀，歐洲人都以擁有一件名牌瓷器為榮（Meteyard 1866）。

另一個重要的瓷器製造商是威廉‧庫克沃爾菲（William Cookworthy），他的崛起也是得自杜遂的信息，知道切諾基的高嶺土來源（Fariello 2011）。庫克沃爾菲大概是1755年左右發現中國人稱為瓷「骨」的材料，其實夢寐已久的瓷土，就在「腳下」。英國康沃爾（Cornwall）是高嶺土的重要產地，

康沃爾的位置就是英倫島西南伸出的「腳」。1768年，他申請了專利，用新發現的瓷土和英國人稱為Moorstone的瓷石合製成類中國的瓷器（Owen 1873）。以後沒有人再提起美洲的「unaker」。由此可知，要知道原料已不容易，除了瓷土，造瓷技術更不是一、二十年能發展出來的。光憑殷弘緒兩封長信，歐洲人造不出瓷器；沒有熟練的陶工指點，卡托巴人如何突然在十五世紀造起精美的陶器？

瓷器手工業畢竟無法與機械化工業競爭，雄極一時的韋奇伍德瓷於2009年宣布破產告終。美國實用陶瓷的歷史從開始到成為工藝品、收藏品，不過短短兩百年不到。現在基本上已被塑膠和金屬產品所代替。我曾經工作過的康寧公司（Corning Inc.），靠造玻璃起家，發明了不易碎的康寧餐具（Corelle, Corningware），把傳統陶瓷擠出市場。它的優點也是它的致命傷，我的一個盤子就用了四十年，因為不易碎，一套餐具可用多年，因此不利行銷。結果康寧公司不得不把生產線賣掉。現在買傳統陶瓷並不為實用，而是為藝術和歷史價值。

堊土、堊泥與高嶺土

明代中期沒有高嶺土這名稱，瓷土叫堊土，《天工開物》記載這名稱。瓷土，切諾基語unaker，卡托巴語i-tu或i-to，都是歐洲人從他們的語言翻譯過來的。tu和to與漢語「土」完全同音，前面的元音應該是「堊」，說得快，英文記成itu或ito。一般的泥土，切諾基語叫gadaquali或gadaquala。unaker是造瓷的專用泥土。unaker應該是堊泥的拉丁音譯，堊土加水後，變成「堊泥」，南方方言念u（k）-na（k）e，k不發音。阿殊維爾市北邊有山，名unaka，或做unaker，是切諾基人採瓷土的地方，unaka與unaker同義異寫。

《山海經·西山經》：「大次之山，其陽多堊。」又：「蔥聾之山，其中大谷，多白堊，黑青黃堊。」《說文解字》：「白塗也。以白物塗白之也。」宋應星，《天工開物》：「凡白土曰堊土，為陶家精美器用。」

《山海經》一般認為是先秦著作，所以中國人很早就知道用堊去美化家園。1988年，陝西白水縣發現兩百多座五千年前的房子，用白土塗在牆壁

上，是最早的房屋粉飾。這種土是石灰，不是瓷土。古人對自然界的礦物利用和認識，是慢慢形成、互為作用的。從顏色特徵發現石灰和瓷土，繼而從應用分辨兩者的差異。

當我向景德鎮展銷會的朋友提起堊泥、堊土這名詞的來由，他們都不熟悉，因為景德鎮已經不再用這名詞，而是稱之為高嶺土、白不子。景德鎮從宋代景德年建鎮到明末以來，造瓷業採竭所有的瓷土。後來在景德鎮以東五十公里的高嶺地方找到新的來源，稱為麻倉土或高嶺土[19]。高嶺土漸漸成了瓷土新的代名詞。以後全世界也稱瓷土為高嶺土，無論它的產地何處。高嶺土是嘉靖以後出現的名字，鄭和時代稱堊土、堊泥，卡托巴與切諾基人的itu／ito，unaker應得自華人。

根據景德鎮陶瓷歷史博物館的劉新園與白焜著的《高嶺土史考》[20]，距《天工開物》刊出僅四十餘年的康熙二十一年（1682）《浮梁縣志》卷一謂：「高梁，在縣東七十里仁壽都，與婺（源）之石城山連界，險峻特甚。……今其山產磁土，取以為業。」磁土即瓷土，高梁即高嶺。景德鎮方言「嶺」念liang，與「梁」同音，客家話亦如是。我在景德鎮相當留意當地的方言，他們講的話混雜許多客家語。客家語和贛語有許多相似的地方，也有迥異的地方，其實是同源而不同時代遷徙到江西的北方人（王福堂 1998）。我問他們是否為客家人，他們都說是當地很多代的。他們不認為是客家，因為本來是當地人。我在洛陽聽到洛陽話，覺得他們的方言有廣州話的聲調，其實廣州話與洛陽話有淵源的關係，客家人、廣東人很早以前還是從北方來的。清朝詩人有如是詩句：「蟻蛭蜂巢巷曲斜，胚工日夜畫青花，而今盡是都鄱籍，本地窯幫有幾家。」都昌、鄱陽湖的人講贛語，帶有客家話的成分。本來客家從北方南遷也是先經過贛北才到贛南定居的。清朝時粗略統計，在景德鎮工作的70%是客家人。客家人跟隨鄭和下西洋者亦不少，因此今日東南亞華僑很多是說客家話的。所以高梁與高嶺應是同地異名。讀者可能奇怪，為什麼我在書中一直提到客家話。知道鄭和時代的出口商品大部分是來自景

19　http://blog.sina.com.cn/s/blog_5aeb4d730100whlt.html（2012年3月28日閱）
20　http://wenku.baidu.com/view/801d85ed0975f46527d3e18f.html（2012年3月28日閱）

德鎮的瓷器，而景德鎮的方言有客家話淵源、瓷人是客家人，就知道客家話在明代考古的重要性。我在《坤輿萬國全圖》中就發現用客家話命名的地名，解開了中國人繪製《坤輿萬國全圖》的謎。方言不應該消滅，應該有普通話和方言的能力，才能追尋文化根源。

耶穌會教士殷弘緒1698年來到中國，在景德鎮住了二十年，一直觀察中國的陶瓷業，1712-1722年間寫了兩封長信回歐洲，詳細介紹景德鎮造瓷的工藝。歐洲人從殷弘緒的信得知高嶺土，應該是1712年以後。「高嶺土」一詞在中國是1682年以後才比較流行。美洲人稱瓷土為堊土、堊泥時，還沒有高嶺土這名稱，美洲人與中國人在1682年前接觸不是很明顯嗎？

人工器物的屬性有五：**用途、造型、紋飾、工藝、名稱**。每個民族文化都會創造器物，但是器物的形狀千變萬化，裝飾尤其多端，如果連名稱也接近的話，這五種元素重合的機率就很難排除關係了。以下討論工藝的傳承。

美國的景德鎮

美國有豐富的高嶺土礦藏，廣泛分布在阿帕拉契山脈，北起賓夕法尼亞州，南至喬治亞州，後者仍生產美國70%的高嶺土，這就是為何美國東部的陶瓷業特別發達的主因。這一帶，小城鎮的名字多與陶器有關，例如陶人溪（Potter's Creek）、瓷泥城（Clay City）、陶工鎮（Potterstown）、陶人村（Pottersvale）等。以高嶺為路名，在這一帶到處可見。今日的陶工鎮在賓州。俄亥俄州有陶瓷博物館（在East Liverpool）、贊斯維爾（Zanesville）的美術館，離開筆者居住的哥倫布市一小時車程，也有豐富的陶瓷藏品。西維吉尼亞州的摩根城有陶瓷研究所。北卡羅萊納州的西格洛夫（Seagrove）附近一條公路都是瓷器小鎮。沿著阿帕拉契山脈走，南到阿拉巴馬州，北到紐約州，近兩千公里，到處都有瓷土、木材、水這三項造瓷的條件。其中最重要的是一個不見經傳的小鎮，它是美國的景德鎮。

在《坤輿萬國全圖解密：明代測繪世界》一書裡討論火雞，提到一個南卡羅萊納州的小鎮——埃奇菲爾德（Edgefield），在州的首府哥倫比亞往西八十公里處（李兆良 2012）。這個1785年成立的小鎮只有四千多人，整個縣也不過兩萬多人，大概立國兩百多年來都沒有太大變化。他們相當引以為

榮的有三：第一，這小鎮曾經出了十個州長；第二，他們的火雞博物館是全世界唯一的；第三，就是這個鎮的陶器。關於火雞，我在《坤輿萬國全圖解密》一書已經提過，也是中美關係的證據。下面談美國陶器的發展。

一般人不會知道這個小鎮，但是美國陶瓷收藏界無人不曉。一踏進埃奇菲爾德鎮的商會會所，首先映入眼簾的是一個大玻璃櫥窗，裡面只有一種產品──陶器，全是一個人的作品。這名陶工是位奴隸，大家都說他是黑人，因為早期的奴隸基本上是非洲裔，但我很懷疑。

第一個印象是這些陶器似曾相識，形狀很像中國的陶器，底部直徑比較小，腹部大，口沿又收窄，口沿有唇。塗上一層光亮的釉，與中國的鹹菜缸、醬油缸沒兩樣。還有把手，與景德鎮的陶器如出一轍。搬運時，傾斜陶甕，扶著把手，沿著甕底邊緣在地上滾，不用提起來，相當省力。這種把手，在中國國家博物館的收藏中有一件南北朝高句麗盛水器可以看到，出土於吉林省集安市[21]。高句麗的陶器與中原相似。在印尼海域的勿里洞（Belitung）唐代沉船，有許多用做承載貨物的甕缸，也有這樣的把手。這是當時的海運集裝箱[22]。景德鎮今天還生產帶這樣把手的陶甕。

在陶器塗上一層釉是陶器史的重大發展。原本透水的陶器，有釉的保護就不漏了，看起來光滑、明亮。上釉的陶器在中國對外貿易的海路上經常看到，印尼、馬來西亞、越南、印度。釉的種類很多，美國陶藝主要有兩種釉：北方用鉛釉，南方用灰釉（鹼性釉）。鉛釉是歐洲和中東國家傳統的釉。在美國，鉛釉流行於費城、波士頓等地的北方陶藝界。鹼性釉是北卡羅萊納及以南的陶人用的。鹼性釉是中國最常用的釉，用長石、瓷土、木灰加水混合。到這裡的歐洲移民，從北方費城下來的有德國人、摩拉維亞人（Moravians，今捷克人）；從南方經查爾斯頓來的，主要是英國移民。北方下來應該是用鉛釉的傳統。歐洲不用鹼性釉。美國南部的鹼性釉如何得到中

21　中國國家博物館 http://www.chnmuseum.cn/tabid/212/Default.aspx?AntiqueLanguageID= 1255

22　http://kejiao.cntv.cn/C34834/classpage/video/20120123/100885.shtml（012 年 3 月 30 日閱）
　　http://mongolschinaandthesilkroad.blogspot.com/2011_04_01_archive.html（2012 年 3 月 30 日閱）

圖3.14　景德鎮陶甕。（李兆良攝於景
　　　　德鎮，2006年）

圖3.13　黑奴大衛的陶甕。（李兆良攝於南卡羅萊納州埃奇菲
　　　　爾德鎮商會，2010年）

國的祕方，文獻上總是含糊其詞，有說是印第安人或黑奴的技術。印第安人
早期的陶器沒有釉。如果是非洲奴隸帶來的，美國南北均有非洲奴隸，主要
來自西非洲，為何鹼性釉獨出南部？是誰開始這種工藝？

　　商會的負責人介紹我去兩個地方，一個是圖書館，一個是本地著名陶藝
家的作坊。

　　我首先參觀了小鎮的圖書館，一位七十多歲的老館員很熱心地介紹美國
陶瓷發展史的書籍。圖書館是他個人的陶器展覽館，他的藏品長期展覽在書
架頂上，大概有幾十個，都是奴隸大衛的作品，每一個價值都在十萬以上。
他不介意分享這些收藏。他可能不知道，這些陶罐今日的價值，比整棟大樓
的保險要大十幾倍。

　　當地最出名的陶藝家史蒂夫‧傅儒爾（Steve Ferrell）是位鬚髮皆白、年
近七十的老人，此地無人不識，美國陶瓷界無人不曉。他不但是最有聲望的
陶藝家，也是當地陶藝歷史的掌門人。史蒂夫‧傅儒爾的父親特瑞（Terry）
還健在，應該九十歲了，在大街上有一家有名無實的店，高興就來，誰也不
曉得他什麼時候開門。那天我等了三個小時，可惜無緣見面。

　　史蒂夫‧傅儒爾在一條不起眼的小街角落開了家陶器作坊，也是陶器博
物館。他的收藏不止當地，也有外地，甚至中國的。他有一把宜興壺，跟我

1973年買的那把完全一樣。跟他聊了大半個小時，他對這裡的陶器歷史如數家珍。卡托巴人的陶器有四千五百年歷史，這是他親口說的[23]。小傅儒爾的陶瓷作坊也陳列了一些陶工大衛的作品，最大的一個放在門口最醒目的位置，上面刻有大衛的詩句。

大衛是一名奴隸。不止這個鎮，全美國收藏陶器的沒有人不知道這位奴隸。當時的社會，奴隸完全沒有地位，沒有姓，沒有照片，大家叫他奴隸大衛（Dave the Slave, 1801？-1870？），有時也隨著第一位主人姓德雷克（Drake）。尊敬他的，稱他為陶工大衛（Dave the Potter）。

我看到的是日用器，中等大小。據說大衛能造四十加侖的大甕，與景德鎮的大龍缸不分上下。景德鎮的饒師傅曾經拉過大龍缸，他說絕對不是一般人能輕易獨力完成的工作，在景德鎮能拉大龍缸的算是大師傅。大衛的一條腿還是有毛病的，走動不便。這樣的工作除非有人傳授，自學是完全不可能。不止拉胚要力氣，配製胚土的過程必須非常嚴格，太乾太糊都無法成器。燒窯的溫度、升溫降溫的過程、時間長短都得嚴格控制。從來沒有製陶經驗、沒有師傅教授，絕對無法達到這樣的水平。

大衛曾經易主多次。一位曾經擁有大衛的家族第六代後人托德（Leonard Todd）寫了一本很詳細的書（Todd 2008），從家族紀錄中找出關於大衛的生平，內容一部分也是從小傅儒爾處得來的資料，對認識美國開國史和陶瓷史頗有幫助。大部分有關大衛的個人資料只是猜想。雖然大家都認為大衛是非洲裔，其實無法決定。奴隸沒有個人歷史，當時攝影術剛開始，大衛沒有留下任何影像或畫像。經常更換奴隸主以致愈來愈無法追溯他的個人資料。當時，一個奴隸值五百美元，相當於今日的七千美元。一個有大衛題詩的陶器，2004年的拍賣紀錄是十四萬美元。

沒有人確切知道大衛自己一個人是如何能在短短幾年內發展出一套中國歷經幾千年、幾千萬人實驗創造的工藝。

為什麼這樣說？大衛用的鹼性釉與景德鎮的陶釉一樣，他燒製陶器的窯與景德鎮一樣，他的大甕把手與景德鎮的看不出有什麼分別。美國的陶瓷界

---

23 http://vimeo.com/1975433?pg=embed&sec=1975433

認為奴隸大衛一個人開創了美國的陶瓷業，造出了只有景德鎮才能造的陶藝。世界上真有這樣的奇才嗎？更重要的是龍窯。

美國的龍窯、土撥鼠窯

全世界只有中國和受中國影響的鄰邦掌握龍窯的技術，唯一例外是美國南卡羅萊納州。

與其說大衛是奇才，不如說他的主人阿拔納・藍德林姆（Abner Landrum）是神人。他是位醫生，據說是鹼性釉的「發明人」。1809 年，他公布說在當地發現瓷土。1820 年，他一開始陶業就有四個轉輪，同年「發明」了鹼性釉。沒有人知道他如何發現這小鎮出產大量的瓷土、如何發明鹼性釉，更沒有人知道他何時蓋了一個龍窯、沒有紀錄說他曾經造過一件陶器。據說，有一天他帶奴隸大衛到一處地方，那裡已經蓋了一座土撥鼠窯（groundhog kiln），即中國的龍窯，從此他們就在此燒製陶器。他們的技術超越當時所有的歐洲陶器，大衛開始做陶工時只有二十歲。陶瓷界的人一致認為這位藍德林姆醫生是美國陶瓷史上最大的祕密。

小傅儒爾曾帶托德去看這個美國人稱為土撥鼠窯的老窯址。根據托德描述，這是他看過的窯中最大的。我本來也想去看，但是小傅儒爾說那塊地現在是私人所有，而且已經回填，沒有什麼可看了，只有一張照片，隨便放在他作坊的一個陶罐上，只有一個小坡，沒有窯的樣子。托德在書裡的描寫比較詳盡，這窯寬 8 英尺（2.7 公尺）、長 18 英尺（6 公尺），在中國來說很小，在美國當時卻是最大的。當小傅儒爾帶托德去看這窯時，窯已經廢棄、倒塌，所以不知道原來高度。

在林肯頓有一個具歷史性的龍窯，差不多大小，可以做比較。按照影片顯示，最多 6 公尺長、2 公尺寬、1.5 公尺高，人要爬著進去，美國的土撥鼠窯比起中國的龍窯小，但是當時在美國不止是最大，也是唯一能燒製高級陶器的窯[24]。

---

24 Burlon Craig 造的土撥鼠窯（龍窯）http://www.youtube.com/watch?v=s09tW5BaUsg（2012 年 1 月 16 日閱）

圖3.15　龍窯。（李兆良攝於景德鎮古窯歷史博物 館，2006年）

圖3.16　龍窯剖面。（作者於南京博物院，衛小玲 攝於2010年）

　　燒一次窯要耗費四百立方英尺的柴，在該升溫的時候要猛加木柴，不能 停下來，窯一冷，產品就變質。光是加柴，一個人是不能勝任的。窯各個部 位的溫度不一，哪一類的產品要放在前面或後面都有學問。可想原來的窯不 可能是大衛的主人建的，也不是為大衛而建的，是以前一些很會造陶瓷的人 留下來的，但是沒有留下一點紀錄。

　　北卡羅萊納州的中部還有其他土撥鼠窯，無人知道它們的來歷。而蘭多 夫（Randolph）縣的西格洛夫鎮（Seagrove）更是北卡羅萊納的陶器首都， 這個只有兩百多人的村子，八、九代，人人都製陶。705號公路有近一百家 陶器廠，稱為陶器超級公路。

　　中國春秋時候就有龍窯，用了兩千多年。中國古龍窯一般長30-70公 尺、高1.6-2公尺，人可以站著走進去。龍窯利用熱空氣上升原理，把窯建 在山坡上，窯口在下方，窯尾出口在山坡上，沒有煙囪，整個窯就是自然的 煙囪。升溫快，降溫也快。這種充滿智慧的龍窯可見於福建莆田、廣東佛山 和江蘇宜興。景德鎮的古窯博物館有龍窯、葫蘆窯、饅頭窯三種標本。南京 博物院陳列了一個龍窯的剖面，顯示陶瓷器裝在盒缽內燒製的情形。

　　殷弘緒的兩封長信詳細介紹，他談到的龍窯始終沒在歐洲出現，歐洲的 窯基本上是圓的，或者是方形、長方形，在平地上建造。日本稱為登山窯 （noborigama）、直道窯（anagama）、蛇窯（jagama），韓國稱為登窯、土

窯、大砲窯。越南也有龍窯，都是從中國引進的。為什麼在美國東南部山區出現龍窯？

卡托巴谷製陶遺址

大衛燒窯的原址已被回填了。曾經轟動整個美國的陶人村，只在當地留下名字，美國地圖上也不載。不過，龍窯並沒有完全消失。

在北卡羅萊納州林肯頓（Lincolnton）還保留一處1930年代的古蹟，包括龍窯和水碓。上面提到的龍窯，就是這古蹟的一部分。在申請為美國國家文化遺產的申請書裡詳細介紹了這處古蹟的來歷。龍窯是1933-1936年建的，它的主人布爾倫·克力格（Burlon Craig, 1914-2002）是美國陶瓷業主要的繼承人，他得到美國文化遺產傳人的稱號[25]。他們的產品稱為卡托巴谷陶瓷（Catawba Valley Pottery），不要與卡托巴族的陶器混淆，這些陶人是歐裔的。很可惜是，克力格是最後一個完全用傳統操作的藝人。

他們比埃奇菲爾德的陶人起步稍晚，但很快在技術上有了

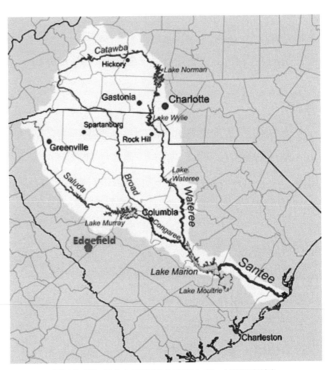

圖3.17　美國南部陶瓷中心與宣德金牌出土處。（李兆良繪）

25　http://www.hpo.ncdcr.gov/nr/LN0097.pdf；http://www.youtube.com/watch?v=s09tW5BaUsg&feature=related

超越。大概是 1830 年左右，以丹尼爾‧西格爾（Daniel Seagle, 1805-1867）為代表的陶人開始製造石質瓷。西格爾是德國人，據說他從賓夕法尼亞州沿著篷車路遷到林肯頓附近，開始他的陶藝。他的窯址已經不存。早期，西格爾只能做低溫燒製的陶器。1830 年代開始轉為燒製石質瓷，在陶瓷上澆鹼性釉，他也能造三十加侖的大甕，這些明顯與埃奇菲爾德陶藝同出一轍[26]。他們的陶藝來自美國南方，間接來自中國，不是歐洲或非洲。

林肯頓在沙洛市的北面，與卡托巴的保留地僅隔了沙洛市。卡托巴河把這三個地方連起來，南部的埃奇菲爾德離開卡托巴保留地也只有兩個多小時車程。可謂美國現代陶瓷業的創建、發展，完全發生在這幾條河之間，再加上薩凡納河，分開南卡羅萊納州與喬治亞州。上游直達切諾基人的領地，下游是卡托巴人的領地，這裡有一條河，就叫"Haw"，原名「石級河」，以後會再談到。中國景德鎮陶瓷特有的幾千年技術和器形，在這裡出現，沒有發生在英國最早的美洲殖民地吉姆斯頓、普利茅斯，也沒有在英國出現。

水碓

上文提到，景德鎮的瓷工用水碓搗碎瓷石後，經過多次沉澱後精製的產品，做成像磚塊一樣，叫白不子。這種水碓的裝置很特別，臼是長方形的埋在地下，口沿與地平，槌不打在臼的中心，而在稍微邊緣的地方。這樣舂出來的瓷石粉均勻，臼不會因震動而把顆粒濺出去。一部水車帶動好幾個舂槌[27]。

景德鎮最盛時，原有水輪車六百餘部、水碓四千七百支，極盛時甚至超過六千支。用凸輪軸帶動舂，打擊頻率大約每秒一次，碓的結構原理非常巧妙[28]。它們分布在景德鎮昌江的各大支流。想像明清時期一年造瓷幾十萬件，全部開工，一面是槌聲如雷，一面窯火沖天、煙霧瀰漫，日夜不停，住在當時的景德鎮，真是徹夜難眠，世界瓷都的美名得來不易。

---

26 http://www.danielseagle.com/

27 http://blog.sina.com.cn/s/blog_48aad9da0100031v.html

28 景德鎮水碓 http://xtxx.am.jsedu.sh.cn/ovideo/play.html?c=59d7xh2po2yuvxfo（2012 年 4 月 20 日閱）

圖3.18 景德鎮水碓模型，左邊架上的是白不子。
（李兆良攝於2006年）

圖3.19 美國南部陶工水碓。（取自Burlon Craig
的影片，Brian Craig提供）

　　要有這種工藝，首先要知道瓷石可以打碎做原料，如何打碎、如何用水碓自動化、如何設計臼與槌都不是朝夕能解決的問題。用水碓搗碎瓷石的工藝，不在歐洲先出現，反而是在美國東部山區裡，應該是很鮮明的線索[29]。上面這古蹟原來的主人克力格有一個很簡陋的水碓還能運作，與中國的水碓原理一樣，但只有一個槌，每次要把水箱裝滿，大概每半分鐘舂槌才啟動一次[30]。反正陶坊主人的生產量低，他並不介意。這種操作絕對無法滿足景德鎮每年生產幾十萬件的要求。也可能是開始建造水碓的人並不真正了解這門工藝，只知道基本原理，實際設計還不理想。即使如此，克力格的侄兒布萊恩‧克力格（Brian Craig）已經覺得很了不起。

　　克力格是最後一位用傳統方法從頭到尾製作陶器的藝人，他最著名的作品是怪臉瓶。這種瓶不是他的發明，最早開始是奴隸大衛。

怪臉瓶，五毒罐，硯滴

　　在小傅儒爾的作坊裡有一大一小的怪臉瓶，大的高50公分，小的小於15公分，上面的開孔直徑0.5公分左右。托德記載奴隸大衛最早做的怪臉瓶是小的那種，頭上有一個小口，這不是模型，是成品。有人認為是非洲奴隸

29　http://www.cvpottery.com/catawba_valley_history.htm（2012年1月28日閱）
30　http://www.youtube.com/watch?v=ex7R63k8fHE&NR=1（2012年1月28日閱）

圖3.20 怪臉瓶。（李兆良攝於傅儒爾陶器作坊，2006年）

圖3.21 宣德五毒鳥食罐。（萱草園官窯網。衛曉非提供）

帶來的器形，因為歐洲人沒有這種器形。

西非洲是美洲奴隸的主要來源，他們有一種Voodoo的陶器，略似怪臉瓶，並不普遍[31]。Voodoo有譯伏都，應該是巫毒或五毒，音與義和漢語一樣，是西非洲的巫術，這些陶器據說可以招鬼神。東南亞有「降頭術」，是巫毒的另一形式，來自四川、雲南的苗族。「降頭」是泰語Gong Tou的音譯，其實泰語原出自漢語「蠱毒」。蠱，是各種毒物的總稱，中國的五毒就是蠱毒的材料。五毒是蠍子、蛇、壁虎、蜈蚣、蟾蜍。五毒看起來醜陋，是古代中國辟邪的象徵，採以毒攻毒的意思。Voodoo、巫毒、五毒、蠱毒、降頭是同源的詞，不同方言，寫法稍微不同，來自中國西南。據說，婦女對外出工作的男人施降頭或巫毒，男人不能變心，否則會生莫名其妙的病，一定要回家才能解。美洲來說，加勒比海的海地、牙買加也同樣有巫毒，來自西非洲，巫毒的對象大多數是船員，家裡的妻子不希望他們在外變心。

中國的端午節除了祭祀屈原外，還有一個意義是驅五毒，民間傳說「端午節，天氣熱，五毒醒，不安寧」，插菖蒲、喝雄黃酒的習俗比紀念屈原更早。屈原時代是戰國後期人，約西元前339-278年，那時已經有五毒記載。東南亞、西非洲、美洲沒有一處記載比中國早，所以可謂是從中國傳到東南亞、西非洲、加勒比海國家和美國南部。端午節還有一個習俗是在小孩的額

31 http://www.artemagica.nl/Ritueelaardewerk?language=English#（2012年1月28日閱）

頭上畫個「王」字，象徵虎，以驅五毒。中國習俗中小孩戴虎頭帽、掛虎口鈴以驅邪。銅鈴也是聯繫中、美文化的一條線索。亞利桑那州發現一批虎鈴，應該是中國人留下的，以後再談（Springer 1972, 13）。

有人認為怪臉瓶出自非洲，但是西非洲奈及利亞、迦納、多哥的陶器頂上沒有小孔，而且比大衛原來的陶器要大，30公分高，裝酒用。大衛這種陶器小得多，頭上一定有孔，用途有限，除了少量液體，不能裝什麼。假如是裝飾，不需要在頂上開口。當時陶器製造是很昂貴的工藝，不會是小孩的玩具。

15公分以下大小的實用器形，全世界沒有幾種，在中國有兩種：一是鳥食罐，二是硯滴。大衛的怪臉瓶不可能是鳥食罐，上面的開口直徑不到一公分，沒有鳥可以啄食裡面的東西，裝食物進去也困難。這種小瓶，除了硯滴，想像不出還有什麼用途。

硯滴是中國文房用具，有兩個口，一大一小。大的在上面裝水，用手指按住小孔，控制流量，另外一個小孔在鼻子裡，讓水滴出來。一般寫信只要三、五滴就夠磨墨。只有寫毛筆字的國家用硯滴，韓國、日本也有。

硯滴沒有一定的形狀，可以造成蛙、兔、龜、羊、鴨、船、桃子、壺、人物等。五毒之一的蟾蜍，是硯滴的最普遍器形，所以硯滴也叫蟾注。宣德的鳥食罐有五毒的款式，那蟾蜍的造型與陶工大衛的怪臉瓶一樣。硯滴還有一種三足金蟾，頭頂太極，背負七星，嘴含金錢，象徵招財進寶，風水迷信者拿來聚財鎮宅。北京故宮博物院有一個蟾形硯滴。怪臉瓶應該是蟾滴或五毒硯滴的變異。五毒中的蜥蜴和蛇，還有龜、佛教的萬字圖案，也是卡托巴與卡托巴谷陶人喜愛的陶器裝飾。

怪臉瓶的的製作過程留下了一點痕跡：做好小瓶的基本形狀以後，第一件事是做鼻子[32]。怪臉瓶的鼻孔部分估計是原來的出水孔，在鼻子還未裝上前，要先在瓶身鼻根處戳一個出水口，鼻子是中空的，按住頂部的孔，可以慢慢控制滴出來的水。美國人沒有這用途，後來把這孔省略了。這是我的猜想。

---

32 克力格龍窯與怪臉瓶紀錄片 Craig http://www.youtube.com/watch?v=s09tW5BaUsg

　　奴隸大衛的小陶罐雖然把它更人格化一點，還是可以看出本來面目與蟾蜍有關，寬鼻突眼，齜牙咧嘴，和宣德的鳥食罐很像。這種四英寸高的小陶器對美國人來說完全沒有實用價值，所以後來愈造愈大，可以存酒或其他液體。也有一說是造成醜陋的樣子，讓小孩不去碰酒瓶。這種陶罐傳到克力格已經與原來的樣子相差甚遠，為了迎合買家收藏的口味，添了許多花樣，款式各異，成為這一帶陶藝的象徵、最暢銷的產品。不過他們認為怪臉是驅邪用的這一點，則與中國對五毒的觀念是一致的。

　　卡托巴人也造這樣大小的陶器、龜形。龜背上開個小洞，有人認為是煙斗。這小洞，除了進液體，煙草很難裝進去，做煙斗並不實用，看來原用途是硯滴，本來的龜口是出水口，因美國沒有用硯滴的習慣，所以龜口不再做孔。故宮博物院就有東晉越窯青瓷龜形硯滴與卡托巴的這種器形一樣，但造型較精緻。

　　奴隸大衛為什麼造這麼小又沒有用途的陶器？除了模仿硯滴，沒有其他解釋。鄭和船上一定有文員，記錄旅程、貨物交收等等，文房用具自是少不了。硯滴的器形應該是他們留下的。航海會經歷許多驚險意外，採用五毒的器形作為消災擋難，是完全可以理解的。

中美陶器的傳承

　　大衛還有一個特長，他不止會讀寫英文，還能作詩。他的陶器上往往刻上詩句，有時只有簡單兩句，像對聯。一般是四句，像中國詩，有意境，也很幽默。一般奴隸是不許念書的。他其中一位主人破例讓他念書。在瓷器上寫詩，大概只有中國有這樣的先例。下面列舉一些大衛寫的對聯和詩句。他最早還留存的句子是：

　　　Put every bit all between
　　　surely this Jar will hold 14（fourteen）── 1834 年 7 月 12 日
　　　〔譯文：把每個角落都塞滿，這甕可以裝十四（個）。〕

　　在陶瓷器上題詩，是中國文化的一項特色。勿里洞沉船的瓷器上有唐

詩、阿拉伯經文。

　　一般認為陶人大衛是黑人，那時沒有照片，也沒有人替他畫像，他是否非洲人，我們只能猜測。大衛是在美洲出生的，這點應無異議。看完這章，實在很難想像大衛與中國沒有關係。當時的奴隸有黑人，也有美洲的原住民。大衛有一位叫亨利的幫工，他沒有雙手，用腳幫忙轉輪。除此再沒有任何資料。大衛、亨利這些名字明顯是英國人幫他們改的，當時的奴隸被轉賣是常事。逃走的奴隸經常受到嚴厲的懲罰，亨利很可能是一位受害者。沒有手還可以幹活、有人雇用，一定具有某種特殊技能。亨利是否是大衛的陶藝師傅？大衛是什麼人？大衛的主人如何獲得景德鎮的技術？一個個永遠的問號，沒有真正的答案，但是，從上面種種線索，其中沒有中國陶工的參與，很難讓人置信。

　　現在美國的陶人採用機器粉碎瓷石、用電爐燒製陶瓷，卡托巴谷的陶人甚至能造類似哥窯的裂變釉瓷器。克力格的龍窯已經荒棄。最近美國的陶業有復甦的趨勢，又有人蓋起新式的龍窯了。

　　可以想像，有一批懂得中國造瓷的人，沿桑蒂河北上，把中國的陶藝播種在沿河的村落，教會當地人找瓷土、塑造各種景德鎮的器形（三足器、香爐、大甕、硯滴、蟾、蜥蜴、盤蟒等）、用鹼性釉、水碓、龍窯。從費城、紐約往南的歐洲移民也受到惠澤，學會這些工藝，與歐洲完全不同，形成美國東部南北兩大派系合併的陶器。宣德金牌在埃奇菲爾德附近出土，是卡托巴河的上游、切諾基的原居地，把這些點連起來，就順理成章了。

合卺杯

　　本來這章應該到此為止，不過談到美洲的陶器，不應該漏掉合卺杯，這是中美文化同源的另一個重要線索，遠早於明代。

　　中國古代婚禮，周代記載的儀式，男女新人用合卺杯喝喜酒。卺（音緊）是一個匏瓜剖開兩半，夫妻各持一瓢，喝的酒略帶苦味，象徵同甘共苦的意思。後來用陶器、瓷器或金屬製造一個杯，有兩半連起來，名為合卺杯。實際上，這風俗比周朝更早。1972年，鄭州大河村出土了一件仰韶時代的紅陶黑彩雙聯壺，應該是這類陶器最早的例子。西漢中山靖王墓出土的青

圖 3.22　仰韶時代雙聯壺。（河南博物館藏）

圖 3.23　明代碧玉螭龍福壽合巹杯。（博寶拍賣網
提供 www.artxun.com）

銅合巹杯、明代碧玉螭龍福壽合巹杯是典型的例子，造工精緻。這種風俗流
傳到清朝，合巹杯在中國有五千到七千年歷史。民國後，不太造這種杯子，
但「合巹」這詞現在還用。歐洲沒有合巹杯的傳統，婚禮中新人勾著手喝喜
酒，每人一個杯子。

　　美洲原住民普遍也有喝合巹酒的風俗和器具，分布頗廣，東部的切諾
基、卡托巴，西南部的尊尼（Zuni）、納瓦霍（Navajo）、和平（Hopi）[33] 和
蘇（Sioux）等族均有。美洲的合巹杯像馬鐙，兩個杯間有提梁，不同族有
自己的設計，調整杯口的斜度、高度、提梁的高度、自己喜歡的紋飾等。近
代的設計花樣種類很多，彼此互相學習，有些已無法分辨各民族的特色。

　　美洲原住民的合巹杯都是陶製的，有提梁。中國歷代的合巹杯，用料有
陶、瓷、銅、金銀、玉、犀角等，較為精緻，設計各異，一般沒有提梁。中
國與美洲民族在合巹杯的習俗上驚人的相似，美洲的合巹杯何時開始，沒有
定論，但應遠早於明代。

　　西非洲剛果也有同樣習俗，只見過一例合巹杯，形狀比較更簡單，沒有
提梁[34]。值得深思的是，西非洲某些風俗習慣和文物與中國非常相似，例如貝

33　Hopi 族俗譯為赫必，應翻譯為和平族，Hopi 音義與漢語同謂和平，是與中國有溝通
　　的證據。

34　http://www.tenthousandvillages.com/west-african-wedding-cup

圖3.24　美國納瓦霍族合巹杯。（李兆良攝於 2011年）

寧（Benin）的失蠟法鑄銅、女性頸圈等，以後再談。

小結

　　陶瓷歷來是考古界最重視的工具。由於陶瓷幾千年不變，它包含原料、陶工的技術、工藝流程、審美時尚、實用性，反映一個文明的進步程度。縱可以斷代，橫可以追溯族群間的關係。

　　美國陶藝家和陶器收藏家均認為，南卡羅萊納州的小鎮埃奇菲爾德有如此多類似中國景德鎮的特點是無法解釋的。這些特點是中國幾千年、幾千萬人積累的經驗，當時歐洲國家數百年渴望能獲得一點點資訊，複製中國的陶瓷技術，連瓷土就在自己腳下也不知道。而在美國東部山區一個小鎮、一個奴隸，一開始便能成就歐洲人兩千年之不能，有龍窯、鹼性釉、造大龍缸、混合瓷石和瓷泥、造類似五毒硯滴的小陶瓶、造景德鎮特有的把手、在陶器上寫詩。在卡托巴河上游的林肯頓有整套龍窯和水碓的設備。卡托巴族有宣德爐狀的陶器，切諾基人和卡托巴人用漢語稱呼瓷土、瓷泥。他們明顯是有熟練製陶的人傳授瓷土、龍窯、水碓、鹼釉等工藝。卡托巴人造類似宣德爐的三足器。這是多少宗「偶合」、「獨立」現象同時在這裡發生？這一切都沒有發生在文藝復興後、工業革命前期的歐洲，而是被認為是石器時代、漁獵時代的美洲。當時的歐洲移民許多不是知識分子，一半是文盲，在歐洲他們是經濟上、宗教上受壓迫的一群，剛剛抵達陌生的美洲，缺乏技術，甚至是歐洲還不能擁有的技術，他們如何去發展？英國的瓷器業是由美洲引進瓷土才興起的。文化、經濟條件遠遠落後於歐洲的美洲，居然擁有與中國相似的先進工藝技術，可以相信與中國完全沒有關係嗎？

人工的器物，有幾項特性：**功能，造型，紋飾，工藝，物名。**

兩個不同民族文化為了某種功能製作的器物，如果形狀相似是容易理解的，碗、盤、杯和甕，每個民族都可以產生自己的樣式形狀。如果紋飾、像鼎的獸足、把手、雙耳也相似，就值得懷疑是否有所關聯。假如雙方的工藝流程（工具、方法）也相同，那不可能是偶然的巧合。如果不同的民族以同樣的語音稱呼同一物品（堊土、堊泥），沒有關聯更是不可能。五項特性均相似或相同，那這兩個民族沒有溝通是不可思議的。

上述的觀察證明在歐洲人沒有到美洲以前，有一群熟悉中國陶瓷工藝的人，各自帶來不同的工藝流程的不同部分，在不同的地方生根，有些教導卡托巴人造鼎狀陶器，有些懂得建龍窯，用水碓、鹼性釉，把幾千年積累的陶藝經驗傳授給美洲人民，後者再把瓷土傳到歐洲。

> 堊泥瓷土造絢華
> 中美同工語不差
> 軒轅絕藝雄天下
> 薪火窯傳卡托巴

參考書目

Biedma, Luis Hernández de, Gonzalo Fernández de Oviedo y Valdés, and Rodrigo Ranjel. *Narratives of the Career of Hernando de Soto in the Conquest of Florida.* New York, NY: Allerton Book Co., 1904.

Blumer, Thomas John. *Catawba Indian Pottery: The Survival of a Folk Tradition.* Tuscaloosa, AL: University of Alabama Press, 2003.

Burton, William. *Porcelain, a Sketch of Its nature, Art and Manufacture.* New York: Cassell & Company, 1906.

Fariello, M. Anna. *Cherokee Pottery: From the Hands of Our Elders.* Gloucestershire, UK: The History Press, 2011.

Galloway, Patricia Kay. *The Hernando de Soto Expedition: History, Historiography,* and *"Discovery" in the Southeast*. Lincoln, NE: U of Nebraska Press, 2006.

Harrington, M.R. "Catawba Potters and Their Work." *American Anthropologist* (American Anthropological Association) 10 (1908): 399-418.

Hayden, Arthur. *Chats on English china*. New York, NY: F.A. Stokes, 1904.

Jewitt, Llewellynn Frederick William. *The Ceramic Art of Great Britain*. London: J.S. Virtue, 1883.

Lawson, John. *A New Voyageto Carolina*. London, 1709.

Lieber, Oscar Montgomery. *Vocabulary of the Catawba Language: with Some Remarks on Its Grammar*. Charleston, SC: James & Williams Printer, 1858.

Marryat, Joseph. *A History of Pottery and Porcelain: Mediæval and Modern*. London: J. Murray, 1857.

Meteyard, Eliza. *The Life of Josiah Wedgwood: from His Private Correspondence and Family*. London: Hurst and Blackett, 1866.

Moore G. David. *Catawba Valley Mississippian: Ceramics, Chronology, and Cawtawba Indians*. Tuscaloosa, AL: University of Alabama Press, 2002.

Owen, Hugh. *Two centuries of Ceramic Art in Bristol, a History of the Manufacture of 'the True Porcelain' by R. Champion, with a biography*. London: Bell and Daldt, 1873.

Shipp, Barnard. *The History of Hernando de Soto and Florida*. Philadelphia: Collins Press, 1881.

Sparkes, John Charles Lewis, Gandy, Walter. *Potters, Their Arts and Crafts*. Liberty, MO: T. Whittaker, 1897.

Springer, L. Elsinore. *The Collector's Book of Bells*. New York: Crown Publishers, Inc., 1972.

Todd, Leonard. *Carolina Clay—The Life and Legend of the Slave Potter Dave*. New York: WW Norton & Company, 2008.

李兆良，《坤輿萬國全圖解密：明代測繪世界》，台北：聯經出版公司，2012。

楊莉，〈雲南民間製陶技術的調查研究〉，《中央民族大學學報》，2002：35-39。

王福堂，〈關於客家話與贛方言的分合問題〉，《方言》，1998：14-19。

白明，《景德鎮傳統製瓷工藝》，南昌：江西美術出版社，2004。

龔農民，《景德鎮歷代詩選》，鄭州：中州古籍出版社，1994。

附：陶器製作影片網站

　　陶器製作的工序複雜，不同的文化、時代，操作不一。文字描述不如影片。以下介紹的影片對讀者了解本章會有幫助。

1. 俄亥俄州古陶器 http://www.youtube.com/watch?v=uQi8yvAkANs&feature=related
2. 陶藝家傅儒爾 http://www.youtube.com/watch?v=vGIi-yeDeoQ
3. 陶工大衛 http://www.youtube.com/watch?v=cCrEa3mtmvU&feature=related
4. 克力格（燒窯、拉胚、怪臉瓶）http://www.youtube.com/watch?v=s09tW5BaUsg
5. 克力格（水碓、釉、龍窯）http://www.youtube.com/watch?v=ex7R63k8fHE&feature=related
6. 西格洛夫陶器 http://www.youtube.com/watch?v=DofIs7Es534&NR=1&feature=fvwp
7. 土撥鼠窯（美國龍窯）http://www.youtube.com/watch?v=kYBut1Y89y0
8. 景德鎮陶瓷 http://www.youtube.com/watch?v=RBc0X5Ta-bE

金山嶺長城上的菠蘿

中美農畜交流

中國今天逾十三億的人口哪裡來的？晚明經歷了小冰川時期，一般農作歉收，還好有玉米、番薯，它們能適應不同氣候、土壤，讓中國人度過災荒。想想看，沒有辣椒，川菜、湘菜、印度咖哩會是什麼味道？義大利麵條沒有番茄醬，西班牙的番茄節沒有東西可扔。美國萬聖節的燈籠用什麼刻？感恩節沒有火雞，用什麼團聚？上面提到的農產品，全部來自美洲。沒有美洲的農產，這世界的食譜大概只有三分一，全世界人民都受惠於美洲原住民的智慧。在作者《坤輿萬國全圖解密：明代測繪世界》一書，用火雞的名字揭示明朝中美的關係。這裡談談其他農作物和家畜。

早就有人懷疑農作物從美洲到中國比哥倫布時代要早，這些農作物不是風媒、水媒傳播的，鳥類不太可能飛越太平洋把種籽帶來，因此一定有人曾到過美洲，把植物帶來中國。索倫森（John Sorenson）與約翰森（Carl Johannessen）列舉了幾百種物種，參考條目繁多，是很重要的參考，但是讀者必須自己去翻閱原作以得其詳（Sorenson and Johannessen 2009）。

一般的書籍，包括中外教科書，都認為美洲作物是葡萄牙人經東南亞帶來中國，或者是西班牙人通過墨西哥—馬尼拉的航道帶到菲律賓，再傳入中國。但是並沒有確切人名、日期、經過、如何傳入東南亞的原始資料，只是想當然，用「大概是」（probably）、「看來是」（apparently）的字眼。以後的著作反覆引用，把存疑變成肯定、成為經典，寫進教科書裡。不從原始資料出發，往往無法得到真相。現在把文獻與實物出現的年份依序清楚列出來，事情就大白。實際上，歐洲文獻確切地記載了他們首次到達亞洲，目睹美洲農產品在當地已經大量種植，不是他們帶來的。但是這些資料一直被掩蓋。

在探討農產品以前，必須先清楚幾個概念：

- 自永樂、宣德以後，明代皇室的海外貿易，只對金銀珠寶感興趣。
- 西班牙、葡萄牙來亞洲冒險、投資、貿易，目的是經濟，不是白施恩惠，不會帶來自己還不會生產或採集的產品，更不會無條件教授農作。萬里迢迢運送價值低的農產品到中國是天方夜譚。
- 新農作物的傳播，要經過很長的時間。從懂得特性、土壤、氣候、水分，掌握播種到收成的一套技術，起碼是幾年。從一處傳到別地又得

重複這些步驟。短期內，不能廣泛傳播。十六世紀的歐洲農業不發達，國際間敵意較重，從美洲得到的農產品到鄰國之間傳播，往往經過一百年。

金山嶺長城上的菠蘿

首先談一項「確鑿」的證據。2010年12月14日的《走遍中國》電視節目介紹了金山嶺長城。這段長城沒有八達嶺那麼饒人，像一條巨龍，盤桓在一望無際的山脊上，雄偉險峻，高聳陡峭，攀登非常困難，可想當年建造的艱辛。金山嶺長城是明代名將戚繼光設計監工的，難怪如此氣魄、如此巧妙精美。在一些門樓，瞭望台上雕有各種圖案，有花草、蜻蜓、蜜蜂、向日葵和菠蘿。

向日葵、菠蘿這兩種植物都是美洲特有的物種，怎麼會如此早出現在戚繼光的明代？向日葵只有一半，可能會引起爭議，這裡暫且不談，但菠蘿是毫無問題的生動寫實。我把圖給任何人猜，毫無例外，一口就說是菠蘿。再加向日葵，這兩者是互證，戚繼光把美洲作物設計圖案，雕在金山嶺長城上。

戚繼光（1528-1588）這位抗倭名將原來固守浙江和福建沿海地區，對抗倭寇入侵。明隆慶二年（1568），他被調往金山嶺，保衛北疆。他在那裡戍守十六年，監督施工這段長城。從隆慶三年至萬曆九年（1569-1581），用了近十三年時間建成。新建的空心敵台長城，雄偉壯觀，堅固實用，達到中國歷代修築長城的顛峰。菠蘿圖案雕刻在空心敵台的門楣上。通過這些圖案，戚繼光讓在朔風凜冽下營造長城、冒死抗敵的士兵們，打發鄉愁和苦悶，得到一點人生趣味和希望。在福建泉州，有一個城堡也是戚繼光督建的，至今屹立，還有他巨大的雕像。2010年，我參觀了這道原牆，神遊過金山嶺，領略

圖4.1　金山嶺長城的菠蘿圖案。（中央電視台）

到這位將軍的偉大成就、愛國愛民的關懷和智慧。

　　菠蘿，又名鳳梨，原來產於南美洲巴西和巴拉圭，世界上所有的菠蘿，開始都是從美洲引進的。一些美洲土人稱這種果為納納斯（nanas），意思是上好的果子。據說哥倫布在1493年看到，帶回歐洲。西班牙的國王費迪南（Ferdinand，統治期1479-1516年）認為是最美味的水果，但是西班牙查爾斯五世（統治期1519-1556年）吃了卻馬上吐出來（Staller and Carrasco 2009; Toussaint-Samat 2009）。從巴西到西班牙最少要三個月，一般菠蘿不能保鮮，前者運氣好，吃到比較新鮮的菠蘿，而後者倒楣，可能吃到爛掉的菠蘿，菠蘿也因此被打入冷宮。1661年，英國查爾斯二世（統治期1660-1685年）第一次嘗到，大加讚賞。法國國王路易十四（1638-1715），不會吃菠蘿，連皮咬，當然「遍嘴鱗傷」，不過他還是在凡爾賽宮試種菠蘿，結果他的兒子路易十五（1710-1774）才嘗到甜頭。從美洲輸入菠蘿，到認識它，會種植，花了兩百年。1686年，荷蘭人在溫室種植成功，1719年輸入英國，1780年輸入法國，光從鄰國過來就花了快一百年。後來，十九世紀時，把菠蘿引入暖和的亞速群島（Azores），方便運輸到歐洲，溫室栽培就無法競爭了。如今，菠蘿生長在熱帶地區的每個角落，主要產地是夏威夷、波多黎各、馬來西亞和巴西。廣西、雲南、廣東、福建、海南和台灣都是重要產地。1946年，罐頭菠蘿的生產使全世界都有機會嘗到菠蘿的美味（Okihiro 2009）。鄭和時代的菠蘿要運回中國，更加困難，如何保鮮是待揭開的謎。

　　金山嶺長城於1581年完成，再寬鬆一點，給兩年時間裝飾，菠蘿圖案雕刻不會晚於1583年，比荷蘭人種植菠蘿早一百年。有沒有可能是後人雕刻的？戚繼光之後的萬曆年代，步入晚明，國庫日虛，明代瀕臨衰退、崩潰，到崇禎連軍餉都付不起，守長城還來不及，妄談裝飾長城。清朝更沒有理由去修繕一道攔住自己的明朝防線。

　　菠蘿需要在熱帶、亞熱帶地方栽植，中國北方太冷，菠蘿不會長，戚繼光一定是從福建沿海帶去的觀念，在中國出現的菠蘿應遠早於戚繼光離開福建的1567年，之前，菠蘿已經在福建看得到。菠蘿與常見的蜻蜓、蝴蝶、蜜蜂等圖案同時出現，證明不算稀有的東西。就是說，1567年以前，菠蘿在南中國已經普遍。

　　李時珍花了三十年時間，於1578年完成《本草綱目》。歷來中國農產品的名字有一物多名或同名異物，隨便從字眼上判斷，往往張冠李戴，愈理愈糊塗。李時珍編《本草綱目》，為釐清這些錯誤，花了近三十年。他沒有列入菠蘿，卻列入菠蘿蜜，是另外一種水果，外型有點像菠蘿。顯然，應該先知道菠蘿，才有菠蘿蜜。

　　美洲土人把菠蘿放在在門楣、門旁或掛在門上，作為吉祥、歡迎、祝福之意。在美國和英國，菠蘿圖案作為一種身分的象徵裝飾大門、門柱和家具，出現在1730年後，比金山嶺的菠蘿圖案晚了近兩百年。難道有那麼巧合？戚繼光不止知道菠蘿，還知道美洲土人關於菠蘿的風俗。今天，美國的一些仿古的家具、樓梯把手、欄杆頂、圍牆和地毯，也經常用菠蘿圖案裝飾迎賓，可很多人並不曉得這原是美洲土人的風俗。

　　所有現在的教科書，都猜測菠蘿是由葡萄牙或西班牙人通過菲律賓帶來東方，但是沒有確實證據紀錄。據說是十六世紀中葉，菠蘿到達印度、爪哇和中國。印度的西岸曾經是葡萄牙殖民地、爪哇被荷蘭統治、菲律賓曾被西班牙占領，這都是十六世紀中葉發生的事，當時歐洲人自己還沒有發生興趣食用或成功種植，他們怎麼會引入亞洲呢？為什麼這麼快就在中國傳播呢？

　　以上的分析，表明菠蘿作為水果，光是鄰國之間就用了一百年，以菠蘿做裝飾圖案在歐洲和美國發展，花了超過兩百年，而中國早就有了，因此菠蘿一定是中國人自己直接從美洲帶回的。

　　下面再看菠蘿這詞的沿革。歐洲語中的菠蘿，大概分兩個系統。

　　菠蘿應該首先在巴西發現。一位葡萄牙無名氏寫過一本關於第一個探索北美洲東部的西班牙人底蘇圖（Hernando DeSoto）的紀錄，裡面有ananas或nanas，來自某種美洲土語（Portuguese 1609），由此成為菠蘿的拉丁學名 *Ananas comosus*。歐洲其他國家、阿拉伯、伊朗、印度、馬來西亞及印尼也是用差不多的發音，叫菠蘿為ananas。

　　現代英語稱菠蘿為pineapple，1398年出現時這字代表松果，不是菠蘿，1640年英國出版的植物圖鑑有pineapple的詞，用來描述別的植物像松果的形態，不是菠蘿（Parkinson 1640）。1664年，pineapple才用做菠蘿。所以，千萬不能以1398年作為發現菠蘿的年代。

西班牙語piña，也是從松果一詞而來。菲律賓語pinya，因為菲律賓被西班牙統治過。菲律賓用菠蘿葉子的纖維織布，做成半透明的衣服，叫巴隆（Barong），可說是國服，遠早於西班牙人來菲律賓以前[1]，何以見得？當時西班牙統治菲律賓，用服裝分辨當地人，只許他們穿原來這種菠蘿纖維織的半透明服裝，上衣的下襬要在褲子外面，以防藏械。獨立後，菲律賓人後來乾脆把這種服裝訂為國服。所以菲律賓人在西班牙殖民（1565）時，不止有菠蘿，而且會綜合利用了。

如果中國的菠蘿是由西班牙人從菲律賓傳入，就會用pinya的發音；由葡萄牙人傳入，就會用ananas發音。中國對菠蘿的名稱與歐語的名字是完全不同發音，當然字源也不同，表示從不同的美洲人獲得。菠蘿這種水果在中美洲、南美洲分布較廣，不同的民族會有不同的名字，我們知道的其他名字還有abacaxi（巴西語）、matzatli（墨西哥阿茲特克語）。漢語稱之為菠蘿，肯定是外來語的音譯，表示中國人知道這個果名是從美洲另外一些種族得到的，但原來的土人可能已經消滅了。從菠蘿的名稱，可以知道菠蘿並非由葡萄牙人或西班牙人傳入，而是另有途徑。

菠蘿還有另外的名稱叫鳳梨，大概是因為形容它的葉子像鳳的尾巴，鳳是中國的圖騰動物，鳳梨的名稱當然來自中國。目前知道的，只有泰語是與漢語相似，叫sapparot或laai（梨）。為什麼只有泰國與中國用同樣的發音？菠蘿傳入中國似乎是通過泰國了。明代的泰國人會航行到美洲嗎？應該沒有。詩經有「梨」字，是中國很早就有的果子，泰語的梨，應是來自華人，同樣，sapparot也應該是漢語衍化的，可能是「食菠蘿」的音譯。當時鄭和從外國輸入的貨物，不一定經過東海岸，很多是通過茶馬道的。茶馬道有多條，通越南、泰國、緬甸，進入雲南，再運到別地。從西面返航，省掉很長一段繞過馬來半島的水路。再把時間計算連起來，鄭和船隊從南美洲帶回菠蘿，經泰國茶馬道進入中國的途徑就脈絡清楚、符合推理了。泰國、雲南有共通的傣族和一道傳統菜——菠蘿飯。

1　http://www.philippines.hvu.nl/clothes1.htm

圖4.2　菠蘿，假菠蘿，菠蘿蜜（左至右）。（Wikipedia〔公共領域〕）

　　網際網路上有多項有關菠蘿的錯誤引述[2]。檢索「菠蘿」，幾乎十之八九得到以下的答案：《本草綱目》「補脾胃，固元氣，制伏亢陽，扶持衰土，壯精神，益血，寬痞，消痰，解酒毒，止酒後發渴，利頭目，開心益志。」可是翻遍了我藏的《本草綱目》兩個版本，沒有菠蘿，也沒有鳳梨。網上的《本草綱目》也沒有，只有菠蘿蜜。

　　菠蘿蜜（*Artocarpus heterophyllus Lam*）是完全不同的植物。李時珍在《本草綱目》的記載：

> 菠蘿蜜（波羅蜜）【釋名】曩伽結。時珍曰：波羅蜜，梵語也。因此果味甘，故借名之。安南人名曩枷結，波斯人名婆那娑，拂林人名阿薩，皆一物也。【集解】時珍曰：波羅蜜生交趾、南邦諸國，今嶺南、滇南亦有之。樹高五、六丈，樹類冬青而黑潤倍之。葉極光淨，冬夏不凋。樹至斗大方結實，不花而實，出於枝間，多者十數枚，少者五、六枚，大如冬瓜，外有濃皮裹之，若栗球，上有軟刺。五、六月熟時，顆重

2　http://blog.sina.com.cn/s/blog_7057879f0100qqh8.html

五、六斤，剝去外皮殼，內肉層疊如橘囊，食之味至甜美如蜜，香氣滿室。一實凡數百核，核大如棗。其中仁如栗黃，煮炒食之甚佳。果中之大者，惟此與椰子而已。

另外有假菠蘿。中藥檻笏子（*Pandanus tectorius*）別名：露兜子（《嶺外代答》）、笏波羅（《嶺南採藥錄》）、假菠蘿（《生草藥手冊》）、山波羅（《嶺南草藥志》）、野菠蘿（廣州部隊《常用中草藥手冊》）[3]。民間還有勒角子、婆鋸勒子等名字。主治功效：補脾益血，行氣止痛，化痰利溼，明目，主痢疾、胃痛、咳嗽、疝氣、睪丸炎、痔瘡、小便不利、目生翳障。《綱目拾遺》檻笏子：「補脾胃，固元氣，制伏亢陽，扶持衰土，壯精神，益血，寬痞，消痰，解酒毒，止酒後發渴，利頭目，開心益志。」

《綱目拾遺》是清代趙學敏著作，不是李時珍的《本草綱目》，兩者差兩百年。清代中醫典籍引述的《綱目》一般指《本草綱目》、《拾遺》則指《綱目拾遺》，不可混淆，這是網際網路上錯誤的引述。

菠蘿蜜與假菠蘿都不是菠蘿。還好這些都是可食的果類，沒有大害。假如其中一個有毒，就危險萬分了。引用網站資料，不可不慎。尤其是名為百科全書的搜索站，編寫人沒有嚴格考證，不能隨便相信。網際網路的資料，以訛傳訛的例子不勝枚舉。少則無傷大雅，大者誤人子弟。性命攸關，不可不慎。許多歷史的誤導也是以訛傳訛。不認真去窮根究柢，便不得真相。

雲南的菠蘿蜜也叫木菠蘿，明顯是相對草本的菠蘿而命名。應該先有菠蘿，才有菠蘿蜜、木菠蘿。《本草綱目》雖然沒有菠蘿，它記載了菠蘿蜜，表示菠蘿已經存在。

任何作物從引進、學習特性、成功種植、繁殖、傳播到別地，有一個過程。歐洲從知道菠蘿這植物到喜歡食用經過一百年，用在裝飾上是近兩百年後。金山嶺有菠蘿圖案，除非明朝人從美洲帶回來，否則菠蘿不會自己從南美跑來。歐洲還沒有吃菠蘿的習慣，菠蘿已經銘刻在長城上，最晚是1581年，比歐洲種植菠蘿早一百年。菠蘿是中國人自己從美洲帶回來的作物，證

3　中華中醫網 http://www.zhzyw.org/zycs/zycd/l/09425116819A1F8BFKBED0J5.html

據「確鑿」。

玉米（番麥）百名

下面的品名，你認得多少？

玉米，棒兒米，珍珠米，苞米，番麥，玉麥，御麥，西番麥，西天麥，回回大麥，玉蜀黍，苞粟，鹿角黍（六穀粟），觀音粟，腰粟，粟米，玉茭，包穀，苞穀，六谷，苞蘆，棒子，珍珠玉。

這只是一百多個名字中的一部分，它們全是同一種植物的別名。玉米、玉蜀黍、包穀、苞米、棒子是北方的叫法，粵語稱為粟米，閩東平話稱為苞蘆，山西人稱玉茭子、玉稻黍等。吳語有好幾種名字：上海稱珍珠米、蘇州稱御麥、浙江稱六谷。客家話及馬來西亞華人則普遍稱為包粟。明朝文獻中有玉米、御米、御麥、玉蜀黍、番麥、西番麥等名字。現今福建省的一部分亦是稱西番麥、廈門稱番大麥、浙江南部稱番黍。你熟悉什麼名字，可以判斷你是哪裡人。名字多的背後是長遠的歷史。每從一個地方傳到另一個地方，起一個新名字。如果像電話、火車這樣的名字，很快傳遍全中國，應該只有很少的別名。

玉米原產美洲。美洲在哥倫布到來前，並非如1950年代美國西部電影中描寫的蠻荒，人類只有石器。其實美洲的高級文化，許多方面今天尚不能及，如印加人的馬丘比丘石城（Machu Picchu），在高山上用幾噸重的大石塊砌成，石塊間的縫，連刀片也插不進，現代技術還難以重現。美洲人的富足有賴玉米。玉米是「碳四」植物，光合作用的效率比其他「碳三」植物高，生長快，產量高，耐寒，耐瘠，適應很寬的氣候帶，玉米成為中美洲主要食糧，起碼是六千年前。今天，食品店裡三分之二的商品含有玉米的成分，包括糖分、包裝、澱粉的原料。

中國玉米年產量約2.15億噸，約美國的一半，居世界第二位。

玉米怎樣傳入中國，西方的學者有不同的推測。有人以為玉米是由阿拉伯人從西班牙帶到麥加，再由麥加傳到中亞細亞而進到中國西北部；或者從麥加傳到回教印度而進入中國西南部，然後再從西北部或西南部向東傳播到各省。這種推測主要是因為歐洲人稱玉米為回回麥、土耳其麥（Turkish wheat）。

　　何炳棣教授是研究中國農史的專家，根據各省通志和府縣志的記載，他發覺從1531-1718年不到兩百年的時間，玉米在我國已經傳遍二十省（Ho 1955, 191; Ho 1956）[4]：

　　廣西1531年，河南1544年，江蘇1559年，甘肅1560年，雲南1563年，浙江1573年，福建1577年，廣東1579年，山東1590年，陝西1597年，河北1622年，湖北1669年，山西1672年，江西1673年，遼寧1682年，湖南1684年，四川1686年，台灣1717年，貴州1718年。

　　我把玉米在中國傳播的先後標註在地圖上，就發覺傳播不是從一省到鄰省，而是完全沒有排序的。因此，地方志無法作為實際傳播次序的依據，載入方志的年代，是隨機的，端視方志的更新速度、當地是不是有人注意到新農作物的傳入及方志是否保存完好等因素。

　　何教授接著分析：

　　但是有一點值得注意，廣西的記載早於甘肅或雲南三十年左右、早於陝西六十多年、早於四川一個半世紀以上、早於貴州差不多兩個世紀，另外，江蘇也早於甘肅和雲南，浙江、福建、廣東都早於陝西，四川、貴州二十來年以致一個世紀以上，這就很難想像玉米先由陸路傳到我國西南部或西北部，然後再向東傳播的。另一方面，葡萄牙人於1496年就到爪哇、1516年就來到中國，同時中國人那時僑居南洋群島的已不少，玉米由海路先傳入我國沿海和近海各省是很可能的。

　　玉米由海路進入中國是正確的判斷，但是，不是葡萄牙人的功勞。1516年葡萄牙人在中國只有短暫的逗留，便被逐出廣州或關在牢裡。1534-1536

4　http://gz.eywedu.com/gudaijingji/index.htm; 何炳棣，〈美洲作物的引進、傳播及其對中國糧食的影響（二）〉http://chinsci.bokee.com/2447457.html

年，在廣州的葡萄牙囚犯記述了這段中葡交往的尷尬（Ferguson 1902）。所以1516年並不能算中葡關係的開端。1560年葡萄牙租借澳門才開始正式交往。

上文談到菠蘿，從歐洲一國傳到鄰國，要近一百年。玉米如何在兩百年來幾乎傳遍全中國，還取了那麼多名字？

除了地方誌，記載玉米的有李時珍的《本草綱目》（1578）：

> 玉蜀黍【釋名】玉高粱。【集解】時珍曰：玉蜀黍種出西土，種者亦罕。其苗葉俱似蜀黍而肥矮，亦似薏苡。苗高三、四尺。六、七月開花成穗如秕麥狀。苗心別出一苞，如稯魚形，苞上出白鬚垂垂，久則苞拆子出，顆顆攢簇，子亦大如稯子，黃白色，可煠炒食之，炒拆白花，如炒拆糯穀之狀。

《本草綱目》不止提到玉蜀黍品名，還列出它的藥用價值，沒有經過一段時期的臨床經驗是不能得出藥性療效的，李時珍對編撰《本草綱目》非常認真，親自核對植物名狀。明代出版的《本草綱目》是李時珍兒子做插圖的，後來清代根據《植物名實圖考》重繪。光是李時珍的原紀錄描述，應該可以相信所載玉蜀黍就是玉米。玉米的形狀比較特殊，不易與其他植物混淆。《本草綱目》成書時間是葡萄牙人租借澳門後十幾年。從南方小漁村把新作物帶到長江流域，學會種植、使用、認識藥用價值，再寫印成書，今天的條件也不容易，何況當時的交通條件。

1973年，于景讓教授翻譯千葉德爾的論文，考證玉米進入中國，認為距離哥倫布到達美洲時間過短，傳播速度不可能那麼快[5]。他並舉出比《本草綱目》還早的《留青日札》（刊於明萬曆元年，即1573年）有關於玉米的記載，文中稱玉蜀黍為御麥：

> 御麥出於西番，舊名番麥。以其曾經進御，故曰御麥。稈葉類稷，花類

稻穗。其苞如拳而長。其鬚如紅絨，其粒如芡實，大而瑩白。花開於頂，實結於節。真異穀也，吾鄉得此種，多有種之者，吾鄉以麥為一熟。古稱小麥忌戌，大麥忌子，皆忌水也，故吳鄉低田不可種。（于景讓按：據中央圖書館藏隆慶六年〔1572〕刊本第二六卷校正）

描寫的形態與玉米完全一樣。西番麥之名亦見於嘉靖三十九年（1560）刊的《平涼府志》，而現今福建省的一部分亦是稱玉蜀黍為西番麥，廈門稱番大麥，浙江南部稱番黍。

比前述兩書更早提到玉米的，還有1436年的《滇南本草》（蘭茂 1975，2: 485）：

玉麥鬚，味甜，性微溫。入陽明胃經，寬腸下氣，治婦人乳結紅腫，或小兒吹著，或睡臥壓著，乳汁不通，紅腫疼痛，怕冷發熱，頭痛體困。新鮮焙乾為末，不拘多少，引點酒服。其功神速。未可視為棄物而忽之也。玉蜀黍，氣味甘，平，無毒。主治調胃和中，袪溼，散火清熱。所以，今多用此造酒，最良。

蘭茂（1397-1470）[6]，雲南陽林人，著《滇南本草》，成書年代1436年，比哥倫布到美洲早五十六年，該書於1975年由雲南人民出版社重新出版。蘭茂此書從明末至清初一直以手抄本流傳，現存最早的手抄本為嘉慶（1556）范洪抄錄。《滇南本草》的玉麥即玉米。《滇南本草》比最早記述玉米的《廣西地方志》（1531）還早一百年。1531年，葡萄牙人才剛剛來亞洲，還未扎根中國。因此，玉米進入中國一定遠早於哥倫布到達美洲。1436年完成的《滇南本草》已經列入玉米鬚的療效，距離鄭和最後一次下西洋回航（1433）方三年，很可能玉米在永樂時代就進入中國。今天中藥店還有玉米鬚，同樣的藥用功效，證明所有的中國文獻記載是同一植物無誤。歐洲到現在沒有使

6　蘭茂卒年有幾種說法，今按《雲南誌》為成化六年（1470），享年七十四歲。生平見《蘭茂文化網》。http://www.smlm.gov.cn/lmwh/index_lm.htm

用玉米鬚的習慣。

新引種的作物，要經過一段時間適應，耕作也要了解種植條件。從一個地方成功引種到別的地方，傳播的時間愈長，獲得新名字的機會也愈高。玉米的九十九個名字，就是因為它經歷了不同方言的輾轉傳譯而形成的，經過了很長時間的傳播。

1494年，哥倫布的同行者柯瑪（Guglielmo Coma）有這樣的記載：「有一種穀類，大小如羽扇豆（lupin），圓如鷹嘴豆（chickpea），可以像麥一樣磨成粉做麵包，味道很好。」（Weatherwax 1954, 32）

圖4.3　玉米鬚——《滇南本草》。（美國國家圖書館，雲南叢書）。

1521年4月7日，麥哲倫到達菲律賓宿霧（Cebu），他的隨同皮加費塔（Antonio Pigafetta）寫道：「在這利瑪薩瓦島（Limasawa）上，土人有狗、豬、雞，他們還種植米、玉米、麵包果、椰子、橘子、香蕉、柚子和薑。」（Canlas 2000, 31; Barrows 1924, 55）。1837年有一本哈爾帕（Harper）家族編修的書，收集環球旅行的記述，包括麥哲倫環球紀錄的英文本，其中一章是皮加費塔的敘述有關菲律賓之行：「他們（指土人）帶到船上的貨物有豬、羊、家禽、米、小米、玉米、椰子、橘子、柚子、薑和香蕉。」（Burney 1803, 74; Anonymous 1837, 42）。麥哲倫不可能錯認別的作物為玉米，因為西班牙人已經把這種美洲作物帶回歐洲了。麥哲倫初到亞洲，就看到菲律賓人賣玉米，當然不是他帶來的，西班牙殖民菲律賓是四十四年後。加上上述的菠蘿，是兩種美洲作物出現在菲律賓，比西班牙人到達要早。

　　一種新作物的命名，通常是用近似已知的作物的名字，或者是用作物原有當地人的命名。

　　玉米「maize」是美洲土語。英文corn原來泛指五穀，玉米原本叫indian corn，後來省掉indian一字，把普通名詞變成專用名詞了。其他歐洲國家不用corn這個字。

　　玉米，西班牙文、荷蘭文maiz，法文le mais，葡萄牙文milho。玉米的學名 *Zea mays* 來自西班牙文。玉米最早應該是西班牙人從中美洲帶回歐洲，mais據說來自泰諾語mahiz。泰諾人（Taino）原是巴哈馬群島和巴西一帶的住民，西班牙人殖民後，泰諾語完全被消滅。

　　墨西哥是盛產玉米的地方。墨西哥的Nahuatl語稱玉米為elote（厄洛特）、Aztec語為teosintes（特奧辛提斯）。Nahuatl語與Aztec語是中美洲主要語言，現在西班牙語裡還保存很多例子。但玉米不用墨西哥的土語，卻用了泰諾語mais，發音更近乎漢語的「米食」、「麥食」，這名字是否是中國人傳給泰諾人，再傳給伊斯蘭國家、西歐？

　　米，拉丁文oryza，由此演變為ruz、rice等名稱。米在歐洲當時不是主糧。歐洲語「麥」有很不同的名字：法文le blé，荷蘭文tarwe，西班牙、葡萄牙文trigo。所以Maize不是源自歐語的「麥」。

　　其他歐洲國家並不認為玉米是西班牙人帶回來的。他們叫玉米做土耳其麥、土耳其穀、埃及麥、敘利亞高粱，所以對東歐人來說，玉米是穆斯林人傳入歐洲的，不是西班牙人。而土耳其語mısır（穆薩拉，麥食）還是與泰諾語一樣。

　　作者在《坤輿萬國全圖解密：明代測繪世界》一書談過「火雞」一詞的來源，與玉米有異曲同工。土耳其和印度都不承認是他們從美洲帶來這些以他們國家命名的動植物。歐洲人認為土耳其人與此有關，未必全錯，因為鄭和船上的確有穆斯林人，美洲東部的土人有穆斯林旗幟（見〈旗幟〉一章），當時統統稱為土耳其人。歐洲人以為美洲是印度，稱原住民為印第安人。

　　東歐語言，玉米的名字前面是kuku（即漢語「谷」），後半部是希臘語oruza（米），例如匈牙利語kukorica、克羅埃西亞語kukuruz、捷克語

kukuřice、波蘭語 kukurydza。近來全球化的結果，一般東歐人也稱玉米為 corn 或 maize 了，從早期的語言去理清概念是有必要的。比較中國傳播玉米的速度，西歐到東歐卻慢得很。

如果葡萄牙人把玉米帶來亞洲，首先應是馬來半島與印尼，但是玉米在馬來—印尼語 jagung（炸谷），與西班牙語或葡萄牙語完全不同，更加排除葡萄牙或西班牙人帶來亞洲的可能。

美國農業部對葡萄牙在亞洲傳播玉米的假設，是根據1511年葡萄牙在蘇門答臘落戶、1516年在帝汶殖民，但是沒有任何葡萄牙人帶來玉米的紀錄[7]。十九世紀，英國人到達東南亞，這一帶對玉米的命名有 ngo te vang（越南）、khao Sali（柬埔寨）、baogour（「苞谷」廣東），沒有用葡萄牙文的 milho（Quattrocchi 2006）。

玉米在美洲的分布很廣，從中美洲到加拿大都有。最重要的是由俄亥俄州至內布拉斯加州，稱為玉米帶。1621年，美洲的溫朋諾族（Wampanoag）給麻薩諸塞州的的歐洲新移民帶來爆谷（popcorn）（A.F. Smith 1999）。美洲原住民懂得爆谷，有四千年歷史，他們用乾的葫蘆瓜在旁邊挖一個洞，放入玉米粒，於火上烤。祕魯莫齊族（Moche）的爆谷器製作精美，有各種圖案。芝加哥菲爾德博物館（Field Museum）藏有一些祕魯莫齊人的陶製爆谷器。李時珍《本草綱目》已經提到炒玉米。第一次最大批歐洲移民是英國人，1620年乘五月花號來美洲的。所以歐洲人知道爆谷不會早於1620年。美國的爆谷機器專利是1893年發表的，以後爆谷才成為兒童喜愛的零食。《本草綱目》上記載爆谷，比英國移民早四十年。

以下是比較玉米發展和歐洲人到亞洲的年表（粗體是中國記載）：

- **1436 蘭茂《滇南本草》——玉米鬚藥性。**
- 1511 葡萄牙人到達蘇門答臘。
- 1521 麥哲倫初到菲律賓，當地人向他賣玉米

7　Anne E. Desjardins and Susan A. McCarthy: Milho, makka, and yu mai: early journeys of Zea mays to Asia. http://www.nal.usda.gov/research/maize/chapter6.shtml

- 1525西班牙開始種玉米。
- **1531廣西地方志載玉米。**
- 1535葡萄牙人獲准停泊澳門。
- 1553葡萄牙與中國商討貿易（絲，象牙，瓷器，漆器，銀，香料）
- 1565西班牙殖民菲律賓，西班牙的墨西哥─馬尼拉商貿航線開始。
- 1557葡萄牙人在澳門居留。
- 1561葡萄牙人在莫三比克種植玉米。
- **1578李時珍《本草綱目》完成，載玉蜀黍、爆谷。**
- 1582利瑪竇到達中國澳門。
- 1621五月花號英國移民在美洲首次嘗到玉米。
- 1770甜玉米在歐洲種植。

　　一比對日期就發覺，中國知道玉米遠早於歐洲人來亞洲。菲律賓有玉米時，葡萄牙、西班牙還沒有種植。麥哲倫到菲律賓，已經看到當地種玉米，這是麥哲倫的助手記載的。葡萄牙的殖民地莫三比克（1561）與馬達加斯加（1570）開始種植玉米時，李時珍已經把玉蜀黍寫進《本草綱目》了，更不用談廣西地方志和《滇南本草》。非洲的玉米並非始自十六世紀，而是十七世紀以後。1652年，南非還沒有玉米，十六世紀中葉，西非剛果河口有所謂「白人穀」（maza mamputo），但不是用葡萄牙語milho命名玉米，而是暗示穆斯林朝聖人帶來的穀類（McCann 2005）[8]。另一說，葡萄牙在非洲殖民地種植玉米是十九世紀的事（Konczacki and Konczacki 1977, 41）。西非洲臨近葡萄牙，又是殖民地，尚且要到十九世紀才種植玉米，葡萄牙會在三百年前萬里迢迢把玉米帶來中國嗎？

　　曾被列為禁書的《金瓶梅詞話》，作者蘭陵笑笑生在第三十五回提到玉米：「又是兩大盤玉米麵鵝油蒸餅兒堆集的。」按照梅節校訂的《金瓶梅詞話》，十六世紀末、萬曆二十年（1592）前後，金瓶梅的抄本已經在文人間流行（蘭陵笑笑生；梅節〔校點〕1987）。如果按照李洪政的推論，書中託

8　http://ruafrica.rutgers.edu/events/media/0405_media/maize_and_grace_jamesmccann.pdf

宋代故事，但是干支是明朝嘉靖年代，因此成書應該在嘉靖（1522-1566）末年[9]，比利瑪竇來華要早。由於一直以為中國在葡萄牙人來華前不會有玉米，於是多方猜測，以為玉米是玉麥、大麥之誤。根據上述分析，答案是《金瓶梅詞話》的玉米就是今天我們知道的玉米，早就在中國種植。蘭陵笑笑生是北京人，《金瓶梅詞話》是研究明代社會思想、民間習俗、飲食、服裝等很好的資料。《金瓶梅詞話》證明嘉靖年間，玉米已經從雲南普及到北方，平民也可享用，不是光進貢給皇帝的「御米」。

從上述分析歐洲文獻，沒有理由相信葡萄牙或西班牙人把玉米帶來中國。事實上，玉米在中國的種植遠比歐洲早。明代中國人直接從美洲得到玉米，最可能是鄭和時代。

甘薯（番薯）

中國人今天逾十三億人口，除了玉米，還要拜甘薯（番薯）所賜，是這兩種作物讓明代中國人度過小冰川時期，避免饑荒。中國的番薯年產量八十百萬噸，是世界產量的80%。以上是聯合國糧農組織2009年的統計數字。上文表過，玉米不可能是西班牙或葡萄牙帶來中國，甘薯也不是。

甘薯（*Ipomoea batatas*）屬於旋花科（Convolvulaceae），是美洲的特產，原產墨西哥、哥倫比亞一帶，已經有五千年歷史，安地斯山的番薯化石有一萬年。別的大陸原來是沒有番薯的。

美洲人大約在西元前2400年開始種植番薯，用塊根繁殖，是無性繁殖的，不經種籽傳播，可以適應比較惡劣的氣候土壤，夏秋都可以種植。因此它廣泛分布於大洋洲太平洋諸島必然是經人傳遞。哥倫布航海前，大洋洲的各處早有番薯。究竟是誰把番薯從美洲帶到大洋洲，始終是個疑問。

甘薯在中國，不同的地方有不同的名字：紅薯、白薯、地瓜、番薯、山芋、紅苕、線苕、白薯、金薯、甜薯、朱薯、枕薯。由於中國幅員廣，植物經常有同物異名、同名異物的現象，必須確定名實相副。

9　李洪政，〈金瓶梅故事的背景年代〉http://www.confucianism.com.cn/html/wenxue/13674894.html

　　番薯的名字流行在南方，與其他海外來的作物一樣，冠以「番」或「藩」。漢唐宋時代，外來的物品，從西域經陸路進入，冠以「胡」，如胡人、胡椒、胡瓜、胡蘿蔔、胡琴等；明代，外來物品多從海上來，冠以「番」，如番瓜（南瓜）、番麥（玉米）、番豆（花生）、番薯（甘藷、甘薯）；清代，外來的物品，冠以「洋」，如洋火（火柴）、洋燭、洋油（石油）、洋娃娃等。「胡」有點貶的味道；「番」本來只是指中國以外的國家，輕蔑的意思是後來形成的；「洋」卻是羨慕的象徵，只有崇洋，沒有崇胡、崇番。這種歷史風氣的轉變，從明末的所謂西學東漸開始，尤其是鴉片戰爭後，中國民氣愈下，崇洋的風氣愈演愈烈，可以說延續到今天。番與洋，一貶一褒，僅兩百年而已。

　　番薯何時傳入中國，有多種說法。其一是廣東東莞縣人陳益，《陳氏族譜》記載，陳益於明萬曆八年（1580）去安南經商，萬曆十年（1582）夏，設法帶薯種回東莞，在家鄉試種成功。以後很快向各地傳播。另一種說法是明萬曆元年（1573），福建長樂華僑陳振龍從菲律賓呂宋島買得幾尺苕藤，帶回試種，當時番薯叫紅苕。萬曆二十二年（1594）福建大旱，陳振龍兒子陳經綸向福建巡撫力薦全省種植，並在自家屋後隙地中試栽成功。後來經綸的孫子以桂把它傳入浙江鄞縣。又由以桂的兒子世元傳入山東膠州。世元並著有《金薯傳習錄》。後來有人在福州建立「先薯祠」來紀念金學曾、陳振龍、經綸、世元等。明朝末年福建成為最著名的番薯產區，在泉州每斤不值一文錢，無論貧富都能吃到[10]。當時福建人僑居呂宋的很多，傳入當不止一次，也不止一路，傳入後發展很快，

　　現在，我們比較歷史文獻，是否合理。1565 年，西班牙在菲律賓建立據點。第一任總督勒伽斯皮（Miguel López de Legazpi）從墨西哥履任，把這亞洲的殖民地以西班牙國王菲利普二世命名為菲律賓。但當時他並未完全控制局面。1571 年才打敗穆斯林的統治者，建都馬尼拉，控制這塊殖民地。其實，在菲律賓的土人和華裔移民一直反抗西班牙人的統治，從未間斷。

---

10 萬國鼎，《五穀史話》，中國歷史小叢書，人民出版社，1962 年。http://210.26.5.7:9090/ydtsg/data/6010106.pdf

李時珍的《本草綱目》載有甘藷（藷同薯）：

【集解】時珍曰：按：陳祈暢《異物志》云：甘薯出交、廣南方。民家
以二月種，十月收之。其根似芋，亦有巨魁。大者如鵝卵，小者如雞、
鴨卵。根大如拳、甌，蒸煮食之，味同薯蕷，性不甚冷。珠崖之不業耕
者惟種此，蒸切曬收，以充糧糗，名薯糧。海中之人多壽，亦由不食五
穀，而食甘薯故也。【氣味】甘，平，無毒。【主治】補虛乏，益氣力，
健脾，強腎陰，功同薯蕷（時珍）。

雖然沒有附圖，上文清楚說明甘薯的產地是交、廣（越南、廣西），也
就是鄭和茶馬道進入中國其中一個起點。「其根似芋」表示不是芋（芋頭）；
味同薯蕷，表示有別於薯蕷（山藥）。味甘平，道出是帶甜味的，同類植物
中，以番薯最貼切，只是體型比較今日的番薯小。

《本草綱目》完成於1578年，當時已全中國到處可見。離開西班牙在菲
律賓建立殖民地短短七年，即使西班牙人一到達菲律賓就開始把番薯運來中
國，中國也無法在幾年之內遍植各地。

《本草綱目》的第一版（1596年萬曆版）[11]，南京胡承龍刻印，全世界只
有七套：日本三套，中國兩套，德國柏林一套，美國國會圖書館一套。我特
別走訪美國國會圖書館，在當時館長李華偉先生的款待下，得閱該書珍貴原
版，比較我有的兩種清代版本，基本上是一致的，並沒有增編，甘藷一條，
不是後人添補的。

有幾種植物容易與番薯混淆：

1. 薯蕷（山藥），根是長形的。中國古代的薯蕷（*Dioscorea* sp.），土
   薯、山薯、山芋、山藥、玉延，屬薯蕷科（Dioscoreaceae），一般人
   稱為淮山藥或淮山，是中國土產，與番薯完全不同。甘藷載於東漢楊
   孚《異物誌》和《南方草木狀》（舊說西晉嵇含撰，疑為後人偽託），

11　一說是萬曆十八年（1590），估計是獻上萬曆，被擱置，還未出版的年份。

此甘藷是薯蕷。先秦的《山海經》有：「景山北望少澤，其草多藷藇（音同薯蕷）。」宋代藥學家寇宗奭《衍義》：「薯蕷，因唐代宗名預，避諱改為薯藥；又因宋英宗諱署，又改為山藥。盡失當日本名。恐歲久以山藥為別物，故詳著之。」薯蕷，英文是 yam，含澱粉質較高。可惜，現在美國人通稱番薯為 yam，又添糊塗了。

2. 木薯 cassava（tapioca，學名 *Manihot esculenta* Crantz, *M. utilissima* Pohl）是大戟科植物（Euphorbiaceae），也叫 manioc、yuca（不是 yucca）。木薯含有有毒的氰化物，需要經過處理才可以吃。二次大戰期間，糧食缺乏，很多鄉間人以木薯粉充飢而中毒。木薯本來是東南亞及大洋洲土人的食品，也是來自美洲。近代比較常見的食品珍珠奶茶裡面的珍珠就是用木薯等澱粉製成，木薯等澱粉也可以做多種糕點（布丁）。

3. 涼薯（學名 *Pachyrhizus erosus*），又名沙葛（廣東、廣西）、地瓜（雲南、貴州）、涼薯（湖南）、番葛；北方叫豆薯，有豆莢，屬於豆科（Fabaceae），英文名字 mexican turnip、jicama yam，原產墨西哥。在東南亞有許多名字，印尼語 benkuang、菲律賓語 singkama、泰語 man kaeo、孟加拉語 shankhalu、印度語 mishrikand、馬來語 ubi sengkuang、寮國語 man pao 等，暗示它傳播比較慢，不同的民族、語言、地區，各自配上不同的名字。用上述玉米、番薯的推論，一個植物品種在東南亞到處可見，有多種名字，很早出現，沙葛也可能是在鄭和時代進入中國的，暫時不考。

由於各地對植物名稱不同，必須分辨是否是主題的植物。
《滇南本草》「土瓜」條：

味甘，平。一本數枝，葉似葫蘆，根下結瓜。有赤白兩種赤者治婦人赤白帶下，通經解熱；白者治陰陽不分，婦人子宮久冷，男子精寒。又健脾胃而生津液。生食止嘔療飢。產臨安者佳，蓄至兩、三年，重至兩、三斤一枚者更佳。

　　按照《滇南本草》（1436年完成），土瓜葉似葫蘆的描述，只有番薯是正確的解釋，木薯、涼薯的葉形都不像葫蘆。又云「有赤白兩種」，可以排除薯蕷、沙葛和木薯，它們沒有紅色的例子。番薯有白、黃、紅、紫各種顏色。因此《滇南本草》的土瓜無疑是指番薯。四川人現在還有叫番薯為土瓜，客家人叫地瓜或番薯。

　　更早的《救荒本草》，明永樂四年（1406）刊刻於開封，是明代朱橚（1360-1425）編寫的。朱橚是明太祖第五子，封周王。該書載「地瓜兒苗」，有人以為這比鄭和更早。其實這是地筍子的別名，又名澤蘭根、地蠶子、地藕、野三七、水三七、旱藕等，植物是唇形花科地筍的根莖（學名 *Lycopus lucidus*），根據植物形態，不是番薯。對中國古籍與西方文獻的引用，要認真求證，不可不慎。

　　智利以西的復活節島曾發現番薯，經碳十四測量，證明為十五到十七世紀時期，是歐洲人還沒到達該島以前。於是有人斷定是復活節島的居民採自南美西部。

　　以前一直認為番薯先傳到菲律賓，再到其他各地。一位新幾內亞的居民Tavurvur，做了很仔細的調查，番薯的傳播是從新幾內亞的西南部向東北走的，與從菲律賓傳入是反方向[12]。新幾內亞土人的番薯有五十種之多，種植技術先進，種族語言複雜，不太相容，很難相信是短期內演進的結果。西班牙叫番薯做camote（Nahuatl語、古墨西哥語），葡萄牙人叫番薯batata（Arawak語，流行加勒比海至南美），一般新幾內亞土人一般稱番薯為kaukau，不同族有不同的名稱，完全異於歐洲語，因此這三點排除了西班牙人或葡萄牙人帶來番薯的可能。而且，值得注意是歐洲人首次到達夏威夷、復活節島、新西蘭及其他大洋洲的島嶼時，到處都已經有番薯。

　　一向認為西班牙人把番薯帶進菲律賓，最早的英文記載番薯在東南亞種植是一位在爪哇朝廷裡當官的英國人，只有一處提及番薯的名字，沒有任何描述（Crawfurd 1820, 544）。番薯，西班牙語camote，出現在1576年西班牙

12　http://garamut.wordpress.com/2008/11/03/who-introduced-the-sweet-potato-into-png/

語的文獻，學名*Batata hispagnorum*。既然西班牙人引用葡萄牙的命名batata，應該是葡萄牙人先發現番薯的。這本書只有簡單描述及插圖（L'Obel, Pena and Rondelet 1576）。其後的文獻也只是列有名字，連描述也沒有（Montoya 1640）。這些文獻與《本草綱目》幾乎是同時完成的。但是它們比《滇南本草》、《本草綱目》的紀錄簡單多了，沒有理由相信中國是從西班牙人處得到番薯，同時比西班牙人知道更多，有如此詳細紀錄。

陳益與陳振龍以為他們傳入番薯，是可以理解的。他們不知道番薯在雲南存在。即使今天，蘭茂的《滇南本草》也不大為人所知。近代，雲南方面整理了他的一些材料，大家才開始重視這位終生獻身於醫藥事業的學者[13]。《滇南本草》成書於正統元年（1436），是哥倫布出航之前五十二年，中國就有種植番薯的紀錄了。蘭茂卒於1476年，比哥倫布出航還早十六年。

從1900-2010年，北卡羅萊納州是全美國出產番薯最多的州，1900年時產量為全美10%，2010年躍為約50%[14]。本書其他章節談到南北卡羅萊納、喬治亞等美國東南部的州集中了明代中美交流的痕跡，難道都是偶合？

南瓜（番瓜）

在美國，滿街南瓜意味著萬聖節的到來。十月最後的周末，是小孩子穿著各種別出心裁、奇奇怪怪的服裝挨家討糖果的日子。不孝敬小孩，有可能受捉弄。美國南瓜的形狀像口大鐘，這是感恩節、耶誕節和新年的警鐘。很少人知道，中國也有一個南瓜節，廣西的毛南族在農曆九月九那天也擺滿南瓜敬老，剛好與美國相反。廣西侗族的南瓜節是漢族中秋節同一天，小孩可以扔南瓜打仗。三種習俗中，還是敬老好，有意義，不浪費。為什麼廣西有那麼多消費南瓜的傳統？

全世界南瓜產量最高的是中國，印度第二，美國的南瓜產量其實只是中國的八分之一左右。南瓜有幾個栽培種命名為：

13　http://www.yn.chinanews.com/pub/special/2011/0921/5372.html
14　http://usda01.library.cornell.edu/usda/ers/03001/Table02.xls

1. 美國南瓜 *Cucurbita pepo*
2. 墨西哥南瓜，灰籽南瓜 *Cucurbita argyrosperma*（舊名 *Cucurbita mixta*）
3. 印度南瓜，西洋南瓜 *Cucurbita maxima*
4. 中國南瓜 *Cucurbita moschata*
5. 黑子南瓜 *Cucurbita ficifolia*

事實上，中國、印度和美國都不是南瓜植物的起源地，南瓜起源於中南美洲。

南瓜是人類最早栽培的古老作物之一。它原產熱帶、亞熱帶的美洲，現在溫帶也可栽植。南瓜種類、品種繁多，果實形狀、大小、品質各異，色彩繽紛，多樣化十分突出，從外觀看，不像普通的南瓜，有人專門收藏各種奇形怪狀的南瓜為嗜好。

從二十世紀1920年代起，美國、前蘇聯等國家派出多批探險考察隊赴墨西哥、瓜地馬拉、祕魯等國調查南瓜栽培植物及其野生近緣種的起源和分布，通過採集和考古發掘，得到了南瓜植物起源地及歷史年代的確鑿證據。

美國農業部葫蘆科專家懷特克（Thomas Whitaker）和聯合國糧農組織的全球報告，在墨西哥哇哈卡（Oaxaca）洞穴的考古發掘中的出土物顯示，早在西元前8500年，人類就知道吃南瓜，栽培則在西元前4050年左右。懷特克等還在墨西哥奧坎波（Ocampo）洞穴和祕魯哇卡普列塔（Huaca Prieta）遺址的發掘中發現，最早的「中國南瓜」和「灰籽南瓜」殘片在西元前5000-3000年就早已存在[15]。至於南美洲起源的「印度南瓜」，是最多變種的南瓜，在中國又名筍瓜、玉瓜、北瓜等。在祕魯聖尼可拉斯（San Nicolas）遺址，出土的印度南瓜殘片不早於西元前1800年，玻利維亞和阿根廷北部也有。

中國元末，賈銘著有《飲食須知》，成書於元順帝至正二十七年（1367），首次記述南瓜「味甘性溫」，但是沒有詳細描述和插圖，不能肯定所指的是

---

15 http://www.fao.org/docrep/t0646e/T0646E09.htm#Cucurbita%20moschata

今天的南瓜。由於南瓜變異較大，有各式各樣形狀，長的，圓的，大小不一，顏色多彩，因此記載的名字有北瓜、倭（萵）瓜、番瓜、回回瓜、金瓜等，其實都是南瓜屬（*Cucurbita*）。明中葉以後中國栽培南瓜幾乎遍及全國各地，因此一定在較早時候就從美洲傳入。

現在世界各地都有種植南瓜，其栽培面積以亞洲最多，其次為歐洲和南美洲。

南瓜的形狀特別易認，《本草綱目》插圖中的南瓜比較扁圓的形態，如今還是中國栽植最多的品種，名副其實的「中國南瓜」。

《本草綱目》載：

【集解】時珍曰：南瓜種出南番，轉入閩浙，今燕京諸處，亦有之矣。二月下種，宜沙沃地，四月生苗，引蔓甚繁，一蔓可延十餘丈，節節有根，近地即著，其莖中空，其葉狀如蜀葵，而大如荷葉，八、九月開黃花如西瓜花，結瓜正圓，大如西瓜，皮上有稜如甜瓜，一本可結數十顆，其色或綠或黃或紅。經霜收置暖處，可留至春，其子如冬瓜子，其肉厚色黃，不可生食，唯去皮瓤瀹食，味如山藥，同豬肉煮食更良，亦可蜜煎。按王禎《農書》云：浙中一種陰瓜，宜陰地，種之秋熟，色黃如金，皮膚稍厚，可藏至春，食之如新，疑此即南瓜也。【氣味】甘，溫，無毒。【時珍曰】多食發腳氣黃疸，不可同羊肉食，令人氣壅。【主治】補中益氣（時珍）。

李時珍的描述可以斷定他指的是南瓜無疑，但是他引用王禎《農書》中的陰瓜可能有誤。王禎是元代人（1271-1368），《農書》成書於1304年左右，比鄭和出海早一百年。種植南瓜需要陽光，不能在陰地栽植，陰瓜應是另有所指。

《本草綱目》從明代萬曆開始有三大體系，近六十種版本。中國藥學會藥學史學會1985版原書的插圖是李時珍的兒子親繪，但是比較呆板。清代張紹棠本的繪圖採用1848年吳其濬的《植物名實圖考》，吳氏實地觀察寫生繪製，應是南瓜真正面貌，與今日南瓜無異。

另外，《滇南本草》也有類似的描述：

南瓜，一名麥瓜。味甘、平，性微寒。入脾胃二經，橫行經絡，分利小便，胃中有積者，吃之，令人氣脹做呃逆，發肝氣疼，胃氣疼者，動氣，不宜多吃。（叢卷本下第二十七頁）
南瓜，味甘，性溫。主治補中氣而寬利。多食發腳疾及瘟病，同羊肉食之，令人滯氣。（范本卷八第二十頁）（蘭茂 1975, 2：130）

南瓜的別名番瓜、麥瓜、倭瓜、金瓜、金冬瓜、番南瓜、北瓜、冬瓜、伏瓜，老緬瓜、窩瓜、飯瓜、番蒲，中國各地還是有不同的名字。南瓜使人氣脹、發腳疾、不能與羊肉同食的特性，給後來的李時珍引用於《本草綱目》，不過《本草綱目》未曾提及《滇南本草》，他可能是聞說內容而沒有見過原書。南瓜在《滇南本草》成書年代已經有。

花生（番豆）

花生（*Arachis hypogaea*）是豆科落花生屬的一種，食用部分是種籽（俗稱花生仁或花生米），也有多種名字，如金果、長壽果、長果、番豆、金果花生、無花果、地果、地豆、唐人豆、花生豆、落花生、落花參、人參果和長生果等等。花生的營養價值高，可以與雞蛋、牛奶、肉類等一些動物性食物媲美。它含有大量的蛋白質和脂肪，特別是不飽和脂肪酸的含量很高，適宜製作各種營養食品。花生滋養補益，有助於延年益壽，所以民間又稱之為「長生果」，並且與黃豆一起被譽為「植物肉」、「素中之葷」，對素食者是不可或缺的食物。

花生屬約二十餘種。一般認為，花生原產祕魯和巴西，在祕魯沿海地帶，史前廢墟中發現大量三千五百年前的古代花生（Paul H. Moore 2008）。1535年出版的《西印度通史》中記載花生的西班牙語、墨西哥語為「瑪尼」（mani）。東南亞國家如菲律賓受西班牙影響，也用同樣的名字。馬來語katjang tanah，葡萄牙語amendoim，巴拉圭語manduvi，巴西語manobi、mandobi，祕魯的印加人稱之為inchic，西元前500-100年左右，祕魯到處都是

花生（A.F. Smith 2002, 6; Institut für Pflanzengenetik und Kulturpflanzenforschung Gatersleben 2001, 790）。直至1640年，英國植物學家才開始種植花生，商業化則晚至1712年（Myers, Scott and Oviedo 2007）。

人工培育的花生分四大種類（Sauer 1993）：

1. 維吉尼亞花生（*Arachis africana*）：匍匐型「非洲種」，來自加勒比海群島和墨西哥。流行於西非洲。
2. 祕魯花生（*Arachis asiatica*）：匍匐型「亞洲種」，流行於中國、東南亞、日本。
3. 西班牙花生（*Arachis hypogaea var. vulgaris*）：直立型，來自巴西、非洲，與維吉尼亞種雜交，1784年傳入葡萄牙。
4. 瓦倫西亞花生（*Arachis hypogaea var, valencia*）：直立型，西班牙人從阿根廷引種到西班牙瓦倫西亞。1784年傳入葡萄牙。

從上面的分類可以看出「亞洲種」來自祕魯，是匍匐型，與西班牙、葡萄牙兩種直立型的花生不一樣。如果是西班牙—馬尼拉大帆船貿易帶來的種，啟航地在墨西哥阿卡普爾科，應該就近取材，用墨西哥種，而不是祕魯種。亞洲種與西非洲的花生同是匍匐型，不是西班牙、葡萄牙的直立型，這顯然是不同的來源，也就是說，中國與西非洲的花生並不是從西、葡殖民者帶來的。以後會有更多的例子顯示西非洲的文化與中國文化有特別的關係。

今天，中國是出產花生最多的國家，每年約1600萬公噸，比第二位的印度高兩倍多，美國只有約234萬公噸。

中國什麼時候開始有花生？1958年的浙江吳興錢山洋原始社會遺址中，發掘出炭化花生種籽，測定灶坑年代距今4700±100年。1961年，江西修水縣山背地區原始社會遺址中再次發掘出炭化花生種籽。此外，廣西、雲南、江西等地也有過報告描述與花生形態極為相似的野生植物。2007年，西安文保中心專家認為，距今兩千一百年前的漢陽陵從葬坑出土的農作物裡，已經出現了花生。中國唐朝段成式《酉陽雜俎》中記載「形如香芋，蔓生」、「花開亦落地結子，如香芋，亦名花生」。以上的紀錄究竟是不是花生，還很難

確定。也有人在掘墓時發現了花生，結果卻是後人留下的，引為笑談，因此對過於久遠的報告，不可不慎。

元朝人賈銘的《飲食須知》載有「落花生，味甘，微苦、性平，形如香芋，小兒多吃，滯氣難消」、「近出一種落花生，詭名長生果，味辛、苦、甘，性冷，形似豆莢，子如蓮肉，同生黃瓜及鴨蛋食，往往殺人，多食令精寒陽萎」[16]。這兩段文字形容花生形如香芋，又形似豆莢，頗為費解。若是花生，元朝或以前已經與美洲通，何人何時從美洲傳入中國，較難解釋。

比較可靠是《滇南本草》的記載（蘭茂 1975, 1: 222）：

> 落花參，味甘、熱，無毒。鹽水煮食，治肺癆。生用，水瀉；炒用，燥火行血。治一切腹內冷積肚疼，服之即效。枝葉治跌打損傷，敷傷處。小兒不宜多食，生蟲變為疳積，忌之（務本卷一上頁三十八）。
> 落花生，味甘、寒，無毒，主治補中益氣，多則滯氣。鹽水煮食養肺，炒食動火。小兒多食則生疳（積）。採葉治毒瘡，其效如神（范本卷六頁二十）[17]。

落花生補中益氣，有人稱之為人參果或落花參。明朝人蘭茂的《滇南本草》記載的花生，和現今廣泛種植者，是從南美引進的，應該沒有疑問。《滇南本草》成書比哥倫布到美洲要早半個世紀。

再算晚一點，1503年《常熟縣志》關於落花生的記載：「三月栽，引蔓不甚長，俗云花落在地，而生子土中，故名。」（王介南 2006, 299）。1503年距離哥倫布首次到達美洲才十年，葡萄牙人1505年初到斯里蘭卡、1511年到麻六甲，西班牙人麥哲倫再過十年（1521年）才到菲律賓。這是西方文獻的日期，歐洲人還沒有到亞洲，如何傳來江蘇常熟的花生？

下面的例子說明，宮廷的文獻在農業來說不一定是最詳盡的。上述的美

---

16 http://www.360doc.com/content/11/0211/10/4976592_92073406.shtml（2011 年 10 月 26 日閱）

17 務本堂本與范洪本略有差異，不同抄本來源，見 http://www.smlm.gov.cn/lmwh/index_lm.htm

洲農作物沒有記載於明代早期的《食物本草》（佚名 2007）[18]。該書是宮廷抄本，成書時間不會晚於弘治十八年（1505），是太醫院奉旨編修的，內收黍米、落花生，但是描述與繪圖均非我們熟知的植物。也就是說，美洲作物的傳入消息，當時還沒有到達北京，或者沒有受到宮廷學者的注意，只在中國西南、中部的民間流行。不過，這又與「御米」的名字有牴觸。御米應該是進貢皇帝的，御醫何以不知？御米可能後人對玉米的誤寫。這也是沒有記載不等於沒有的例子。不能認為宮廷的書籍才是正統。以農業來說，民間的知識更豐富。

另一本明末姚可成編的同名的書，出版於崇禎十六年（1643），收入玉蜀黍（二四二頁）、南瓜（三九六頁）、甘藷（三七五頁）等，均轉載李時珍的《本草綱目》（姚可成 1994）。是否原來的宮廷本有殘缺，姚氏補缺？以後再考。不過，中國種與歐洲種花生來源不同，在中國種植比歐洲人來亞洲早，是完全可以肯定的。

辣妹子哪裡來？

川湘地區的飯館，很多食品用「辣妹子」做品牌。當地人吃辣是世界有名，川菜、湘菜也因此風靡世界。歐美大城市有中國菜館，就有川、湘菜。沒有美洲人的努力，今天在全世界看到的川菜館、湘菜館，沒有辣椒都得停業了，世界食譜大概要減三分一。沒有辣椒前，中國民間三大辛辣調料是薑、茱萸、花椒（又稱山椒、川椒、秦椒、漢椒、蜀椒、香椒）。三香中以花椒為首，花椒也是辣味，但是它們來自不同科的植物，辛辣的成分分別是胡椒鹼（piperine）和羥基山椒醇（hydroxy-alpha sanshool），與辣椒的辣椒素（capsaicin）不同。花椒屬 *Zanthoxylum*，川椒屬芸香科（Rutaceae）。《詩經》中多處提到花椒。光花椒是做不出川菜的味道。美洲辣椒來中國後，中國的老饕有了新生命，食譜翻了好多番。野山椒、指天椒，就是指美洲來的

---

18 御醫盧和著有《食物本草》（隆慶五年刻）內容相同的書，應與此宮廷抄本同。《食物本草》各版本，見 http://www.bbtpress.com/homepagebook/615/d07.htm（2012 年 4 月 13 日閱）。

辣椒（*Capsicum frutescens*）。沒有美洲的辣椒，川菜、湘菜、韓國泡菜會是另外一番味道。印度咖哩亦失色不少。

全世界的辣椒都源自美洲。墨西哥，以吃辣出名，是辣椒原產地之一。

辣椒（*C. frutescens*）屬於茄科（Solanaceae），英文名字 chili 來自墨西哥那華特爾（Nahuatl）古語 chilli 或 xilli，指比較大的一種辣椒（capsicum）。美洲辣椒大概有八千年歷史，栽培史也有五千年，辣椒的圖案繪畫在古陶器上。

西方文獻提到辣椒這植物的屬名，比較早的記載有 1540 年的《藥物成分》（Actuarius, Gessner and Ruellius 1540, 136）和 1696 年的《牙買加植物名錄》（Sloane 1696, 113），皆為拉丁文著作。

辣椒今天有兩百個品種，最早源自美洲，有些經過育種。下列是比較重要的幾種和它們的原產地（Nonnecke 1989, 232）：

- 1542 卡宴辣椒（Cayenne pepper）法屬圭亞那
- 1586 櫻桃辣椒（Cherry pepper）前殖民時代美國
- 1588 普通辣椒（Chili）前殖民時代美國
- 1686 番茄辣椒（Tomato pepper）前殖民時代美國
- 1774 柿子椒（Bell pepper，Bull nose pepper）前殖民時代美國
- 1828 加州神奇椒（California Wonder）加州農民育種
- 1888 塔巴斯科（Tabasco）人工育種
- 1900 中國巨型椒（China Giant）來源不明

中國巨型椒的名字不是已經說明來源嗎？為什麼還是「來源不明」？

最早輸入歐洲的辣椒是通過法屬圭亞那，在巴西東北、法國在十七世紀才殖民圭亞那。葡萄牙人來中國，通過往東的海路，經印度。第一個成功的是利瑪竇，1582 年到澳門。如果 1542 年卡宴辣椒進入歐洲，由葡萄牙人帶來中國，首先應是利瑪竇進入澳門帶來，《利瑪竇札記》相當詳細，沒有提到過辣椒。有人認為辣椒是西班牙人從墨西哥經菲律賓的貿易通道來華，首先也應該是經廣東、福建，但是閩粵人沒有吃辣的習慣。

更明顯的例子是，葡萄牙有一道國菜，名為「皮利皮利雞」，有別於香港與澳門的「葡國雞」。葡萄牙用的辣椒叫「皮利皮利」（piri piri），與廣西的指天椒和四川海椒一樣，尖長而小，辣度是 100,000 Scoville 單位（其後會解釋）。皮利皮利的名字是從莫三比克的非洲語（Swahili）來的，莫三比克曾經是葡萄牙的殖民地。注意到疑點沒有？這是反客為主的矛盾。如果葡萄牙人從美洲把辣椒帶到莫三比克，應該是葡萄牙人教給非洲人這作物的名字，為什麼反而是葡萄牙人按照非洲語命名辣椒？這點表明這辣椒在非洲出現，比葡萄牙知道辣椒要早。目前沒有非洲人首先到達美洲的證據，但是我們知道鄭和船隊到過莫三比克。莫三比克島（與國名同）以前的阿拉伯語名字是 Bilad-al-Sufala，明代文獻稱為索法拉。2005 年人民網有關於莫三比克與鄭和的報導[19]。

把這幾宗觀察擺在一起，事情就很清楚——葡萄牙人到達莫三比克前，當地就已經有辣椒。比葡萄牙人更早到莫三比克的是鄭和，也就是說，鄭和時代，華人已經到達美洲帶回辣椒，把美洲辣椒傳給非洲莫三比克人。葡萄牙征服莫三比克後，才從莫三比克處得到辣椒，跟隨莫三比克人稱辣椒為皮利皮利。

中國吃辣最多是西南部的雲南、貴州、四川、湖南，還有江西，而且沿長江下來，從上游到下游辣味漸漸淡化。起碼有兩種傳說：一，貴州人辣不怕，湖南人不怕辣，四川人怕不辣；二，四川人不怕辣，江西人辣不怕，湖南人怕不辣。又有南甜北鹹、西辣東酸的說法（西辣東酸應為誤寫）。貴州有些地方，無辣不飯。上面提到的吃辣的省分，一般人漏掉廣西，其實廣西的指天椒是出名辣的，廣西人吃辣不亞於滇、黔、川、湘。

西南大學歷史地理研究所藍勇教授曾對辣椒進行了長達五年的研究，他按「辣度」首次劃分了中國的吃辣版圖：「重辣區」在長江中上游，包括四川、湖南、湖北、貴州、陝西南部等地，辛辣指數 151-25；北方是「微辣區」，包括北京、山東、山西、陝西北部及甘肅大部、青海到新疆等地，辛辣指數 26-15；山東以南的東南沿海，包括江蘇、上海、浙江、福建、廣

19　http://chinese.people.com.cn/BIG5/42310/3570470.html（2012 年 7 月 2 日閱）

東，則為忌辛辣的「淡味區」，辛辣指數17-8。全國最愛吃辣的是四川人、第二是湖南人、第三為湖北人。

葡萄牙人首先接觸是廣東，西班牙人接觸菲律賓的華人主要是福建人（今天菲律賓最多的是福建人、客家人）。這兩個省分都是忌辛辣的，那辣椒是如何跳過廣東、福建，在西部和西南部的川、滇、黔、湘、陝繁茂的？重要的線索是明代茶馬道是當時的交通要道。鄭和許多海外的物品通過茶馬道運回中國，因此首先接觸辣椒是西南的滇、川。越南自治後（宣德時代，1428年），茶馬道開始衰落，鄭和下西洋亦將停止。這表示辣椒傳入是1428年越南自治前，即1428年之前。

明代高濂（1573-1620）著的《草花譜》記載了一種外國傳來的「番椒」，番椒就是辣椒。一般認為，1591年，中國引進栽培辣椒，作為一種觀賞的花卉，是否用於食譜則不知。高濂是杭州人，如果杭州人已經知道有辣椒，那辣椒應該更早就從西部茶馬道進入中國。高濂不一定知道中國西部已經有辣椒。有人認為清乾隆年間（1736-1795），辣椒始作為一種蔬菜被中國人食用。乾隆年間李化楠撰寫、其子李調元整理付梓的《醒園錄》，是目前能見到反映川菜歷史的最早專著，然而全書絲毫不見使用辣椒的影子。遲至清嘉慶年間（1796-1820），四川縣志始見栽種辣椒的記載。清代陳淏子之《花鏡》開始有番椒的記載：「番椒叢生白花，果儼然禿筆頭，味辣色紅。」沒有找到記載，不等於沒有，必須清楚此推理。

道光年間（1821-1850）貴州北部已經是「頓頓之食每物必番椒」，同治時（1862-1874）貴州人是「四時以食」海椒。正如玉米的傳入、辣椒的傳入與方志記載的次序沒有關係，辣椒首先在浙江文獻出現，不等於從浙江傳入；最早的文獻記載，不等於最早輸入的年代。貴州人能每頓吃辣，必然種植面積廣，農產品的推廣需要時日，辣椒在中國西南部大面積播種，與辣椒從西南輸入有關。

雲南省邱北縣，中國農學會命名為中國辣椒之鄉，位置在廣西雲南交界。明朝末年開始種辣椒，有三百五十年以上的歷史。貴州北部的綏陽又是另一個朝天椒產地，也是從萬曆年間開始上市，這些日期只代表能看到的最早文獻，實際開始輸入應當比這些記載更早很多。

　　四川人稱辣椒為「海椒」，它是離東海最遠的省分之一。雲南、貴州也遠離東海岸，不是西班牙、葡萄牙人容易接觸得到。若是西班牙、葡萄牙人傳入，應該是粵、閩、浙等地。如果粵、閩、浙對辣椒沒興趣，大概就不會往偏遠的西南地方傳。西班牙、葡萄牙人根本沒有機會接觸中國西南地區，辣椒在西南地區普遍種植必然不是來自東南。味覺文化與辣椒傳入的歷史先後是有關的，先是傳入，知道種植，再會吃，普及後從小養成習慣，吃與種互動，成為地方文化。海椒不是從東海來，是從印度洋或南海來。如煙草、玉米等一樣，海椒是通過從海南、廣西、越南、緬甸，從西南部滇緬、滇桂的茶馬道，再往東擴展。這也是為什麼對辣的嗜好愈東愈淡。再聯繫玉米、番薯（地瓜）、花生、煙草在《滇南本草》中出現，可見鄭和從海外帶回的物種，多通過滇、緬、越茶馬道的。

　　宣德以後，越南由藩屬成為獨立，茶馬道已經慢慢勢微。加以歐洲打開了海路來華，主要從粵閩江浙的通道，茶馬道在明中葉已若存若亡，美洲作物從西南進入中國成為歷史的印記。以後西方來的新事物從香港、澳門、廣州、福州、寧波、上海、天津進入中國，不再冠以「番」，而冠以」洋」，是崇洋的開始。

　　世界辣椒產量最高的國家是印度、中國、泰國、巴基斯坦、孟加拉、祕魯。從《坤輿萬國全圖解密》的分析，祕魯是中國船隊到過的，可以說全都是鄭和下西洋交易的國家。印度出產辣椒主要是半島的南端 Kerala、Karnataka、Tamil Nadu 幾省，以及東北臨近孟加拉和中國的阿薩姆邦，是魔鬼椒出產地，這些地方是鄭和航海必經之地。

　　辣椒有多辣？可以用科學方法分析。創始人是美國藥劑師史高維爾（Wilbur Scoville），史高維爾辣度單位（Scoville heat unit, SHU）是將一單位的純辣椒素溶解到糖水中，以無法嘗出辣味所需之糖水量總合來做計算。由於人對辣味的敏感度有差異，上限只能是約數。一般店裡用的塔巴斯科醬（Tabasco）約 2,500-5,000 SHU。海南島有一種「黃燈籠辣椒」（*Capsicum chinense*），由一位荷蘭植物學家雅克恩（Nicolaus Joseph von Jacquin）1776 年定名，辣味指數達 170,000，美國人稱之為皇帝椒（Emperor pepper），事實上是來自中美洲。雅克恩是實地到過美洲做研究的，他為何把這種辣椒稱

為中國辣椒（*Capsicum chinense*）？有人認為是把西印度群島當成中國。但是，1776年還犯這錯誤不太可能。而海南島也位於下西洋經過的路線，就是經合浦進入中國的茶馬道的門戶。一種被稱為「魔鬼椒」（Bhut Jolokia，又名斷魂椒、Naga Jolokia），辣味指數1,041,427，被金氏世界紀錄譽為最辣的辣椒[20]，產地是印度東北部、孟加拉和斯里蘭卡。一般烹調用的墨西哥辣椒（jalapeno pepper），辣度只為2,500-8,000 SHU，最辣的Tabasco辣椒醬辣度為30,000 SHU。

孟加拉、斯里蘭卡、海南都是沿鄭和海路和茶馬道的地方。根據DNA分析，斷魂椒主要是中國黃燈籠椒（*C. chinense*）攙入了美洲原種辣椒*C. frutescens*基因的雜交種（Bosland and Baral 2007）。十六世紀，葡萄牙人曾經占領印度西部沿岸地區做殖民地，雖然印度東岸及孟加拉也有，但只是零星的居住點。假如這兩種椒是葡萄牙人帶來，為何印度西岸不生產斷魂椒？地中海人嗜辣的程度，遠遠不及印度和中國西部，葡萄牙人自己也不敢碰的辣椒，會拿來做商品嗎？

椒不一定都辣。中國巨型椒（Chinese Giant, *C. annuum*）、加州神奇椒（California Wonder, *C. annuum*）就不辣，有綠、黃、紅各種顏色。它們形狀像中國黃燈籠椒，都是人工培育的品種，為何叫中國巨型椒？與中國有什麼關係？

加州早期的農地主要是中國人開墾的。所以，很辣的中國黃燈籠椒、中國巨型椒和加州神奇椒都與中國人有關係，而且形狀相似，只是辣味不同，就更耐人尋味了。辣椒的辣味主要在果內子囊的隔膜，產生辣椒素是一個單獨的基因帶Pun1，辣味是顯性的。一對等位基因中一個帶顯性辣Pun1 pun1，辣椒就有辣味；如果等位基因兩個都帶辣Pun1 Pun1，品種就很辣；如果帶有兩個隱性基因pun1 pun1就不辣[21]。從表觀看，中國巨型辣椒、加州神奇椒外形與中國黃燈籠椒類似，不辣的品種很可能與燈籠椒形態有同一親

---

20 2011年，金氏世界紀錄被兩次打破。目前最辣度是千里達蠍子辣椒，辣度1,463,700 SHU。

21 www.plantsciences.ucdavis.edu/vc221/pun1.ppt（2012年4月17日閱）

本，因而形狀相似，但是一個帶兩個辣等位基因、一個則沒有。一個可能的解釋是：一種像燈籠的辣椒傳到中國，被培育為辣的黃燈籠及不辣的中國巨型椒，後者在1900年左右再由華工帶到美洲加州，1928年開始培育，後來成為加州辣椒的祖先。

美洲作物傳入中國，許多人把功勞記在西班牙與菲律賓的海路貿易。關於墨西哥—馬尼拉海上貿易，有一段很重要的紀錄值得參考（Salmon 1746, 214-218）。一位船長卡累里（Gemelli Careri）說，當時橫越太平洋非常艱苦，船員經受冷熱的變化很大，鋼鐵造的人也要病倒。船上最重要的裝備是淡水。為了度過漫長的旅程，任何非必需的東西都不能帶，從菲律賓出發時，要裝滿幾千瓶淡水。船長檢查海員和乘客的所有瓶子都要裝淡水，有人偷偷夾帶中國瓷器、胡椒，查出就被扔到海裡，換上淡水，因為整個旅程能停留獲得淡水的機會很少。從墨西哥來亞洲也應該一樣，西班牙人連貴重的瓷器都不輕易攜帶，當然不會隨便把毫不貴重的東西運來中國的，當時農產品不會是商品。

西班牙商船載的貨物包括鑽石、紅藍寶石、玉桂、丁香、胡椒、豆蔻、波斯地毯、婆羅洲的樟腦、柬埔寨的象牙、中國的絲綢、金、茶、瓷器、家具，都是非常搶手的貨物。中國當時只對金銀寶石有興趣，除此以外，什麼都不要。中南美洲出產的銀，幾乎都給中國了。十九世紀，列強瓜分中國時，中國割地賠款，以銀兩算，就是把中國貿易賺到的銀子，重新流回歐洲。一般認為玉米、番薯、辣椒等是西班牙帶來中國，是「想當然耳」的解釋，何人、何時、如何引進是沒有確實文獻支持的。

總結來說，根據上面的分析，美洲的辣椒應該是鄭和時代帶回，從緬甸、泰國、越南、海南、廣西等地，經茶馬道進入雲南、貴州、四川，順長江進入湖南、湖北、江西的。

煙草

植物中，沒有多少用「煙」出名。除了灸艾、鴉片、薰香之外，大概只有煙草是有煙的。美洲的作物，如玉米、番薯、南瓜、花生，基本上是有益無害的，只有煙草比較有爭議。

　　某些舊大陸植物也含有尼古丁，遠不及煙草。煙草也是美洲特有的植物，瓜地馬拉的土人在西元 100-600 年的陶器上有抽煙的圖案。2012 年，考古學家在墨西哥 South Campeche 發現五十個馬雅人承載煙草的瓶子，證明一千三百年前他們開始抽煙，是目前煙草實物最早的例子[22]。馬雅人稱抽煙為 Sik'ar，後來的雪茄（Cigar）、香煙（Cigarette）從此而來。哥倫布到達美洲時，領略過土人獻煙，千里達旁邊的島名為 Tobago，是 tobacco 的另寫[23]。美洲土人首次接觸歐洲人時，抽煙和嚼煙葉的習慣慢慢廣泛流傳，從中美洲到加拿大。

　　1554 年荷蘭出版的《本草》第一次有煙草的插圖（Dodoens 1554）[24]。西班牙文的《印度通史》出現煙草「tabaco」的字眼是 1556 年，少了一個字母（Oviedo 1556）。這裡的「印度」是指西印度群島，當時還是習慣把美洲稱為印度。歐洲人知道抽煙應該不會早於十六世紀中葉。西方關於煙草的第一本拉丁文小冊子刊行於 1587 年，名為「關於萬靈藥——煙草的簡述」（Everaert and Van Bergen 1587）。英國國王詹姆斯一世寫的〈對煙草的譴責〉，比較詳細地記述了煙草從美洲，經葡萄牙、法國傳入英國的過程，該章是 1604 年寫的，併入另一篇 1585 年的文章，重新發表（James I 1585, 81-85）。從 1559-1577 年間，葡、法、英開始種植煙草，作為消遣、治病的藥草。1559-1960 年，駐葡萄牙的法國外交官約翰尼古（John Nicot），第一次從荷蘭商人得到煙草，開始了這個甩不掉的惡習。*Nicotiana tabacum* 這名字正式成為煙草的學名，到 1596 年已經固定下來（Bauhin 1596），尼古丁的命名從他而來，永遠與煙草連在一起。總括來說，毫無疑問，歐洲人使用煙草是 1560 年以後。

　　中國在 1975 年從新出版了明代蘭茂著的《滇南本草》（1436 年成書），中有「野煙」的條目：

22　http://www.timesunion.com/local/article/Scientists-find-first-proof-of-potent-tobacco-use-2521232.php（2012 年 1 月 14 日閱）

23　http://jsa.revues.org/index1856.html（2012 年 4 月 22 日閱）

24　電子本：http://www.botanicus.org/title/b12080214（2011 年 12 月 15 日閱）

野煙，一名煙草、小煙草。味辛、麻，性溫。有大毒。治熱毒疔瘡，癰疽搭背，無名腫毒，一切熱毒惡瘡；或吃牛、馬、驢、騾死肉中此惡毒，惟用此藥可救。蓋此藥性之惡烈也，虛弱之人忌服。授以此草，煎服，瘡潰，調治痊癒。後人起名氣死名醫草。以單劑為末，酒和為丸，又名青龍丸。（務本卷二）（蘭茂 1975, 2：324）

另一版本，收入趙藩（1851-1927）編的《雲南叢書》，我在美國國家圖書館看到珍貴的藏本：

野煙，一名煙草、小煙草。味辛、麻，性溫。有大毒。治熱毒疔瘡，癰疽搭背，無名腫毒，一切熱毒惡瘡。野煙食之令人煩，不知人事，發暈走動，一、二時辰後出汗，人當照舊，勿當此藥之惡之烈也。

本草中冠以「野」，一定有人工栽種。可能煙草進入中國後，有人嗜好，但沒有原來的品種，以其他類似植物代替，或者是原植物自己在野外繁衍，稱為野煙。

千葉德爾曾考據《滇南本草》的幾種可能來自美洲的植物，他認為野煙不是美洲的煙草。務本堂本可能是明清間後人補寫[25]。千葉同意《雲南叢書》中的《滇南本草》應接近原著。《雲南叢書》本的這段對野煙的藥性描述，與今天的煙草類似，起碼當地人有一種藥用煙草的野生代用物，當時一定有原來的煙草，才會有「野煙」的草名。

成都中醫藥大學最近認為《滇南本草》的野煙是另外一種植物，西南山梗菜 *Lobelia sequinii*[26]。雲南南部西雙版納一帶有多年生煙草，與煙草同功。今日，雲南是中國煙草的重要產地。雲南人處理煙葉的方法，與美洲原住民一樣，把葉子在莖部紮起來，分開兩瓣，架在木棍上風乾，早期的歐洲移民也是從原住民處學的此方法。要乾燥煙葉有許多方法，可以鋪在地上，也可

---

25 http://seed.agron.ntu.edu.tw/cropsci/maize/yu04.htm
26 http://cdmd.cnki.com.cn/Article/CDMD-10633-2009028587.htm（2011 年 10 月 27 日閱）

以串起來像蒜頭一樣，
為何中國人與美洲土著
的做法完全一樣？葡萄
牙人若把煙草帶來做貨
物，應該是乾燥的，甚
至是碎粒，沒理由要教
中國人如何烘乾。中國
人向來注重「古法炮
製」，原封不動應用美
洲土著的方法，雲南人
的操作應該直接從美洲

圖4.4　瓷煙斗出自合浦嘉靖年代（廣西博物館提供）。

土人處學來，是兩者曾經直接交通的證據。

　　1959年10月，明史專家吳晗在《光明日報》上發表了〈談煙草〉一文，
認為明萬曆（1573-1620）年間開始，煙草先後分三條路線傳入我國：一，
菲律賓入福建、廣東、江浙；二，南洋入廣東；三，由日本入朝鮮、遼東。
照此說，中國有煙草，幾乎與歐洲同時，以當時的交通工具，是不可能的。

　　1980年在合浦上窯發現瓷煙斗，同時有「壓槌」，上有嘉靖二十八年
（1548）字樣，比tobacco字眼在西方出現早十多年。這煙斗用於抽煙草，不
是鴉片，毫無異議。對於壓槌的年代與瓷煙斗的關係，曾有不同的演繹，有
認為嘉靖是上限[27]，有認為是下限[28]。2004年，上窯被斷定為宋代窯址，即明
代嘉靖應該為下限[29]。這瓷煙斗已經可以推翻葡萄牙人傳入中國的假設。

　　哥倫布第一次看到煙草是1492年。葡萄牙傳到法國（1561）、英國
（1564），前後經過近七十年，只限於幾國流行，還遭到英國國王的阻撓。
1548年，葡萄牙人開始在巴西種植煙草，同年中國已經生產煙斗是不可能
的。當時來華的主要是耶穌會教士，1552年，方濟各（Francis Xavier）嘗試

27　http://act.tobaccochina.net/news/news.aspx?id=22256（2011年10月27日閱）

28　http://d.wanfangdata.com.cn/Periodical_nfww200102013.aspx（2011年10月27日閱）

29　http://www.bhlib.com/show.asp?ID=5172（2011年10月27日閱）

來華，結果沒有成功，在澳門附近的上川島去世。有人引用趙之謙《勇廬閒詁》：「鼻煙來自大西洋意大里亞（義大利）。明萬曆九年（1581）利瑪竇泛海入廣東，旋至京師，獻方物始通中國。」利瑪竇1582年經澳門進入中國。能想像三十四年前葡萄牙人把煙草傳入合浦嗎？為什麼合浦有煙斗，而澳門不盛行抽煙的習慣呢？當時合浦有葡萄牙人居住嗎？沒有記載。再者，金尼閣編著利瑪竇在華筆記的法文版，完全沒有提到煙草。至於從歐洲往東來，由日本傳入朝鮮、遼東，捨近圖遠就更不合理了。加上玉米、番薯、南瓜、辣椒等作物與中國西南的關係，所有的觀察都符合煙草首先從合浦進入中國，通過茶馬道再傳到其他各地。

- 1492 哥倫布初次看到煙草
- 1548 葡萄牙在巴西種植煙草
- **1548 合浦瓷煙斗**
- 1561 法國開始有煙草
- 1564 英國開始有煙草
- 1582 利瑪竇來華

從上面的年表，煙斗在中國出現與葡萄牙開始在巴西種植煙草同時，比傳入法國、英國還早，時間上是不能解釋的。

《高要縣志》：「煙葉出自交趾，今所在有之，莖高三、四尺，葉多細毛，採葉曬乾如金絲色，性最酷烈，取一、兩厘於竹管內吸之，口鼻出煙，服之以禦風溼，獨取一時爽快，然久服面目俱黃，肺枯聲乾，未有不殞身者。」（王介南 2006, 303）其實我們知道煙葉並非出越南，而是出自美洲。交趾即越南，毗鄰廣西，在合浦發現煙斗完全證明中國直接從美洲得到煙草，比歐洲人來華要早。

茶馬道

從煙草、辣椒、玉米、番薯、南瓜、落花生的例子看來，六百年前，中外海路貿易帶回的貨物，部分應該是經陸路運回的，一方面通過印度、尼泊

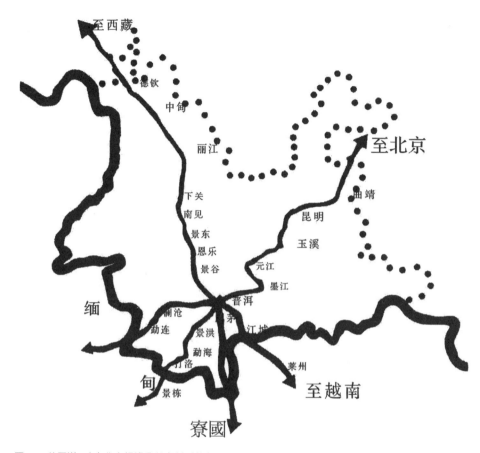

圖4.5　茶馬道。（李兆良根據公共資料重整）

爾、錫金、不丹，另一方面通過緬甸（古蒲甘國）、泰國（古暹邏）、越南（永樂時為中國藩屬）。一是入廣西，經靈渠通長江，沿江而下。一是入雲南大理、普洱、昆明等城市，接上黃河上游往北方輸送各地。這是很精明的做法。回程卸下一些貨物，可以便於前往其他國家繼續採購。茶馬道比較艱辛，路程比海路還是短。如果由海路回南京，要沿長江、黃河輸送就得逆流而上。況且，雲南是鄭和家鄉，利用這條路線，下西洋獲得的農產品，可以先惠澤家鄉。另一解釋是，農產品開始並非貨物，只是從外地帶回的物資，只要在途中留下一些種籽，它們自然能傳播。這便能解釋《滇南本草》出現的美洲新物種為何早於《本草綱目》。南瓜、花生、番薯（地瓜）、玉米、煙

草在廣西、雲南首先生根，滇、黔、蜀、湘地區嗜辣，泰國、雲南人喜愛吃菠蘿飯，都不是偶然的。除了當地的土壤氣候適合栽植外，首先獲得新品種是主要原因。這些外來作物都冠以「番」（番瓜、番豆、番薯、番麥、番椒），不是一兩個例子。

宣德派遣鄭和出海的詔書云：

> 朕恭膺天命，祗嗣太祖高皇帝、太宗文皇帝、仁宗昭皇帝大統，君臨萬邦，體祖宗之至仁，普輯寧於庶類。已大赦天下，紀元宣德，咸與維新。爾諸番國遠處海外，未有聞知，茲特遣太監鄭和、王景弘等賫詔往諭，其各敬順天道，撫輯人民，以共享太平之福。

其中「番國」就是外國的統稱，漢朝王昭君「和番」已有，到元、明時代特別普遍，因為頻繁與外國打交道。

美洲農作物西學東漸缺乏實證

希臘亞里斯多德的學生泰奧弗拉斯（Theophrastus，西元前372-287年）編過一本植物史（Historia Plantarum），列出五百種植物，當然限於歐洲人能看到的植物，沒有美洲植物，分類比較粗糙。有系統的植物分類學要等到十八世紀林奈（Carl Linnaeus，1707-1778）才出現。

西班牙人哥馬拉（Francisco López de Gómara，約1511-1566年）不是探險家，但是他能獲得科爾特斯（Hernando Cortes）的第一手資料，寫成最早的關於美洲的書，當時還把美洲稱為印度（Gómara 1554）。科爾特斯征服了中美洲，也是最早到達美洲的歐洲人之一。歐洲人對新大陸的印象，可以從哥馬拉的書得知一二。他提到玉米、番薯、辣椒，沒有南瓜和煙草，也沒有菠蘿。菠蘿首先在巴西發現，巴西屬於西班牙的競爭對手——葡萄牙。

另外一位西班牙歷史學家奧維都（Gonzalo Fernández de Oviedo y Valdés, 1478-1557）親自經驗加勒比群島的殖民活動，也寫了很詳細的紀錄，記載玉米、番薯，但是沒有煙草、菠蘿、辣椒。（Oviedo 1556）

1571年出版的拉丁文《植物志》（*Herbarium*），算是歐洲很詳細的植物

志，植物名稱已經有學名系統的端倪，索引沒有美洲植物的名字，連米也沒有載入，可見美洲植物在當時的歐洲並不普及（Maranta 1571）。

與李時珍的《本草綱目》幾乎同時的拉丁文著作《西班牙人歷史書上的稀有植物選錄》，亦即新大陸的植物，圖文並茂，裡面的目錄有希臘文和拉丁文的植物命名，可能是最早載有美洲植物的書（L'Écluse 1576）。該書載有番薯（batatas），但是沒有菠蘿、煙草、南瓜、馬鈴薯、番茄、向日葵、玉米。一般傳說哥倫布在1492年就把煙草、菠蘿、玉米等帶回歐洲，傳給全世界，可是，哥倫布航行八十年後的這本書卻沒有記載這些植物。我們可以認為從輸入到出版書籍，會有一段時間，但是同樣在中國出現的美洲植物也需要時間，而且離美洲更遠，如果依賴歐洲人帶來，不是更需要時間？美洲植物在中國文獻出現比歐洲早的唯一可能，是中國在歐洲人還未到美洲前就已經取得這些植物，並且種植、應用。

葡萄牙在亞洲的勢力比其他歐洲國家弱。1509年，葡萄牙國王派遣使者往麻六甲。1600年葡萄牙被荷蘭的東印度公司打敗，劫走貨物，自此在亞洲的勢力一蹶不振，前後輝煌不到百年。葡萄牙雖然占了澳門、帝汶，主要基地還是非洲。十六世紀之後，葡萄牙在亞洲的勢力衰亡，被荷蘭與英國代替。印尼被荷蘭統治的時間長，台灣曾被荷蘭占領（1624-1662），荷蘭人也是登陸澳洲的第一批歐洲人。西班牙的大帆船貿易自1565年起，占領了菲律賓，但是本地人屢屢頑抗，戰爭持續到十八世紀，西班牙人是沒有理由為菲律賓人帶來好處的。大帆船貿易開航與李時珍的《本草綱目》寫作時期幾乎是同時的，比蘭茂的《滇南本草》更晚了整個世紀，完全無法解釋美洲作物在中國傳播的速度。再者，中國政府當時對農產品貿易沒有興趣，只收白銀。葡萄牙、西班牙不會做無利可圖的生意，沒有道理白白送來新農產品。他們自己不會種、不會吃的作物，更不會帶來亞洲。除了香料，農產品的單位價值低，從美洲運到亞洲絕對是賠本生意。

究竟西班牙人、葡萄牙人有沒有帶來這些作物？誰帶來？什麼時候帶來？不能憑空臆測，根據目前的文獻，西、葡為中國帶來農產品的說法不能成立。教科書說西班牙、葡萄牙把美洲作物帶來中國是毫無根據的。

下面談動植物從中國到美洲的歷史。

切諾基玫瑰

切諾基玫瑰是美國喬治亞州的州花。

切諾基人傳說，他們被逼從東部世居的土地，遷移到西部奧克拉荷馬州，母親們在旅途中流下的淚水化成玫瑰花。1838-1839年，美國密西西比河以東的原住民全部被逼遷至奧克拉荷馬州，原住民在嚴冬之下被押送，走了幾千里，死亡率高達三分之一，這段歷史稱為「淚之路跡」。切諾基玫瑰的傳說，留下這段歷史。

事實上，切諾基玫瑰廣泛分布，不止在「淚之路跡」。從維吉尼亞州到德克薩斯州、喬治亞州和北卡羅萊納州，美國的三分之一都可見切諾基玫瑰。

1759年，英國從中國引進一種玫瑰，在英國著名的切爾西花園（Chelsea Garden）培植，這種單瓣玫瑰只有中國有，所以被命名中國玫瑰（*Rosa*

圖4.6 切諾基玫瑰及果實金櫻子。（Wikipedia〔Midori〕）

sinica）。中國玫瑰是攀緣性的，生長頗速，長江以南，西起四川、東到台灣都可以看到。

十八世紀末，法國植物學家安德烈米綏（André Michaux，約1746-1802年）來美國調查植物資源，他於1785年抵達紐約，踏遍密西西比河以東四分之三的地方，從加拿大的魁北克到南卡羅萊納州和巴哈馬群島，發覺有一種玫瑰花遍布美國東部，誤以為是美洲的新品種。他的《美國植物志》（1803）把這種花命名*Rosa laevigata*。後來才知道，這就是引進到英國的中國玫瑰，切諾基人稱之為切諾基玫瑰。

美洲原來沒有這種玫瑰。如果英國人在1759年把中國玫瑰引進英國，馬上帶到美洲，只花了三十年便遍布整個美國東部，連人工栽植也不可能那麼快，何況是野生的。

另一位植物學家埃利奧特（Stephen Elliott, 1771-1830），在1821年的《南卡羅萊納州和喬治亞州植物簡介》中介紹，這種花已經繁殖了超過四十年，即約1780年從英國帶到美國（Elliott 1821）。這種玫瑰單棵植物可以覆蓋一萬平方英尺，雖然長得快，還是不可能在幾十年內傳遍幾乎整個美國的溫帶。據美國農業部，切諾基玫瑰只生長在溫帶。它不可能通過白令海峽的路線傳播。而且它的生長是在東部。即使有積極的推廣和良好的交通，切諾基玫瑰也不可能如此廣泛蔓延。這一直是植物學家的謎題。唯一可能的解釋是，該植物很早就來到北美洲，繁殖了幾百年，不是幾十年。

切諾基玫瑰、*Rosa laevigata*、*Rosa sinica*是同一種植物。中國玫瑰的果實是中藥「金櫻子」。《本草綱目》：「脾泄下痢，止小便利，澀精氣。久服，令人耐寒輕身。」它被是用來抑制大腸桿菌和金黃色葡萄球菌，治療腹瀉，尿路感染。海員接觸許多外域的細菌，經常水土不服，不習慣陌生地方的食物和細菌，腹瀉和感染是常見的。困在狹小的船艙裡，患上腹瀉、頻尿，大家都討厭。金櫻子肯定是旅客的福星，免掉許多不便和尷尬，應該是旅客必備良藥。

如果我們知道金櫻子是中國特有的中藥植物，幾百年前來到北美洲，最大的可能是鄭和船隊帶來的。鄭和的船隊有一百多位草藥醫生，他們的職責除了為船員看病，還要打聽其他國家的民間藥物，開闢新的藥源。鄭和的隨

從記錄了各地看到的奇珍異寶、採集中國沒有的動植物。

金櫻子不是觀賞植物，是有重要藥用價值的。明代人有意識地帶到船上，來到美洲，從1400年代到1800年代，繁衍了近四百年，遍布美國的三分之一，才被歐洲人發現，這是最合理的解釋。

美國的稻

中國是世界上首先馴化野生稻的國家，全世界的稻米都源自中國，是公認的。

由史丹佛大學、紐約大學、華盛頓大學和普渡大學聯合研究，2011年在美國科學院院報上發表了最新結論[30]：基因組研究證明中國最早在洞庭湖周圍和長江下游開始種植人工馴化稻。人類食用稻米由一個野生稻種 *Oryza rufipogon* 開始，有八千二百到一萬三千五百年歷史。

保守地說，八千二百年前，中國人第一次馴化了亞洲稻 O. sativa。三千九百年前，中國的馴化稻再分化為：

- 印度亞種 *Oryza sativa var. indica* ——籼稻（*Oryza sativa* hsien），即絲苗米，細長，產於南方，可以一年多熟。
- 日本亞種 *Oryza sativa var. japonica* ——粳稻（*Oryza sativa* keng）顆粒短圓，較耐寒，一年一熟。
- 糯稻（*Oryza sativa* var glutinosa），黏性最高。

湖南道縣玉蟾岩發現的炭化稻米，是最早人類稻作的例子，也是人類農業活動最早的例子之一。與稻作同時發展的是儲存工具，當地也出土了世界上最古的陶器，有一萬四千年到兩萬一千年。

新石器時代的中國沿長江有多處稻的遺跡，湖南澧陽平原洞庭湖一帶、浙江蕭山等地，早達八千到一萬年前，河南賈湖的稻也有七千到九千年歷史。1996年，中國澧縣城頭山，發現面積達兩百多平方公尺，距今六千五百

---

30 http://www.pnas.org/content/108/20/8351（2011年11月10日閱）

年，是目前發現的最古老、最大的稻田。在稻田旁有一個水池，用來儲水澆灌或排除過量的水，可見當時已掌握了水稻的栽培技術，多處稻遺跡證明中國是世界稻文化的中心。下面會看到美洲人農耕方法與中國驚人相似。

全世界有二十個稻種，只有兩種是經過栽培、被馴化為人享用的——亞洲稻（*Oryza sativa*）和非洲稻（*Oryza glaberrima*）。非洲稻雖然有抗病性，不像亞洲米容易感染病毒，但有許多缺點：顆粒易碎，低產（Linares 2002）。非洲稻與亞洲稻引進美洲後，亞洲稻很快就取代了非洲稻。

歐洲方面，西方羅馬時代的稻米是作為藥用的，不是口糧。西班牙與義大利是比較早吃米的。雖然十世紀時由阿拉伯人傳入西班牙，但是直到十五世紀才真正普及[31]。波斯、雙子河流域的稻米大概在西元前500年開始，來自印度，而印度的稻來自中國（Toussaint-Samat 2009）。

北美洲本來只有野生稻（*Zizania* sp.），與食用稻根本不同屬，不是口糧，而且被認定為有害的雜草。食用的稻米是從外面引進的，南卡羅萊納州是稻米進入美洲的第一站（Schulze 2005; J. F. Smith 1991）。一般的說法是1685年，從馬達加斯加來的一艘商船遇到颶風，被迫停在南卡羅萊納州查理斯頓，當船在修理時，瑟伯（John Thurber）把一袋「金穀子」交給伍德沃德（Dr. Henry Woodward），一說是交給Thomas Smith，當地的總督。金穀子是亞洲稻種[32]。另一種說法是1672年，有人送來一蒲式耳（Buschel）[33]米給當地政府。這兩種說法是有文獻記載的。另外有人說1520年時，西班牙人把稻米連同奴隸帶來墨西哥、葡萄牙人帶到巴西，這只是臆測，沒有實際文獻支持（Carney 2001）。

1685年輸入一袋稻種，1691年南卡羅萊納州宣布居民可以用米納稅，只用了六年時間，不可思議。即使從1672年算，也不到二十年。1700年，南卡羅萊納州出口到英國的米達到330噸，總產量當然更高，他們產的米甚至不夠船運。1708年，南卡羅萊納州總人口9,500人、非洲裔奴隸3,000人、

---

31 http://www.zum.de/whkmla/sp/0910/chef/chef1.html（2011年11月10日閱）
32 當時的金穀子不是今天的基因工程金穀子。
33 1蒲式耳＝8加侖，約35公升。

「原住民」奴隸1,400人[34]。以勞動力估算，4,400人產330噸（出口數），即幾乎每人0.1噸。1968年，台灣總人口1,365萬，農業人口占40%左右，產米251.8萬噸[35]，即農業人口均產0.46噸。一個是剛剛輸入稻米幾年，完全沒有種稻經驗的新殖民地，只有原始生產工具；一個是有一萬年經驗的農業人口，加上二十世紀的機械技術，兩者相差不到五倍，如果出口量是總產量一半，那二十世紀台灣的人均產米量只是兩百六十年前南卡羅萊納州的2.5倍左右，這種發展比例可信嗎？另一比較，清代一名農業勞動力可生產原糧140公斤[36]，卡羅萊納州是人產100公斤，幾乎等於清代中國農戶的能力，沒有熟練的稻農是無法有如此效率。可以推算，卡羅萊納的稻田耕地面積一定很大，有熟練的農耕者參與，而且很早就開墾，否則，這個比例是無法解釋的。有經驗的稻農只能是來自亞洲的中國人，所謂「原住民奴隸」裡，很可能有中國人。

以下有更明確的證據，中國人是南卡羅萊納州稻米的拓荒者。

約翰‧羅森（John Lawson）1700年從查爾斯頓出發，沿桑蒂河北上，碰到幾十個民族，最後到達今日北卡羅萊納州的帕姆利可河口（Pamlico），定居下來，後來成為測量員，完成了卡羅萊納的地圖。1709年，他把經驗寫成一本書。當他首次來到卡羅萊納時，感嘆當地人對農業的注重。「我必須承認，我從來沒有看過像卡羅萊納那麼認真的田間管理，我知道，如果像歐洲人那樣疏忽的耕作方法，這裡除了野草什麼也長不了。」（Lawson 1709; Brickell, Lawson and Grimes 1737, 14）。他指出卡羅萊納的田間管理方法超越歐洲許多，當然不是歐洲移民自發的；非洲始終不是米的主要產地，也不會有如此生產力；美洲原生野稻不能食用，原住民當然沒有稻田管理系統。羅森是最早接觸原住民的英國人之一，所以，他描述的應是當地住民生活的景象，這些住民裡面一定有精明的稻農，除了歐洲人、非洲人、印第安人，

34　http://www.slaveryinamerica.org/history/hs_es_rice.htm; http://files.usgwarchives.org/sc/colonial/sccolony.txt

35　http://big5.china.com.cn/chinese/zta/439667.htm

36　周邦君，清代四川糧食畝產與農業勞動生產率研究《中國農史》，2005年3月；http://eco.guoxue.com/print.php/6556

還有誰能有這樣的田間管理？只有華人，有一萬年種稻經驗的華人。

羅森描寫的稻米有兩種：「有鬚的（注：白色的亞洲米）和沒有鬚的（注：紅色的非洲米），白色的較好吃。還有一種香米（perfum'd rice）來自東印度群島（東南亞），有一股奇異的香氣（注：即中國南方的香米）。這種米還沒有帶到歐洲去。」他完全沒有提到這些米是馬達加斯加商船帶來的。他既然從查爾斯頓出發，一定知道此信息。他的描寫證明亞洲稻早就在美洲種植，不是奴隸船從非洲引入的。

從歷史圖片可以看到早期美國的稻田操作，收割，脫粒，去殼工具，完全是來自中國的操作，用的是中國式的農具。1850年美國黑奴用的鐮刀是中國式的[37]。法國歷史學家布勞岱爾（Fernand Braudel, 1902-1985）在他的《15至18世紀的物質文明、經濟和資本主義·卷一·日常生活的結構：可能與不可能》一書中顯示了一幅美洲「印第安人」耕作圖，頭戴著斗笠、手拿中國的短柄鐮刀收割一束束的作物。插圖注解為「西班牙人給印第安人帶來種『麥』的技術」（Braudel 1992, 173）。從服裝、斗笠、鐮刀，甚至臉型來看，明顯是中國農民在收割稻，不是麥。從何而知？歐洲播種麥是手抓一把麥粒撒在田裡的，不是圖中的作物一簇簇的，只有插秧才有這樣整齊的結果。

同書裡也有另外兩幅插圖關於歐洲麥田的收割，一幅是梵谷畫的十九世紀景象，一幅是十六世紀的，柄長過尺，與中國鐮刀不同。麥田也沒有成小簇狀（Braudel 1992, 119）。歐洲割麥用的是大鐮刀，柄長五尺，刀刃長於兩尺，一割一大片，西方繪畫上的死神拿著的大鐮刀，是典型的歐洲鐮刀。這幾幅畫是鮮明的例子，說明在美洲種稻的技術是中國式的。種稻插秧是一束束的，中國鐮刀與中國種稻的操作有關，鐮刀柄很短，只有四、五寸，僅僅盈握，刀刃在一尺左右，一刀一束，與中世紀的歐洲鐮刀完全不同，前蘇聯旗子上的鐮刀就是中國鐮刀，中國用了六千年。

美國的打穀棒，叫枷（flail），也是像中國過去一樣，用長柄的木棒，一頭繫上活動的長板子，明代《天工開物》有打枷圖。中國西南地區，如西藏、四川還是用這樣的打穀工具，中世紀的日本也是用同樣方法。圖畫顯示

---

37 見 *Harper's Monthly Magazine* (1859), vol. 19, p. 729

圖4.7　歐洲用鐮刀。（荷蘭小布魯格爾：十六世紀收穫圖）

英國（1750）[38] 和法國（1270）[39] 也曾採用這種枷。另一種傳統歐洲打麥的方法是用牲畜踐踏。去殼用的也是中國古式舂臼與手杵[40]。如果這些都是任何一個國家可以普遍擁有的話，犁是有代表性的文化特徵，與生產效率息息相關，需要一定的技術發明。

曲轅犁在美洲

中國傳說是神農氏發明了耒，一個簡單的彎木棍，能翻土。據說湖南耒陽縣是耒的發明地，神農氏開始農業，稻作有一萬兩千年歷史，耒大概是這時開始，耒陽每年祭祀神農氏發明耒。犁是從耒演進而來，什麼時候開始有犁，誰發明，已經很難考。兩千年前，中國西漢時代的犁已經很先進，基本上與今天看到的犁沒有太大分別，大部分用木造，犁有鐵鏵（翻土部件）。

唐代開始有曲轅犁，是重要的發展，貌似簡單的一個拱形轅，使犁更合

38　http://en.wikipedia.org/wiki/File:Threshing-with-flail-RSJ.jpg

39　http://en.wikipedia.org/wiki/File:Battage_%C3%A0_Fl%C3%A9au.jpg

40　見 *Leslies Illustrated Newspaper*, October 20, 1866, p. 72

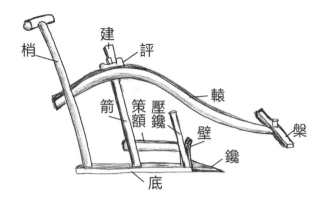

圖4.8b　中國曲轅犁。（李兆良繪）

圖4.8a　中國犁的祖先──玉琮
　　　　上的耒。（北京樓洪鈿
　　　　提供）

理利用物理原理，省力。按照土壤的黏度、地勢是否平坦、需要耕種的深度，各地還發展了不同的犁[41]。唐代的犁頭用木製，只是犁頭用鐵，背犁下田、使牛，都是一人擔任。西方的犁頭只把土推到一邊，漢代中國的犁可以往兩邊翻土。

　　中國的曲轅犁的設計充分表現古代中國人的智巧。唐朝陸龜蒙著《耒耜經》描寫曲轅犁很清楚[42]。犁䥯（鑱）鬆土，犁壁（犁鏡）翻土，活動的建與評用以調節箭的長度、控制犁䥯進土的深度，只有一根梢，熟練的單手也可以控制，槃方便轉向，曲轅降低了重心，軛、槃、䥯成直線，把牲畜的拉引力集中在犁䥯上。一千五百年前的中國人能掌握這些物理規律，實在使人折服。䥯與壁斜面的配合，至今還用在所有農具。火車頭、鏟雪機也是用類似的構造。一般手持的雪鏟，以前是直柄的，1980年以後才有曲柄的雪鏟，與

41　http://economy.guoxue.com/?p=2516

42　http://zh.wikisource.org/zh-hant/%E8%80%92%E8%80%9C%E7%B6%93%EF%BC%88%E4%B8%A6%E5%BA%8F%EF%BC%89

曲轅犁的原理一樣，犁是拉的，雪鏟是推的。「把力量使在刀刃上」，中國把斜面物理用作農耕有兩千多年歷史。

1708 年有第一本詳細討論農耕的書，介紹了英國與西班牙的幾種犁（Mortimer 1708, 40）。這些歐洲犁有幾個特色：犁轅是直的，轅體與牲畜的行進方向平行，行進時，犁頭容易翹起，因此犁身要加重，笨重的犁需要兩個把手來控制，前面有輪子，用於調節翻土的深度，還有一把犁刀（coulter）用以切開樹根，為後面的犁開道。唯獨其中一種拽犁（Dray Plough）的設計與中國犁很相似，沒有輪子，只是曲轅的弧度較平，比中國的曲轅犁晚一千多年。曳犁的設計不完善，犁頭經常跳起，一道溝要犁六到八次，才耕得到足夠深度。關於英國犁的考古與發展，可以參考威爾斯民俗博物館皮恩（F. G. Payne）的文章[43]。

1648 年，維吉尼亞殖民地僅有一百五十副犁。西方的犁都比較重，一個人扛不動。1748 年，美洲殖民地的農民抱怨：這些笨重的、帶輪子的犁耕地又淺又歪，還需要力氣和技術去駕馭（Ellis and Rumely 1911, 144）。1786 年的英國，一副犁要四頭牛、一個大人、一個小孩才可以使得動。美國維吉尼亞州的農民則用上四匹到六匹馬（Eggleston 1884, 446）。美國國家地理頻道曾演示了這種歐洲犁的使用情形：四頭牛拉動笨重的犁，兩個人，每人管兩頭牛的方向，一個人雙手使勁操縱犁[44]。在中國，從來只要一人一牛一犁耕地。

美國總統傑佛遜被公認是最博學多才的總統之一。1794 年，他設計了一種用鐵造的犁頭（moldboard 或 mould-board，即壁和鑱），「很輕便，兩匹小型馬就可以拉得動」，一般的犁則要兩、三匹大馬才使得動。傑佛遜設計的犁帶有壁和鑱，容易翻土，這是他與英國農業委員會通訊透露的。他沒有申請專利，把設計送給很多人採用。1803 年，傑佛遜的設計被列入百科全書（Willich and Cooper 1821）。法國農業學會頒給他一個金獎[45]。似乎英國、法

---

43 http://www.bahs.org.uk/05n2a2.pdf
44 http://channel.nationalgeographic.com/channel/the-link/web-diary-ploughs-supercars/
45 http://www.monticello.org/site/plantation-and-slavery/moldboard-plow

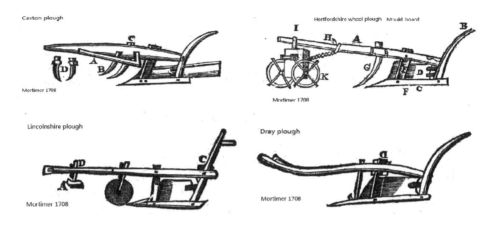

圖4.9　西方的犁。（Mortiner 1708）

國沒有人知道中國漢朝的犁已經有壁和鑱，輕便得一個人就可以扛起，傑佛遜的犁還沒有曲轅。

　　傑佛遜的概念是哪裡來的？據說他旅行歐洲時，看到英國的鹿特含犁（Rotherham Plough，又名Yorkshire Plough），這是1730年約瑟夫·佛蔭庇（Joseph Foljambe）的專利，源自荷蘭的「野種犁」（Bastard Plough），而後者是荷蘭人在爪哇從中國人開墾甘蔗田學到的（Hobson 2004, 202; Needham and Bray 1984, 581）。

　　關於美國殖民地時代農業的耕作方法，可以參考（McClelland 1997）。鹿特含犁雄霸農具之首幾十年，影響了美國農業，美國立國之本是這種犁，當年的犁比今天的電腦和手機還重要，民以食為先。美國不少的州旗圖案都用這種犁：愛荷華、威斯康辛、蒙大拿、堪薩斯、明尼蘇達、南達科他、賓夕法尼亞、奧勒岡、新澤西、田納西及西維吉尼亞。還有更多的市徽、縣徽也有犁的圖案。

　　十九世紀後期的美國犁，一部分模仿一千多年前的中國唐代曲轅犁，但是沒有「建」和「評」調節耕土的深度，反而更笨重。而且有兩個輪子，所以需要有兩個把手，才能穩定，到十九世紀，還是如此。中國的犁是一個把手，一個人就扛得動，相當容易分辨。中國人用了兩千年的犁，從來沒有專利。

　　美國能源部科學處出版的《牛頓》科學雜誌，專門教育中小學生的網站

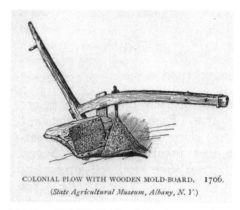

圖4.10a　美國「殖民時代」的犁。（Lee 1902）

有一份報告介紹犁的歷史，裡面說犁有五千年歷史，「可能」發源於雙子河流域，羅馬人裝上銅和鐵的犁頭，後來是荷蘭人把羅馬的犁改進成現代的犁[46]。關於中國在農業和犁的發明與貢獻，一字不提。這篇報告的日期是1958年，半個世紀沒有更新。該文把雙子河流域作為世界文明起源，先到歐洲，再來中國，把中國犁的歷史訂為周朝（西元前350年）（McNeill 1990），這是沿襲錯誤的「中國文化西來說」，不符事實。史密森研究所2011年出版的《世界史年表》在〈農業史〉一章，沒有提到中國人發明犁、稻米、馴養家畜（Kindersley 2011），對最早、影響世界最深的農業大國似乎太不公了。這是無知的疏忽或有意的忽視？

　　美國的犁沒有例外，都是兩個把手的，只向一面翻土，作者在亞利桑那州一所西部歷史博物館裡接觸過美國的鐵犁，一人無法使得動。紐約農業博物館有一幅「殖民時代的犁」，註明的年代是1706年（Eggleston 1884, 446; Lee 1902, 196）。從圖片看，只有一個把手，沒有輪子，有「建」和「評」以調節墾土的深度，這犁鑱與中國漢代的鑱相似，能兩面翻土，整個樣式是典型的中國犁，與歐洲犁有明顯的區別。這副「殖民地時代的犁」，存在美國立國前，比傑佛遜的犁早近一百年，而且先進，但是沒有說明是誰發明。1706年，離開卡羅萊納州獲得稻米種籽不到二十年，南卡羅萊納州的大米生產效率高與這種犁有沒有關係？這種犁是誰造的？為什麼那麼早就在美洲使用？為什麼這種高效能的犁沒有被推廣？我覺得，這是華人開墾稻田的犁。它的構造及使用方法與歐洲犁不同，華人被趕走後，沒人會用，結果白白擱置，只成為博物館的陳列品。

46　http://www.newton.dep.anl.gov/natbltn/500-599/nb520.htm（2011年11月8日閱）

圖4.10b　作者與美國一般的鐵犁。（衛小玲攝於猶他州西部博物館）

　　康乃爾大學收藏了126個犁的模型，從西元前3000-西元1860年各國使用的農具。這些按原物大小八分之一製作的模型，概括了人類農業重要的發展過程，模型來自德國霍恩海姆（Hohenheim）農業大學饒教授（Ludwig von Rau）。1867年，在巴黎展覽了187個犁的模型。後來大學收藏增至500個，是重要的歷史文物。2011年，康乃爾大學有一份比較詳細的報告，列舉了其中313個犁的模型，中國犁有13個，只有3張圖片[47]。其中第246項是這樣描述：「中國人1820年還在使用的犁，與1676年Leser描繪的犁相似。」[48]其實，這種中國犁已經用了兩千年，但是美國沒有採用這種高效率的犁。該文檔見於康乃爾大學網址。網址有多幅模型犁的照片，中國犁，犁鑱朝天，是所有圖片中唯一倒置的（圖二十九，第一百八十五具）[49]，顯示製圖者對中國犁的構造和使用不熟悉。西元700年左右，唐代中國與阿拉伯國家同時出

47　http://ecommons.cornell.edu/bitstream/1813/22848/38/01_Evolution_of_Plow_Design_%28Rehkugler%29-.pdf。該文 02_Rau_Directory_of_Model_Plows_(translation)-.pdf得由 Google 查索。

48　http://ecommons.cornell.edu/handle/1813/22847（2011 年 11 月 8 日閱）
　　http://ecommons.cornell.edu/handle/1813/22848（2011 年 11 月 8 日閱）

49　http://ecommons.cornell.edu/bitstream/1813/22848/38/01_Evolution_of_Plow_Design_%28Rehkugler%29-.pdf

現曲轅犁，後來傳到西班牙，不知何故，又被更笨重的直轅犁取代。十九世紀，歐洲對中國的情況不清楚，中國犁沒有更詳盡的紀錄，看來需要雙方共同努力補充這缺漏。

中國文字對西方來說比較難懂，歷史文獻浩瀚，西方往往無法了解，很少有李約瑟一樣的西方學者介紹中國科技給西方，像霍布森（John M. Hobson）等公開抨擊歐洲中心主義的更是鳳毛麟角（Hobson 2004）。只有既懂東方、也懂西方的學者去糾正「中國文化西來說」。中國以農立國，以往士大夫不重視農耕，沒有好好保存歷史材料。這些片面的學說也許是對中國考古的一種刺激，提醒我們對文明應該珍視，重視文獻的保存，希望更多學者參與把中國科技介紹給世界。

知道犁的歷史，再看稻米出產地，就更清楚為什麼美國東南部與中國關係密切，值得重視。

以畝計算的稻田

從南卡羅萊納州查爾斯頓市出發，沿著17號公路往東北走，一個小時不

圖4.11　南卡羅萊納州海邊的古稻田。（Google）

到的車程，就到達桑蒂河口，這很可能就是當年第一位測量卡羅萊納的英國人羅森走的路，這一帶以往是美國的米鄉。再走不到半小時，可達喬治敦（Georgetown），這裡有全美國唯一的稻米博物館。依照官方說法，卡羅萊納州1685年第一次種植稻米，1700年，出口330噸。1750年，喬治敦已經成為美國產米中心，到了1840年，美國一半的米出自這個鎮。這裡的米，出口到歐洲，為美國掙來大筆外匯。今不如昔，稻米在美國不再是吃香的農業，產量只占全世界的1.6%，而中國米產量是全世界的30%。

桑蒂河，原來是一條很大的河，二十世紀時，上游建了一座大壩，把水引到庫巴河（Cooper River）供應查爾斯頓，桑蒂河幾乎斷流。後來才開放，使桑蒂河部分恢復。桑蒂河三角洲都是稻田，現今稻田雖已荒廢，但田壟清晰可見，目前闢為保護野生動物的公園。這些田是規整的長方形，一邊兩百公尺，另一邊長度不等，有整數一千公尺、五百公尺，部分因地形切割成梯形。有一塊田旁邊有一圓形水塘，直徑五百七十公尺左右，有缺口和溝槽通往稻田，明顯是灌溉用。稻作起源地湖南澧縣城頭山，六千年的稻田就有圓水池做灌溉。

美國這些臨海的稻田，因為颶風及海平面上升，被海水淹過，鹽分過高，已經荒棄。愈往內陸的稻田，田的形狀愈來愈不規則，雜亂無章。南卡

圖4.12　南卡羅萊納州內陸田畝。（Google）

羅萊納州中部，離海岸五十公里的威廉斯堡（Williamsburg），田畝的大小、形狀是隨機的，與桑蒂河口的農田規畫完全不同。

如何解釋這種現象？首先在海岸開墾稻田的人，有嚴謹的土地規畫方案，整齊的量度田畝，按人力或人口分配。還建有蓄水塘，做灌溉、養魚之用，就像底伯萊（Theodor de Bry）繪製的圖一樣（見下文）。後來的人往內陸發展，沒有規畫的觀念，田畝按地形自由割據、大小不一、形狀各異。這是兩批截然不同文化背景的農民。卡羅萊納的歐洲移民主要是英國裔和法國裔的奴隸主及非洲裔的奴隸，其餘是美洲的原住民。美洲原來沒有馴化稻，印第安人不種稻，所以規畫不是他們做的。非洲稻出產於西非洲尼日河、幾內亞一帶。西非洲與馬達加斯加的農田都是不規整的，所以整齊規畫也不是非洲人的管理方法。按照1700年羅森的評述，這裡的人比歐洲人更會農耕，有計畫，田間管理井井有條，他看到的應該是華人耕作的農田。

中國人最早馴化稻，發明田間管理系統，整個中國文化歷史與稻米息息相關。周朝的井田制度，把九份平分的田畝，每家一份，中間一份由周邊八家共同耕作，作為國家稅收，田畝的量度準確而平均。經歷近三千年、無數次的土地改革，中國的田畝基本上維持與度量衡關係。開始用耒耜、人手耕作，田畝為方形；發明犁以後，為節省耕牛拐彎的次數，田畝改為長方形。一畝是一步乘一百步，一步是兩足交替跨越的長度，相當於六尺。明代一份朝鮮地圖上面註明一步等於六尺，步的單位與軍事有關，步兵之間列隊的人距是一步，即六尺，行軍無論快慢，不會前後踐踏。南京出土的明代木尺31.4公分，比後來的尺要稍短，相當於英尺（30.48公分）[50]。所以一步大概兩公尺，一畝是兩公尺乘兩百公尺或四百平方公尺。中國土地改革，重新量度，農村用一個大圓規般的器具量地，一跨是六尺，即兩公尺。卡羅萊納州這塊整齊的田，正是兩百公尺（一百步）一邊，計算畝數，只要量度另一邊的長度即可決定畝數。從陝西、河南到湖北、湖南、江蘇、廣東，全中國各地的田畝，均盡量成長方形，只有山地的田必須依照等高線規畫。

英國的畝（acre）來自拉丁文agere，是「工作」的意思。一英畝定義是

---

50 中國尺的標準長度經歷朝代的變遷，清代尺達到35.3公分，漢代的尺只有23.2公分。

四棍（rod）乘一弗隆（furlong，香港稱化朗），是牲畜一天耕力所及的面積，1棍＝16.5英尺。弗隆的字義就是一條溝的長度（furrow long），相當於660英尺或八分之一英里，所以1英畝＝4×16.5×660平方英尺或4840平方碼，這是中世紀時候訂的（Dees 2007）。這些定義很彆扭，沒有一個單位是十進法，的確是算術的噩夢。

為什麼英國的弗隆＝660英尺的關係那麼怪？1公尺＝3.28英尺、660英尺＝201公尺，與中國的100步相若，是否卡羅萊納的田畝與英國制有關？我們必須了解，弗隆的真正長度歷來定義就非常混亂。一說來自羅馬時代競技場（Stadium）的制度，相當於600希臘尺（Abbott and Conant 1875, 598）。羅馬競技場周長相當於125步（羅馬制）或185公尺，今天量度幾個在希臘、義大利和土耳其的古競技場，長度從177公尺到225公尺，沒有真正規範。英國皇家制度認為15弗隆略少於2英里。還有一說希伯來弗隆是202英尺，如此，15弗隆少於半英里，又一說是700英尺。這個單位的實際長度一直到1901年還困擾著美國國會（Parliament 1901, 210）。所以，西方量度單位很晚才標準化。以今天標準化的弗隆來討論當時莫衷一是的弗隆，是不符實際的。1985年，英國廢除弗隆，香港賽馬也改用公尺了。

從衛星照來看，英格蘭、蘇格蘭、威爾斯、愛爾蘭、法國與西班牙的農地像玻璃碎片，什麼形狀都有。卡羅萊納沿岸方整的土地明顯不是英國人規畫的，不然，羅森也不會自嘲。西非洲的田畝比英國要整齊，略呈長方形，也是大小不一，不是量度單位的整倍數。義大利是歐洲產米最多的國家，主要產地是波河（Po River）地區，田畝的規畫也是無序的。

中國田畝制已經用了近三千年，而英國制是從中世紀開始。法國的公尺是1668年制定的，比英尺、英碼和弗隆更晚。

卡羅萊納海邊這塊稻田一邊100步，另一邊是多少步，乘起來即多少畝，很容易計算。稻田旁邊設池塘養魚、灌溉，是中國幾千年以來的模式。長江、珠江的稻田同一體制，除非受山坡限制，基本上用同樣的畝量。

中世紀的歐洲植物誌沒有米，美洲本來也沒有米，以義大利與馬達加斯加的稻田為例，歐洲和非洲的田畝是隨意成形的，只有中國是方整量度。

南卡羅萊納州靠海邊的稻田以步記畝，正是中國人留下的重要文化印

圖4.13　義大利產稻區的稻田。（Google）

記。這是最早期的稻田。明代小冰川時期結束，海平面上升，這些稻田被淹，稻田逐漸往內陸發展。

　　殖民者把原來的農民趕走，輸入黑人奴隸，他們開墾的田不按照以步量畝的方法，而是隨機成形，碰到石頭、大樹、山坡就繞過去，因此田地是沒有規則形狀的，方整的農田不復存在。搭飛機越過南卡羅萊納州，下望農田，與英國的農田一樣，像玻璃碎片，大小形狀不一。與卡羅萊納州沿海的稻田是鮮明的對比。

　　哈里奧特（Thomas Hariot，又做Harriot）著述的《新大陸維吉尼亞簡易實錄》（Hariot 1903），原書出版於1588年，是英國人第一本描述美洲的書。第一批英國人到達美洲是1584年，這批人後來不知所終。這是哈里奧特在1585-1586年間到達美洲看到的情景，地點是北卡羅萊納州羅阿諾克島（Roanoke Island），也就是第一批移民失踪的地方。後來由底伯萊（Theodor de Bry）加上插圖。底伯萊是按照勒摩恩（Le Moyne）寫實的圖重新繪製的（Le Moyne de Morgues and Bry 1875; Hariot, Clusius, et al. 1590）。

　　其中一幅插圖，農田整齊規畫，呈長方形。圖上方有灌溉用的水塘，更

證明這是水稻無疑，與南卡羅萊納海邊的稻田旁的水塘一樣，是中國式的農耕技術。1972年重印了哈里奧特的書，右上角F處，一簇簇的作物，是一塊甫插秧的水田，田中間有茅房，還有一個人蹲著，這版本解說這坐在圓形「椅子」的是驅雀的守田人（Harriot and White 1972, 68）[51]。這是剛剛插秧的田，還沒收穫，不需要驅雀。這是任何到過中國舊農村都不會忘懷的「肥料製造廠」（茅廁），1970年代，我在中國農村還看過。明代宋應星的《天工開物・稻宜篇》載：「凡稻，土脈焦枯，則穗實蕭索。勤農糞田，多方以助之。人畜穢遺、榨油枯餅、草皮木葉，以佐生機，普天之所同也。」

　　圖中是第一次接觸歐洲文化的原住民。這是一個農耕社會，田畝整齊有序，能分辨玉米、向日葵、煙草、南瓜及各種葫蘆瓜等。這圖比馬達加斯加來的稻早一百年。布努岱爾的書也引用此圖，只提煙草與玉米，對稻田沒有解說。但是，稻田清晰可見（Braudel 1992, 162）。一束束的苗在水裡，是水稻秧，旁邊有灌溉用的水塘。稻米在當時的歐洲還是新事物。這幅圖印刷日期是1588年，再次證明稻田不是1685年才從非洲輸入美國，前此一百年的農業經營已經很發達了。南／北卡羅萊納海岸都有農耕的痕跡，而且用中國的田間管理方法。

　　談到這裡，需要討論另一種說法。一些文獻認為美洲稻米的創始人是法國流亡到美洲的新教徒——胡格諾人（Huguenot）（Talbot 1856）[52]。美國開始種茶、養蠶，也歸功於胡格諾人。

　　誰是胡格諾人？1513年，馬丁路德創立新教，認為人人可以解讀聖經，天主教沒有解讀聖經義理的專利。這項對天主教的挑戰，席捲歐洲。教皇下令捉拿所有新教徒，嚴刑逼訊，有確實紀錄的被虐殺了三萬多人，估計總數在十二萬至十三萬之間，很多被活活燒死，這就是著名的審訊時代（Inquisition Era）。胡格諾人是法國的菁英分子，熱烈參與新教，受迫害至深。1534年，英皇亨利八世成立新教會，收容逃亡的「異教徒」，英國能在短時間內崛起，與這批知識分子有關。從1598年開始，有一段較為平靜的日

51　該書有電子版 http://docsouth.unc.edu/nc/hariot/hariot.html
52　Huguenot法文發音是少數例外「H」是字音。

圖4.14　美洲水稻田。（de Bry 1590）

子，但是到了1685年，法國國王路易十四下令驅逐所有新教徒。四十萬的胡格諾人拋棄家園、各散東西，有一部分人遷到美洲，1685年第一個胡格諾人定居在Charleston。第一個擁有稻米莊園的是馬錫克家族（Benjamin Mazyck），1737年，他們的莊園有九百英畝[53]。根據1699年的統計，卡羅萊納州有四百三十八位胡格諾人，大部分住在查爾斯頓[54]。從1685-1710年，卡羅萊納州有六百名的胡格諾人。他們來美的時間與所謂稻米輸入美洲時間相若。由於他們是社會菁英，很多技術行業都歸功於他們。但是他們是知識分子和工商業者，從事律師、醫生、商人、藝術家、文學家、手工藝人、銀匠和紡織等職業[55]，不是農耕方面的能手[56]，就像中國的士大夫階級。如果是他們建立美洲的農業，必須依賴懂得農業的人。前面已經解釋過，非洲奴隸主要從西非洲來，不是從馬達加斯加來。非洲的稻田管理規範，無論西非洲或馬達加斯加，都沒有卡羅萊納州畝量的特色。

　　南卡羅萊納州農業部承認「**殖民者稻作的方式與中國的方式非常相似，**

53　http://chicora.org/pdfs/Mazyck.pdf（2012年1月4日閱）

54　http://www.dtic.mil/cgi-bin/GetTRDoc?AD=ADA221160（2012年3月27日閱）

55　http://www.huguenotsociety.org/history_new2.htm（2012年3月27日閱）

56　http://findarticles.com/p/articles/mi_m2279/is_n153/ai_19254882/pg_6/（2012年3月27日閱）

因為他們完全按照中國種稻的方法」[57]。中國稻作的經驗積累了一萬年以上，歐洲人來美洲以前，還沒有食用米的習慣，妄談耕種。沒有中國人的參與，十幾年內能達到中國今天的產量水平嗎？假如歐洲人一開始便懂得華人的耕作方法，又為何後來放棄這種有效率的管理呢？一些記載中也表示，最開始用「印第安」勞工，其後才輸入非洲奴隸[58]。這些「印第安人」不只是幾千年來的北美洲的原住民，還有明代來的中國人。

英國人首先登陸南卡羅萊納州的查爾斯頓（Charleston，舊稱Charles Town），在庫巴河口，稻米的種籽據文獻也是來自停在查爾斯頓的馬達加斯加商船，那裡的農田應該是英屬殖民地最早的。昔日的稻田今已被城市建築代替，但是如果原來農田是以弗隆量度的話，城市的規畫應該留有痕跡。可是，查爾斯頓城市街道和附近農田的規畫並沒有按照弗隆的尺度。為什麼規則的稻田出現在七十五公里外的桑蒂河口？很明顯，這些桑蒂河口規整的田是另外一些人開墾的，這些人是中國人，首先在桑地河口登陸、開墾，他們以中國畝做量度單位。

總結來說，南卡羅萊納州的稻田具有多項中國人留下的特徵：

- 優良亞洲稻的稻種早在美洲存在。
- 稻米產量增長速度，遠遠超乎剛剛學會種稻的美洲和當時農業人口的能力。
- 荒棄的古稻田，年代久遠，量度規畫按照中國的畝量制度。
- 中國稻田的管理方法：插秧，水塘灌溉，施肥。
- 中國農具的使用：曲轅犁（「殖民時代犁」），中國式鐮刀，打穀棒。

卡羅萊納州殖民時代的稻米產量相當於現代中國的產量是無法解釋的，除非稻田很早就開墾，面積很大，而且有熟練的農民參與。整套的中國稻田

---

57 http://agriculture.sc.gov/content.aspx?ContentID=735（2012 年 3 月 27 日閱）

58 http://www.libraryindex.com/history/pages/cmxyrcnycr/colonial-settlement-colony-virginia. html（2012 年 3 月 27 日閱）

操作管理，在卡羅萊納州出現，早於歐洲人到來。由此可以推斷，明代中國人在卡羅萊納登陸，還建立過家園，大面積開墾稻田，這些稻田一早就已經在生產，不是1685年才開始的，是1430年代開始的，有兩百五十年歷史。

種水稻的勞動量很大，要求的環境也苛刻。河流三角洲是最適宜種稻的。珠江、長江三角洲是重要的稻米產地。但是，又不能太接近海，鹹水淹過的田不能種稻。南卡羅萊納沿海的這些稻田正是因為海水倒灌而廢棄的。六百年前，這些稻田可不那麼近海。從1880-2000年，海平面升高了二十公分以上。要感覺海平面上升最容易的是看威尼斯。威尼斯建城（西元421年）至今一千六百年間，海平面上升了五公尺，類推至六百年前，大概上升了兩公尺，因此南卡羅萊納州海邊原本的良田，今天被海水入侵了。但稻田的輪廓還在。這與稻田久遠的日子有關。

我曾考慮很久，要不要把這些資料公開。一方面擔心這方面的證據可能日久會湮沒，另一方面怕公開以後，有人好奇，會擾亂現場。後來還是覺得需要公開，希望美國聯邦與州政府能關注這處遺跡，悉心監護，以後重點做考古研究。

美洲最早的絲

哈里奧特還寫了另一本書，講述在維吉尼亞的第一個莊園，提到絲。這本書成書日期是1588年，在1893年再版（Hariot 1893, 13）。第一章，他談到桑樹和蠶：

> 我好幾次旅程都看到絲蠶繭，長得很好、很大，像一般胡桃核大小[59]。雖然沒有我們以前聽聞在別的國家那麼多，但是看到它們在這裡自然生長繁衍，毫無疑問，如果我們種植桑樹，集中由有經驗的人小心飼養的話，會給維吉尼亞人帶來極大的利潤，正如它們帶給波斯人、土耳其人、義大利人和西班牙人一樣。

---

59 指蠶繭。

哈里奧特（1560-1621）是一位天文學家、數學家，他是羅雷（Walter Raleigh）的數學老師。羅雷是首任北卡羅萊納英國殖民地的領導人，北卡羅萊納州首都便是以他的名字命名。1585-1586年，哈里奧特親自到過今北卡羅萊納州的羅阿諾克島（Roanoke Island）旅行一段時間，他寫的是目擊的現狀。比英國人更早來北美洲的歐洲人只有西班牙人底蘇圖（Hernando De Soto）。底蘇圖走的路是從墨西哥灣進入，往內陸向西走，沒有接觸東岸的羅阿諾克島。底蘇圖當時目的是征服與掠奪，殖民不是目的，他一路上幾乎是馬不停蹄，希望尋金和找去中國的捷徑。

後來傳聞法國胡格諾人在美洲開始絲業，只是猜想假說，哈里奧特記載的蠶桑與絲比胡格諾人來美洲早一百年，不可能是胡格諾人帶來蠶桑與絲工藝。

1791年，法國人朗瑟圭（Mr. de Lanségüe）著的《古今歷史地理簡介》以問答形式講述歷史地理，是當時的教科書。英譯本載：「（百慕達群島）十六世紀西班牙人發現，在維吉尼亞對面，屬於英國。其中一個較大的叫百慕達。它產絲、煙草、非常大的龜。總督住在聖喬治城。」（Lanségüe 1791, 374）。所以不單在卡羅萊納和墨西哥有絲，也在附近的百慕達島出現。同書也提到「維吉尼亞」（卡羅萊納）的產品有米、煙草、毛皮、絲和木材（Lanségüe 1791, 366）。

關於美國製造絲的歷史，有政府檔案可循（Wyckoff 1884）。西班牙人認為他們把絲帶來新大陸，按照他們的說法，1522年新西班牙的總督科爾特斯（Cortez）帶來絲業。他們在墨西哥栽植桑樹，鼓勵從格拉納達（Granada）徵集摩爾人（回教人）去教導「新西班牙」[60]的土人種桑養蠶（Fisher 1997, 106）。摩爾人當時壟斷與中國的貿易，也學會一些中國的技術。當科爾特斯卸任後，1531年西班牙國王審查他的功績，據報他們把四分之一安士的蠶卵送到墨西哥，由一位學過一點養蠶的人經營。據說他們成功栽植桑樹，歸還了兩安士的蠶卵，證明蠶是活了，但始終沒有製出絲織品。1596年，西班牙皇室停止了在墨西哥種桑的計畫。1679年，甚至把原來的

60　西班牙在中美洲的殖民地稱為「新西班牙」。

桑樹砍掉，也許是發覺內情，一怒沖天而下令的。後來英國人發覺科爾特斯等人根本在胡說，他們描述的蠶的特性是錯誤的，所以根本沒有成功養蠶，歸還的蠶卵可能是假的。種桑養蠶不是簡單的工藝，中國幾千年的經驗，學來不易。正如種稻，從知識完全零開始，二十年不到，可以年出口三百噸米，與中國一萬年耕耘的效率不相上下，沒有中國人的參與是絕對不可信的。

西班牙人並沒有勢力在英國殖民地卡羅萊納。那裡的蠶桑肯定不是科爾特斯帶去的。英屬百慕達的蠶當然也不是。哈里奧特看到的蠶是中國人帶去的。得悉殖民地有如此多桑樹，英國政府於1622年在維吉尼亞建立歐洲人的第一個在美洲的蠶業（Wyckoff 1884）。1622年以前把蠶桑帶到卡羅萊納的，當然另有其人。

另外一項文獻則認為，絲業開始是十八世紀中葉從賓夕法尼亞引進到維吉尼亞、卡羅萊納和喬治亞。1757年及以後幾年連續輸入七千零四十磅、一萬磅和一萬五千磅蠶繭（Macgregor 1847, 539）。作者是貿易局的祕書，負責商業統計。可是，他完全忽略了哈里奧特在1588年的紀錄。當時的通訊落後，即使是官方紀錄也有漏洞。

其實，最早報導有關美洲有桑樹是哥倫布，他提到在美洲物產豐富，「玉桂、薑、辣椒、用以養蠶造絲的桑樹可以終年出葉子。」（Churchill 1704）另外，他也目擊印第安人穿著像摩爾人的絲所做的頭巾（Hale 1891, 204）。哥倫布的父親是絲織業的，每天在父親的店裡轉，哥倫布難道連絲都會弄錯？哈里奧特的報告也證明哥倫布不是唯一在美洲看到桑樹的。可是，哥倫布與哈里奧特的話，以後再沒有什麼人提起。

桑樹分為幾種。蠶喜歡吃的白桑（*Morus alba*）出自中國。美洲本來沒有白桑，桑樹是外來的。美國農業部認為殖民時代引進大西洋海岸[61]。哥倫布初到美洲，已經看到養蠶的桑樹，當然不是歐洲人引進的。美洲有紅桑（*Morus rubra*），原住民科曼齊族（Comanche）食用桑果。切諾基人用桑葉

---

61 http://plants.usda.gov/plantguide/pdf/pg_moal.pdf

治腹瀉、桑樹汁利尿[62]。但是紅桑不是養蠶用的。

美國農業部列出目前三十種桑樹品種，其中白桑占十六種，即一半，白桑中的九種，來源國家訂為「不明」，其他的來源是印度、巴基斯坦、韓國、俄國和美國，就是沒有首先種桑養蠶的中國。已知來源的國家是美國建國後記錄在案的。歐洲人還沒來美洲以前就已經落戶的中國白桑，當然不會知道來源[63]。桑樹不會自己從亞洲跑過來，只有中國人把他們帶來。

毫無疑問，中國是第一個養蠶造絲的國家，拉丁文 serica、希臘文 serikos 稱中國是產絲之國。傳說中的嫘祖種桑養蠶，無實際紀年。甲骨文的蠶、桑、絲、帛等字出現在殷商時期，明確記載什麼時候該從事採桑、養蠶。北魏時代（530-551）的《齊民要術》有栽桑養蠶篇。英國有絲始自亨利七世（1457-1509）登位後（1485），通過與西班牙聯姻獲得絲，但是不等於西班牙人會養蠶。如果西班牙到十七世紀還不能掌握養蠶技術，英國更不能。

以上關於絲的獨立紀錄，可以排除誤會別種植物纖維，因為只有蠶桑與絲有關。英國人第一次在美洲看到的絲肯定不是歐洲人帶去的。唯一可能是中國人比歐洲人更早到達，定居在美洲，生產米和絲。後來把「印第安人」（其實是中國人）趕走，沒有中國人參與。歐洲人與非洲人在美國生產米和絲，當然不是中國的對手，在競爭下慢慢退出市場。今天的美國僅有少量的米，產於密西西比河岸和加利福尼亞州，產量是中國的二十分之一。中國年產蠶絲2.9億公斤，美國則只產人造絲。

中國的米和絲都在南卡羅萊納州扎根，另一方面，明代中國從美洲取得番薯、煙草，也是卡羅萊納的特產，這可不是偶然的。

稻米、絲、陶瓷、茶是中國最典型的農藝和工藝，都在南卡羅萊納州興起。有人會說，這裡是英國第一個殖民地，東西都在這裡開始是自然的。但是，想深一點，一點都不自然。英國不種稻、茶，氣候不適宜種桑養蠶，陶瓷用的土是後來從美洲傳過去的，所有這些在南卡羅萊納出現不是偶發的現

---

62 http://plants.usda.gov/plantguide/pdf/cs_moru2.pdf
63 http://www.ars.usda.gov/Main/docs.htm?docid=12835

象。除了本來有中國人開墾外，沒有別的解釋。

上面談了植物的證據，接著講動物的證據，中國還給美洲留下家畜，主要是雞和馬。

雞骨頭裡挑雞

中國有句俗語「雞蛋裡挑骨頭」，形容吹毛求疵。十六世紀英語也有一句 "Have a bone to pick"，意思是有件事情要激烈辯論。這裡反過來，從雞骨頭開始追溯美洲雞的來源。

美洲本來是沒有雞的。雞是家禽，有人帶來美洲。

1971年，George Carter寫過一篇論文，認為雞比哥倫布先到美洲（Carter 1998），但是學術界沒有人相信，或者沒有人想宣揚。

2007年6月，智利發現了五十塊雞骨頭，至少來自五隻雞，碳十四測定，斷代在西元1304-1424年間，比歐洲大航海時代要早。作者是紐西蘭的科學家，他們認為是大洋洲的居民把雞帶到美洲大陸，是首先發現美洲的人。原文發表在美國科學院院報上（Storey, Ramirez, et al. 2007）。作者還認為這些屈尾雞是智利特產，與大洋洲的雞種類似。其實屈尾雞也是中國培養的雞種。《說文》：「屈，無尾也。從尾出聲。」屈尾雞就是無尾雞。漢代《淮南子》說：「秋雞無尾曰屈尾雞。」

這篇論文關於雞骨頭的年代，有三種新聞報導：

1. 1304-1424 —— 原文摘錄，Nature，Life Science，新華社，American Thinker
2. 1321-1407 —— MSNBC，CS Monitor，Los Angeles Times，New Scientist, Seattle Times
3. 1300-1400 —— 澳洲廣播公司，澳洲電台

前兩種報導是按照原文的，第一種誤差寬度比較大，第二種稍窄，第三種是記者自己把數字模糊化，無形中把鄭和下西洋的可能去掉。無論有意無意，這是不科學、不客觀的報導。

智利的雞骨頭引起了一陣轟動，因為它確證了有人比哥倫布更早把雞帶到美洲。另一論文認為這些雞不一定是大洋洲獨有的[64]。不過，原作者還是認為是大洋洲的居民帶來的（Storey, Quiroz, et al. 2011）。要證明大洋洲住民把雞帶來智利，最大的困難是海流。南半球的海流是逆時針方向，若是走順時針方向，中間有島嶼可停，但這方向是逆水流的，水流速度與划船速度幾乎對等抵銷，而且是二十四小時不停。木筏、獨木舟要頂住海流，幾千里不停划到南美洲，是不可能的。順水從大洋洲往東到智利，只能走紐西蘭南部的路線，但是這段海路，中間沒有任何島嶼可停，且氣候寒冷，也是不可能的。1947年，挪威人想重複用木筏橫渡滄溟宗（太平洋），從祕魯出發到澳洲，順水流走，也只得半途而廢。如果從北半球來，順時針的海流會帶到墨西哥，不是智利。這宗推理，在《坤輿萬國全圖解密：明代測繪世界》一書已經談過。根據海流，大洋洲住民是無法把雞帶來智利的。

其實，這段爭執有點多餘。下面的歐洲文獻清楚顯示，美洲的雞是歐洲人到達以前早就存在。

麥哲倫的手下記載了他們登陸巴西時，用一張撲克牌向土人換了五、六隻雞（Pigafetta 1906, 37; Pigafetta and Paige 1525）。土人還覺得很便宜，是麥哲倫受騙了，這表示巴西的雞並不稀罕。1520年，麥哲倫是最早繞過南美南端、橫越太平洋的歐洲人，他要向土人買雞，怎能說是歐洲人傳入雞？

瓊斯（Terry Jones）考據大洋洲住民發現美洲的可能，談到美洲雞的來源。葡萄牙人卡巴拉爾（Pedro Álvares Cabral）於1500年到達巴西，向土人展示一隻雞，土人表現驚訝之色，因此有人認為巴西沒有雞，事實並非如此，他們可能驚訝外方人也有雞。1519年，麥哲倫在巴西看到雞的地方，離開卡巴拉爾登陸的地方幾百里，當地人養雞，每天晚上把雞圈起來，所以這是家禽，不是野雞。1526年，卡博特（Sebastian Cabot）向巴西南部的土人要了幾百隻雞，還派人到內陸去找更多的雞，證明南美洲本來就有雞，不是西班牙人帶去的。西班牙派到中美洲的科爾特斯向朝廷報告，他來到墨西哥不

---

64 http://anthropology.net/2008/07/29/ancient-chilean-chicken-may-not-be-of-polynesian-origin/（2012年4月16日閱）

圖4.15　智利馬普齊人的雞和馬。（1854年，Wikipedia〔Rec79〕）

到一年，看到當地一個雞場養了一千五百隻雞。1531年，費德曼（Nicholaus Ferdermann）經過委內瑞拉，聽到公雞啼，土人告訴他這些雞來自南方、住在海洋「大房子」的人（Jones 2010, 144）。海上的大房子，就是船。瓊斯還記述了南美洲有雞的其他例子。從上面眾多的記述，都是歐洲人首次接觸美洲土人的時代印象。所以，南美洲的雞早於歐洲人來以前就存在。

　　智利的馬普齊人（Mapuche）一直頑強抵抗西班牙人的入侵。從祕魯南下的西班牙人要越過綿延一千公里的阿塔卡瑪大沙漠（Atacama），還有比俄比俄河（Rio Biobio）為天險，直到1861-1863年，西班牙人才征服阿勞卡尼亞（Araucania）。西班牙人1854年繪製的馬普齊人打曲棍球的畫面裡，馬普齊人有家雞、狗和馬滿地走[65]。這是西班牙人初次看到馬普齊人，因此雞不是來自西班牙人又添一證。

　　美洲原產的火雞，英文是turkey。這種鳥與土耳其（Turkey）一點關係都沒有，是印第安人用漢語「火雞」（furkie）稱呼這種鳥，英國人誤寫，把

65　http://es.wikipedia.org/wiki/Archivo:Palin_mapuche.jpg（2012年1月6日閱）

f寫成t，再誤會成turkey。印第安人為什麼用漢語？這又是另外一場誤會，明代人把在亞洲、澳洲和美洲看到的幾種很相似的鳥用同一個名字，這個錯誤把明代探測美洲和澳洲連在一起。詳細在《坤輿萬國全圖解密》一書已表述，這裡不重複了。

美洲的雞不是西班牙人帶來的，美洲的馬在西班牙人來以前就有，下面繼續講美洲馬的源流。

五花馬、千金裘、美洲野馬來源是中州

美洲原有的馬在八千年以前就滅絕（Kurtén and Anderson 1980）。現在美洲的馬全部是從其他地方引進的。

上面一幅圖顯示智利馬普齊族有馬，其中一匹是花馬，這幅圖是1854年西班牙人初次接觸馬普齊人的印象。一般說法是首先殖民美洲的西班牙人帶來的，事實證明有些美洲馬另有來源。

2005年，美國加利福尼亞州考古學家發掘了一匹馬的骸骨，碳十四斷代是三百四十年前，誤差加減四十年，即1625-1705年，牠死時是西班牙人來加州前最少五十年，出土地是洛杉磯與聖地牙哥之間的卡斯巴德城（Carlsbad）[66]。雖然1699年加州已經證明是半島，但是直到1765年有部分西方地圖上的加利福尼亞仍錯認為是島，大英百科全書最早的版本（1768-1771）也是如此記載，表示歐洲人並沒有很詳細的了解。西班牙人第一次來此建教堂是1769年。專門研究西班牙馬在美洲發展過程的本內特（Deb Bennett）顯示，1750年前西班牙的馬沒有到達加州海岸（Bennett 1998, 333）。

出土地還有另一匹馬和一頭驢子，不是孤證。第二點證明這馬不屬於西班牙人，沒有馬蹄鐵的痕跡，印第安人的馬不用馬蹄鐵。馬和驢子被葬在山丘上，頭向北，臉向左（東），曲肢，與印第安人葬禮一樣。2001年，河南省新鄭市鄭韓故城內出土東周時代（西元前663年）有數十具馬骨的春秋時

---

[66] http://www.nctimes.com/news/local/article_3510b187-f256-5b91-875e-b45c8865f14a.html（2011年12月2日閱）

期大型車馬坑，整齊排列，馬體也是頭北尾南，這是中國對方位嚴格區分的習慣。這馬沒有被支解的痕跡，附近埋葬了一位八千年前的印第安人，證明這裡是印第安人祖先的墓地，也說明這匹馬高貴的身分。新聞沒有報導是否還有近代人的骸骨。

有人說可能是西班牙人在墨西哥的馬走丟了，跑到加州。從墨西哥到太平洋的卡斯巴德要越過索諾拉沙漠、渡過科羅拉多河（西班牙語：紅河），再攀越聖地牙哥山脈。索諾拉沙漠三十多萬平方公里，是北美最大的沙漠。科羅拉多河全長兩千三百三十公里，灌入加利福尼亞灣（即《坤輿萬國全圖》上的東紅海）。這條河一直連到亞利桑那州的大峽谷，把紅土沖入東紅海（今加利福尼亞灣），這是一道不易通過的天塹，是西班牙在北美殖民地北面的天然界線。過了河，還要越過高達兩千公尺的聖地牙哥山脈，才到太平洋海岸的卡斯巴德。馬沒有人類那麼傻，要離開自己容易生活的地方去冒險，越過大河、沙漠、高山，千山萬水跑到加州，還帶著另外一匹馬和驢子，那是神話。假如容易的話，西班牙人也不會等兩百多年後才到達這裡了。「可能」兩字太容易出口了，必須想想有沒有或然率。

加州的馬骸不是孤證。1994 年發表的考古報告，美國懷俄明州也發現一具馬的殘骸，碳十四斷代在 1426-1481 年間，最早的日期是鄭和下西洋後期，更寬一點的測量是 1400-1633 年（Eckles, et al. 1994）。而西班牙人的馬在這裡出現不早於 1650 年。西班牙人的殖民地最北離這裡有一千公里以上。

歐洲人為美洲帶來馬的說法，被這兩個例子推翻，引起我考證美洲馬的來源。

誰先馴馬？

人類是什麼時候開始馴馬的？最近考古報告，沙烏地阿拉伯阿西爾省（Asir province）西南部的阿布哈（Abha）新發現了一片九千年前古人類文明遺址，有馬、狗、山羊等動物雕像，很可能馬已經是家畜，阿拉伯馬種被認為是最早的馬種。這比西伯利亞的哈薩克人三千五百年前馴馬還要早（Outram, et al. 2009）。哈薩克人開始養馬是食用的，不是代步，因為出土的馬骨頭上有刀割的痕跡。阿拉伯馬是否也是食用，我們不得而知。

　　貴州省開陽縣高寨苗族布依族鄉平寨村的畫馬岩有一幅岩畫，有兩匹馬，一匹像蒙古馬，比較矮小，頸短而直；另一匹比較大，背部凹下去，曲頸，是典型的阿拉伯馬。有些阿拉伯馬只有十七根肋骨（一般是十八根）、五根腰椎骨（一般是六根）。這裡的岩畫很多，跨越時間比較長，很難確定真正的年代，阿拉伯馬出現在偏僻的貴州是很難解釋的。阿拉伯馬是否應該定義為貴州馬，究竟誰是祖先？貴州現在大概也很難找到這種馬來對證了。

　　青海海北州舍布齊岩畫有騎馬射獵圖，獵人拿的是典型的中國弓。

　　內蒙古陰山岩畫有花斑馬，明顯繪出股上的斑塊，是花斑馬。這裡的岩畫有非常多射獵的場景，還有馬車，有轅、車輪。秦的銅車馬部件如此複雜精美，一定經過很長時間的發展和改進。陰山岩畫的年代大概從五千年到一萬年前，證明中國馴馬、用馬很早就很先進。一般認為哈薩克在五千年前有馬圈的遺跡，中國岩畫騎馬、馬車的年代也不會差太遠[67]。馬車比馬圈顯然是更高級的文化。

　　中國是否是最早馴養馬的國家，還不能確定，但對馬的研究卻是比較深刻的。《中文大辭典》裡，馬的部首有五百三十四個字，描寫馬的形態、動態、部分、種類、馬具和馬車具等。《詩經》有三十多個關於馬的字。甲骨文也有三十多個馬字，有三千至三千五百年歷史。春秋的伯樂相馬，他見過的馬種一定很多。春秋的青銅器馬具不止精緻，還多樣化，馬車上的配件也考究。千禧年，中國馬文化在美國肯塔基州列星頓（Lexington）打比大賽的場地展覽，引起轟動和驚嘆，這裡是美國國際馬博物館。它的網站有世界各地的馬種，亞洲部分列有越南、日本、印度。蒙古馬、伊犁馬、普氏野馬算是西伯利亞草原的馬種，勉強可算為中國馬種，真正以中國命名的一個都沒有[68]！難道有三千五百年馴馬歷史、全世界馬具最精美的國家，竟連一個馬種也沒有培育過？

　　周朝有「牧師」一職，專門管馬。秦人近水樓台，把胡馬大量應用在軍事上，統一中國，馬的功勞不少，西安兵馬俑博物館陳列的銅車馬由三千四

67　http://www.amnh.org/exhibitions/horse/?section=domesticating（2012 年 2 月 20 日閱）
68　http://www.imh.org/（2012 年 2 月 9 日閱）

百六十二部件組成。唐朝對馬的愛好可以說達到歷代最高峰，唐太宗時有官馬七十萬匹；唐太宗的昭陵六駿；李白的詩句「五花馬，千金裘，呼兒將出換美酒」；唐代韓幹、宋代李公麟畫的馬，保存了當時馬的真實形象。蒙古人騎著矮小耐勞的蒙古馬，曾經打到歐洲，建立了世界上最大的帝國。明代有太僕寺，專門管馬匹。鄭和下西洋有專門的馬船，長三十七丈，寬十五丈，載重七千噸，僅次於最大的寶船。關於中國的馬文化，可參考中國國家馬業網[69]。

西方按照需要培育出負重的、耕種的、賽跑的、表演的、觀賞的，還有袖珍的寵物馬，清楚記錄馬的血統。世界上兩百多個馬種，美洲特有的都籠統說是西班牙人帶來[70]。以下關於馬種的討論主要根據西方的定義（Lynghaug 2009; Edwards 2008; Draper 2003）。按體高和顏色分類，美洲原有的馬，不是來自西班牙。

馬的體型

首先探討馬的體型。馬（horse）與小型馬（pony）的基本定義是用高度區分。高度是地面到馬的肩胛骨最高點（withers），用掌做單位，一掌（hand height，簡寫hh）是4英寸或10.16公分。14.2掌以上是馬，以下是小型馬。14.2掌即147公分，是大馬與小型馬的分界。此外，小型馬的腿比例較短，鬃毛、尾、體毛較長，蒙古馬是典型小型馬。侏儒馬（dwarf horse）高106公分以下，袖珍馬（miniature horse）高86-97公分，雖然矮，還是馬。除了高度外，馬與小型馬還有一些分別。小型馬的頸、腿比較短，體毛、鬃尾毛較長，頭的比例比較大，性格比較溫和、耐勞。

馬與小型馬有一些很重要的概念要知道：

● 大馬與小型馬是完全不同的遺傳系統。

---

69 http://www.chinahorse.org/Article_Class.asp?ClassID=10（2011年12月15日閱）

70 http://www.theequinest.com/ 此網站有詳細兩百多種馬的描述和圖片（2011年12月8日閱）。

- 大馬之間交配或大馬與小型馬交配，不會產生小型馬，只會比小型馬高。
- 小型馬之間交配無法產生大馬。

中古時代歐洲的馬基本上都選高大、能負重、純色的馬，高15-17掌。古代希臘的馬不高，到中世紀，馬要承載高大的武士，騎士有盔甲，馬也有盔甲，重三十至四十公斤，再加沉重的武器（Berjeau 1864）。早期到美洲的歐洲人，帶來的必須是大馬才能勝任。1804-1806年，路易斯和克拉克探測西部時，第一次談及印第安人有小型馬，印第安人沒有盔甲，連鞍也沒有，小型馬適合他們。歐洲的馬不適合翻山越嶺、長途跋涉。路易斯和克拉克把他們的馬，交換了綏宋族（Shoshone）的小型馬才能越過洛磯山。綏宋族、科曼徹族（Comanche）和內帕西族（Nez Perce）是西部最懂養馬、馴馬的民族[71]。

與歐洲馬相反，中國的馬種基本上是小型馬。雲南的馬只有11掌，蒙古馬12-14掌，伊犁馬14掌。從漢代到元代，中國的馬都是比較矮小的。漢代畫像磚上的馬，昂首與人高差不多。遼代李贊華《射騎圖》（西元十世紀）的馬首與人首齊平。胡瓌《回獵圖》（西元九至十世紀），馬背在人的腋下，是典型小型馬。用這樣方法，大致可以分辨大馬與小型馬。

美洲野馬（mustang）的定義很亂，既是指一般血統混雜的野馬，也包括美國西北的印第安小型馬（Indian pony，別名mustang, cow pony, buffalo pony, cayuse, Spanish pony），成熟的不能超過14.2掌。美洲野馬頭部比例較大、四腿短而壯，是典型蒙古馬、小型馬，有別於阿拉伯馬和柏布馬[72]。近代，有人想保存這種最早在美洲的馬種，從印第安人處獲得沒有雜交的早期

---

[71] 科曼徹族旗的圖案是一位騎馬的戰士。他們這族在第二次世界大戰時用土語編成敵人無法破解的通訊密碼，一部電影《獵風行動》（Windtalkers）記錄了他們的豐功偉績。其中一位2005年才去世的風語者佩戴著彎月與星的項鍊，上面有一把中國式的大砍刀。彎月與星是穆斯林的標誌，大砍刀（斬馬刀）是中國漢代開始有的武器，《武經總要》稱為手刀。這兩個飾物的意義耐人尋味。http://upload.wikimedia.org/wikipedia/commons/thumb/7/78/Charles_Chibitty.jpg/200px-Charles_Chibitty.jpg

[72] http://www.frankhopkins.com/mustangsB.html（2011年12月15日閱）

馬種。1957年成立了保護「西班牙野馬」（Spanish Mustang）協會。Spanish Mustang 只是指美洲的野馬、小型馬。今天西班牙沒有西班牙野馬，據說已經絕種，死無對證，這是很奇怪的定義。

現在美洲好幾種土著馬冠以「西班牙」的名字，這些名號容易引起誤會，牠們被認為是西班牙帶來的馬，其實在西班牙是找不到的。下表比較兩類馬的高度：

美洲土著馬		西班牙原有的馬	
「西班牙柏布」Spanish Barb	13.3-14.3掌	安達盧西亞馬 Andalusian	15.1掌
「西班牙殖民期馬」Spanish Colonial Horse	13.2-15掌	盎格魯－阿拉伯馬 Spanish Anglo-Arabian	14.3-16掌
「西班牙野馬」Spanish Mustang	13-15掌	諾曼馬 Spanish Norman	15.3-17掌

美洲土著馬都是比較矮的馬，一般是14.2掌以下，是小型馬；西班牙馬都在14.2掌以上，是大馬。前面講過，大馬是不能產生小型馬後代的。據說，美洲的西班牙柏布馬是西班牙安達盧西亞馬（Andalusian）與柏布馬的混種，前者15-16.2掌，後者14.2-15.2掌，為何下一代只有13.3-14.3掌，比父母小？這是不可能的。假如美洲野馬有西班牙大馬的某些特徵，牠們另一個親代應該是小型馬，可是歐洲人沒有帶來小型馬。要注意的是今天有些原來的美洲馬已經與高大的歐洲馬混種，上述美洲土著馬有略高的是已經混種的，帶有歐洲馬或阿拉伯馬的體態。研究原來的美洲印第安人的馬要從早期文獻入手。

賴頓（Hope Ryden）認為美洲野馬是西班牙人帶來美洲的馬，是阿拉伯馬與摩爾人的柏布馬（Barb）混種（Ryden 2005）。一個可能是有斑點的珍尼特馬，被懷疑是美洲花馬的祖先[73]。摩爾人曾統治西班牙，直到哥倫布出海之前被打敗，退回非洲北部。他們的柏布馬輕小，比西班牙人的大馬靈活。

73　http://www.spanishjennet.org/history.shtml（2011年12月15日閱）

據說西班牙人用摩爾人的馬配上高大的阿拉伯馬，培育出新品種，有翻譯為西班牙騾騾（Spanish Jennet珍尼特馬），高13.2-15.2掌，其實是馬，不是騾，也不是騾，騾騾的名字是根據牠們擔任騾騾的工作。根據1492年一幅畫的比例，這種所謂新的「小種馬」並不小，馬首比人高一個人頭。阿拉伯馬（14.1-15.1掌）與柏布馬（14.5-15.5掌）不是小個子的馬，如何培育出12-14掌的印第安人小型馬？這是違反遺傳學的。

1971年，亞利桑那州發現一種野馬Cerbat Mustang（14.2-15掌），根據遺傳基因分析，被認為是現存的、最早的、西班牙人帶來的馬種（Hendricks and Dent 2007, 115; Lynghaug 2009, 52）。根據體高，這種西班牙馬是大馬，牠們無法減高成為印第安人的小型馬。這再次證明印第安人的小型馬另有來源。

一種只生存在巴哈馬的阿巴科島的柏布馬（Abaco Barb），純棕色或花白，與蒙古馬大小相似，13-14掌，現在僅不到十匹。據說是西班牙人帶來的柏布馬後代。但是柏布馬（Barb）高14.2-15.2掌，是摩洛哥柏布人養的馬種，屬於大馬。穆斯林喜歡牠們耐渴、耐遠行，是駱駝以外最好的代步工具。阿巴科柏布馬孤立生存在巴哈馬島嶼，沒有與其他馬雜交，凝固著來美洲後幾百年的基因特徵，只有13-14掌，屬於典型的小型馬，比柏布馬要小得多，把牠們歸類為柏布馬的後代是不合理的。根據馬的體型，印第安人的小型馬，並非西班牙帶來的後代，牠們另有來源。

阿巴科馬還有西班牙馬沒有的白斑，下面談這種馬的毛色特徵。

馬的毛色

首先介紹歐洲馬的毛色。

1066年最重要的黑斯廷斯（Hastings）戰役，諾曼第的威廉帶著三千匹馬，渡過英倫海峽，奠定了稱王英國的地位。一幅長達兩百三十一英尺的壁幔，紀念這次歷史上出名的戰役，壁幔繪有一百九十匹馬，全是棕、黑、白，純色的馬[74]。這幅作品最早的紀錄是1476年，諾曼第巴約教堂（Bayeux）

---

74 http://www.bayeuxtapestry.org.uk/（2012年2月6日閱）

的檔案。創作時間是歐人來美洲前，即使對其他歷史部分並不準確，但作者畫的馬有沒有花馬，應該是寫實的，沒有理由編造的。

直至1500年中葉，歐洲的繪畫都沒有花馬，也沒有花斑點馬。

彼得·布魯格爾（Pieter Bruegel, 1525-1569）是十六世紀出名的畫家，他畫的馬沒有花馬、花斑點馬。1535年一幅騎士圖，十幾匹馬中也沒有一匹是花馬[75]。

第一匹Noriker花斑點馬出現在奧地利是1576年。接著，十七、十八世紀的歐洲人喜歡花馬，是哥倫布接觸美洲一百年後的事。義大利、英國、德國、瑞典、荷蘭開始出現以花馬和花斑點馬為題材的畫[76]，當時是新鮮事物。

除了繪畫，以馬為中心的體育傳統也是證據。義大利Sienna的賽馬節，從十六世紀開始，保持傳統，參賽、評判，甚至觀眾都穿上十六世紀的服裝，展示傳統旗幟，重現中世紀的畫面，參賽的馬絕大多數是棕色、黃色的馬，還有少數白馬、黑馬，沒有花馬。英國、法國的賽馬都沒有花馬。唯一有花馬參賽的賽馬節是美國西部傳統賽馬[77]，這些花馬是經過與歐洲大馬配種的，不是印第安人原來的花馬。歐洲國家中的馬，只有荷蘭溫血馬是花馬，是十九世紀以後培育的，明顯是接觸美洲後才有的。

西班牙西北的加利西亞（Galicia）有人馬摔跤的節日（Rapa das Bestas），極富傳統，要空手把馬摔倒，剪掉一點鬃毛或尾巴當作勝利品，沒有鬥牛殘忍，但同樣野蠻。參加摔跤的同時有幾十匹到數百匹馬，沒有一匹花馬或花斑點馬。

顏色和花紋是區分馬的另一重要特徵，由基因控制。這裡簡單介紹遺傳的基本常識。每一種特性（包括顏色），由一對配對基因（alleles）控制。以托比亞諾花斑馬為例，托比亞諾馬有白色斑紋，通過背部，是由一個顯性基

---

75 http://commons.wikimedia.org/wiki/File:16th-century_unknown_painters_-_Road_to_Calvary_-_WGA23625.jpg（2012年2月7日閱）

76 十七世紀歐洲繪畫開始出現花馬：Guido Reni（L'Aurora 1614），Guercino（Sala di Aurora 1621），Paulus Potter（Piebald Horse 1653），Karel Dujardin（Piebald Horse 1675），John Wootton（1700）。

77 http://www.youtube.com/watch?v=cM-kOem3oNM（2012年6月23日閱）

因T產生的，TT、Tt都是托比亞諾。tt是純色馬。

顯性以T代表，隱性以t代表。一對配對基因都是顯性為TT，只有一個顯性為Tt，兩個都是隱性為tt。TT與Tt都表現托比阿諾的花斑，tt則為不帶白斑的純色馬。每一個親代把其中一個配對基因傳給子代，產生以下概率的可能：

- TT×tt＝Tt，Tt，Tt，Tt（子代全帶白斑）
- Tt×Tt＝TT，Tt，Tt，tt（子代四分之三帶白斑）
- TT×Tt＝TT，TT，Tt，Tt（子代二分之一帶白斑）
- Tt×tt＝Tt，tt，tt，tt（子代四分之一帶白斑）
- tt×tt＝tt，tt，tt，tt（子代都不帶白斑）

就是說，除非親代有一位是帶白斑的（TT或Tt），否則子代無法有白斑。因此純色馬（tt）交配，不可能產生有白斑的後代。歐洲帶來的馬沒有白斑，後代不可能出現白斑。

馬的毛色最基本是棗紅（bay）與黑兩種，另外一些基因使顏色淡化。白色的成因是由幾種基因造成：顯性白（Dominant White）、托比亞諾（Tobiano）、俄哇婁（Lethal Overo），每一種獨立控制馬白毛的分布[78]。含有一個顯性白，產生白毛，雜在其他顏色中；含兩個顯性白基因，整匹馬是白色。

俄哇婁的白色斑邊緣尖銳，它的基因（LO）比較特別，配對基因中有一個顯性（LOlo）是俄哇婁馬；配對基因含兩個顯性（LOLO）的話，不能存活，所以稱為致死基因。即是說，俄哇婁馬與同樣的馬交配，子代夭折的機率高。基因影響馬的顏色，也與馬的脾氣性能有關（Sponenberg 2003）[79]。以往不

---

78 http://www.apha.com/forms/PDFFiles/guidebooks/07ColorGen.pdf（2012年4月17日閱）

79 http://www.vgl.ucdavis.edu/services/coatcolorhorse.php（2011年12月14日閱）
http://www.horse-genetics.com/index.html（2011年12月14日閱）
http://www.whitehorseproductions.com/equinecolor.html（2011年12月14日閱）
http://en.wikipedia.org/wiki/Equine_coat_color_genetics（2011年12月14日閱）

懂得馬的遺傳規律，花馬有可能夭折，歐美人認為是不祥之兆，結果是放逐或殺掉。二十世紀，這種觀念才改，1965年成立花馬協會。

　　中國的馬文化截然不同。下面一首詩經歌頌魯僖公的詩〈駉〉，不同顏色的馬有不同的字，古人對馬的觀察，近三千年前，中國馬的多姿多采，可見一斑：

駉駉牡馬，在坰之野。（駉，肥壯的馬）

薄言駉者，有驈有皇，（驈，股間白色的黑馬；皇，即騜，黃白相間色馬）

有驪有黃，以車彭彭。（驪，純黑馬；黃，黃色馬）

思無疆，思馬斯臧。

駉駉牡馬，在坰之野。

薄言駉者，有騅有駓，（騅，蒼白雜毛或白蹄黑馬；駓，黃白雜毛馬）

有騂有騏，以車伾伾。（騂，馬赤黃；騏，青黑馬，又譽千里馬）

思無期，思馬斯才。

駉駉牡馬，在坰之野。

薄言駉者，有驒有駱，（驒，毛色呈鱗狀斑紋的青馬；駱，白馬黑鬣）

有騮有雒。以車繹繹。（騮，赤馬黑毛尾；雒，黑身白鬣曰雒）

思無斁，思馬斯作。

駉駉牡馬，在坰之野。

薄言駉者，有駰有騢，（駰，淺黑雜白毛馬；騢〔xiò〕，赭白馬）

有驔有魚，以車祛祛。（驔，同騮、騮，赤馬黑鬣黑尾）

思無邪，思馬斯徂。

　　大意是：魯國的君王有遠見，各種各樣顏色的馬，看到馬就想到善良、才幹、不能怠惰、無雜念、要振作、有所為。《康熙字典》和《說文解字》還有：驃，黃馬；驊，棗紅馬；騧，黑嘴黃馬；驄，青白相間的馬；駁，紅白色馬；龍，純白色的馬；騽，黃色脊毛的黑馬等。雜毛是不同顏色的毛與白毛混雜一起，看起來顏色淺一點。間色是大塊的白斑紋與其他顏色相間成無規則的花紋。

　　駁、驈，等於花馬（paint horse, pinto）。《詩經·豳風》：「皇（驈）駁
其馬。」斑駁一詞出自馬的顏色。驄相當於美洲的花斑點馬（Appaloosa）。
岑參詩有「五花驄馬七香車」、「驄馬五花毛」。錢起、韓翃、權德輿等十幾
位唐朝詩人詠唱過五花驄。驄出於今日新疆、哈薩克、烏茲別克一帶，古稱
焉耆、疏勒、烏孫、大宛。花斑點馬與花馬是中國人特別愛好的馬。中國人
喜歡花斑馬，是對天然奇趣的欣賞，正如喜愛印石和硯台的花紋一樣，不在
乎印石或硯台的斑紋是缺陷，要求抽象、不對稱美。中世紀西方的美學觀點
剛好相反，喜歡對稱、純粹的美。

　　西方的審美觀和馬文化與中國差異較大。因為某些帶白斑的馬也有白馬
致死基因，當時沒有遺傳學，只覺得有白斑的馬容易死亡，因此，中世紀歐
洲養馬人對待白斑的馬有顧忌，不願意讓帶白斑的馬配種，經驗與傳統使得
白馬和帶白斑的馬更少，這個禁忌是歐洲沒有花馬的原因。排除白斑的馬很
簡單，殺死帶有顯性白斑的馬，不給予配種。白斑的基因是顯性的，一對配
對基因中有一個，馬就帶白斑。純色馬沒有白斑基因，以後交配無法再產生
有斑紋的後代。所以，純色馬之間交配是無法產生花馬的。中國剛好相反，
特別喜歡帶白斑的馬，刻意培育。歐洲與中國有完全不同的馬文化。這是分
析美洲馬來源的癥結。

　　西班牙人最早帶來美洲的馬有詳細記載。占領墨西哥的科爾特斯
（Hernando Cortes）詳細記錄每個主要官員的姓名和馬的性質，這裡簡介如
下。十四匹馬中，十匹是紅棕色（Bay，即騂），兩匹俄哇婁（Overo），一
匹黑馬（驪），一匹灰馬（Ridgeway 1905; Bennett 1998, 195）。1519年，科
爾特斯的隨從歷史學家卡斯提奧（Diaz del Castillo）記載了一匹馬的前腿是
白色的，另一匹則是深色的羅安馬（Roan），但僅描述腳上有白斑（Castillo
1632, 16; Castillo 1844）。西班牙語overo的意思是像蛋的顏色，有白有黃。
卡斯提奧提的馬足是白色，其他很多馬種也有白足，可能他指的是白足的黃
馬，不是今天定義的俄哇婁馬。俄哇婁馬帶有致死基因，所以他們能繁殖的
機會比其他更低，如果是符合定義的俄哇婁馬，不會產生那麼多後代。印第
安人的花馬中的托比亞諾馬（Tobiano，見下文）與科爾特斯的俄哇婁馬沒
有關係。托比亞諾與俄哇婁最簡單的分別是前者有白毛過背，白斑邊緣比較

圓滑。

中世紀歐洲的馬非常貴，一匹西班牙馬在1551年值一萬五千florins（義大利金幣）（Smith and Gesner 1841, 174）。1533年的金幣含三・五四克黃金，今天約值兩百美元[80]，即一匹馬值三百萬美元左右，要買也買不到，這是為什麼帶去美洲的馬要詳細登記，馬等於他們的第二生命，不會隨便丟失。不可能在一、二十年內從走丟的幾匹馬，成長為幾千匹美洲野馬。當時，西班牙人只有能力買平庸的馬帶去美洲：一匹不能生育又跑不快的母馬；一匹由兩個人共用、不能打仗的馬，後來給其中一人獨占了；一匹淺色的、無用的馬；一匹是不能跳的馬；最好的馬屬於一個開礦的有錢人，他自己有一艘船，那匹馬在船上產了馬駒，由幾個黑人奴隸服侍。卡斯提奧稱讚的馬是能快跑、能跳的。其實耐勞、負重、走得遠才是探險很重要的品質。西班牙人帶來的馬有限，而且性能不佳，不能走長途，上岸不久就死了一些，除了代步，還成了糧食，有時候三天殺一匹。他們的馬與印第安人的馬在體型、顏色、品質方面都不同。印第安人的馬更接近中國人選馬的條件。「千里馬」、「路遙知馬力」是中國對好馬的評語，不挑高大負重，挑能耐的。

當歐洲移民開始與印第安人開始有利益衝突，知道印第安人的馬很多是花馬，純色馬與花馬遂成為敵我的標誌，歐洲移民更忌諱騎花馬。因此，歐洲人喜歡純色高大的馬是有歷史原因的。從西部開發到現在，美國騎兵的馬基本是黑、白、棗紅三種顏色。絕大多數是十五掌以上的棗紅馬和棕馬。1590年開始，義大利西恩納的賽馬節（Pali di Siena）還保有著四百年的老傳統，90%以上的馬是棕馬，其餘是羅安馬、灰馬，沒有花馬。白馬只用在儀式和技巧表演，很少用於競走，這是千百年來習慣選種的結果。歐洲人乘坐的都是黃、棕、棗紅馬（驃、騮、驊、騧），印第安人喜愛花馬（驄、駁、駔、驒、雒），這種馬文化的偏好相當於戲劇臉譜代表人物個性那麼固定。電影裡出現騎花斑馬的，無一例外與印第安人有關。

80　http://www.gmmnut.com/gmm/sca/florin.html（2012年2月14日閱）

美國五花馬

　　法國歷史學家帕拉茲（Le Page du Pratz, 1695-1775）在路易斯安那住了很長時間，當時還是法屬地，1719年時他看到美國南部的措陀族（Choctaw）有「無數的」花馬（Paint Horse或Pinto），與歐洲大陸的馬種不同，認為這些花馬有英國—愛爾蘭合比馬（Hobby）的特徵（Bennett 1998, 345）。英國歷史學家湯普森（James Westfall Thompson）稱這些馬為戚卡索馬（Chickasaw），而不以英國馬種命名。有人則叫這種馬為切諾基馬。當時作為唯一交通工具的馬，像今天的汽車型號，普通人一眼就認得。這兩個例子說明什麼？英倫海峽兩邊的人都覺得沒有看過這種馬，大家都認為不是歐洲來的馬種。措陀族與戚卡索族原居住地是阿拉巴馬州和密西西比州一帶，即《坤輿萬國全圖》上眾仙河的流域。

　　印第安人的馬只有13.2掌高。愛爾蘭的合比馬是十三世紀時代培育的，據說已經絕跡，但是我們知道合比馬是愛爾蘭耕馬和純血馬的前身，也是戰馬，前面講過，歐洲中世紀的戰馬要負載沉重的盔甲，不會太小，如何會是戚卡索、措陀小型馬的祖先？

　　以前西方對花馬（paint horse）的定義很寬鬆，凡是有大塊白斑的黃馬、黑馬都叫花馬，現在花馬一定要有純血馬或奎特馬（quarter horse）的血統，即大馬；pinto則沒有特別規定，包括小型馬。看毛色容易，決定基因成分比較複雜，因此，這些定義往往讓外行人感到非常困擾。Paint horse的規定，把花色與大馬配對，去掉小型馬的特徵，日後大家都以為花馬是來自大馬，把原來花馬的來源掩蓋了。

　　花馬其實在遺傳學上分好幾種。俄哇婁是沒有弄清楚基因前籠統的稱呼。科爾特斯帶來的兩匹「俄哇婁」，今天未必能稱為俄哇婁。另外一種花馬「托比亞諾」，是1840年代阿根廷將軍托比阿斯（Tobias）軍隊騎的，因而命名，他的馬據說是來自巴西東北部和北部。這種花馬，白色居多，跨過背部，向兩側下延，為識別其他馬，把這種花馬稱為托比亞諾馬（Haynes 1988, 39）。我們現在知道，托比亞諾馬的毛色是由一個突變的基因控制，這個基因在**染色體中倒置**，沒有這基因是無法有這種毛色（Brooks, et al.

圖4.16 托比亞諾馬。（Wikipedia〔Jean-Pol Grandmont〕）

圖4.17 俄哇婁馬。（Wikipedia〔Malcolm Morley〕）

2007）[81]。牠與科爾特斯帶來的俄哇婁馬在基因上完全不同，不是從後者演變而來，不然，應該還是叫俄哇婁。一如戚卡索馬、托比亞諾馬被起了特殊的名字，明顯不是歐洲原有的馬，不然就無需給新名字了。

表面看，托比亞諾馬與俄哇婁馬都是花馬，托比亞諾馬的臉一般是棕或黑色、體上白毛過背，俄哇婁馬從頸到臀的背部都不是白色；托比亞諾馬的白斑比較圓勻，俄哇婁馬的白斑邊緣為鋸齒狀，胸頸部顏色像戴上護甲[82]。

巴西的托比亞諾馬究竟哪來的？一說來自荷蘭（Bennett 1998, 274）。但是荷蘭的溫血馬是二十世紀才開始培育的。馬里蘭州阿薩提克（Assateague）國家公園裡養了一百多匹野馬，有純色馬，也有花馬，平均13.2掌，是小型馬。所有花馬都是托比亞諾馬。據說牠們從十七世紀就生活在這裡，真正來源不可考。牠們自由交配，沒有夾雜大馬的血統，所以不可能來自俄哇婁花馬。牠們都是小型馬，無法產生大馬，這些馬不是西班牙馬的後代。

托比亞諾馬其實就是中國的駁與駽，先秦時代已存在，唐代到清朝受朝廷的偏寵，經過兩千年以上精心培育而成。下面從繪畫看中國的花馬和花斑

81 http://www.ncbi.nlm.nih.gov/pubmed/18253033（2012 年 5 月 28 日閱）
82 參看美國花馬協會有關毛色遺傳文章 http://www.apha.com/breed/geneticsarticles.html

點馬，由最近的年代開始：

- 清代義大利畫家郎世寧（Giuseppe Castiglione, 1688-1776），1715 年到中國，1766 年在北京逝世，五十年內繪製了許多中國馬，重要作品有《郊原牧馬圖》、《哈薩克貢馬圖》、《八駿圖》、《高宗大閱兵圖》、《乾隆戒裝騎馬圖》裡乾隆的坐騎是花馬[83]。《百駿圖》裡面有十二匹花馬，比托比亞諾早近一百年；近至光緒的坐騎也是花馬。

- 明代張龍章《胡人出獵圖》有三十一匹馬，其中四匹花馬。張龍章生卒不詳，約為明中後期，比托比亞諾早三百年左右。

- 元代趙孟頫（1254-1322）的《浴馬圖》畫有十四匹馬，其中三匹是花馬；任仁發（1254-1327）的《五王醉歸圖》[84]，有花馬、花斑點馬，《二馬圖》[85] 有花馬，《出圍圖》[86] 的花斑點馬，比托比亞諾早五百多年。

- 宋代李公麟的《麗人行》[87]、

圖4.18　郎世寧繪《乾隆大閱圖》花馬。（維基百科，現存北京故宮博物院）

83　http://jsl641124.blog.163.com/blog/static/1770251432011191311545863/（2011 年 12 月 14 日閱）

84　http://hzrytai.blog.163.com/blog/static/7489067201221291945566/（2012 年 8 月 24 日閱）

85　http://santage.com/artists/2008/1031/article_45664.html（2012 年 8 月 24 日閱）

86　http://www.zjdart.com/html/2009-12/3000.html（2012 年 8 月 24 日閱）

87　http://www.86art.net/art/UploadFiles_5617/200703/20070324003120215.jpg（2011 年 12 月 14 日閱）

《臨韋偃牧放圖》原圖有一千兩百八十六匹馬，起碼有三匹花馬，細看還可能發現更多[88]。李公麟（1049-1106）是宋朝人，早於托比亞諾七百多年。

- 唐代韋偃，生卒年代不詳，韋偃原畫不存。另有佚名的《百馬圖》有十三匹是花馬[89]，最早可比托比亞諾早一千年左右。托比亞諾馬就是中國培育了兩千多年的駁和駱。

- 秦代的秦始皇陵西側出土了兩乘大型彩繪銅車馬，按原來大小的二分之一鑄造，每乘四馬，形狀逼真，馬身經過仔細打磨，纖細的地方，要放大鏡才可以看清楚。每一匹馬都有斑點，根據斑點的分布，特別集中在腿上，這是中國的天馬，即美洲的花斑點馬（Appaloosa）。秦代的花斑馬比Appaloosa馬早一千八百年。

上面這些例子，根據歷代繪畫內容的統計，花馬一般占10%左右。說明花馬是中國人特別喜歡的馬種，光是有實物繪畫雕塑證據的，從秦代到清代兩千多年，加上《詩經》的例子，有兩千五百年，興趣延續不斷。花馬的色塊，猶如書法或水墨畫，也許是歷代受寵的緣故。反觀西方，花馬只出現在知道美洲之後，命名根據在美洲的經驗，不是歐洲原有的馬名，證明歐洲中世紀是沒有花馬。

早期，美國歐裔人把美洲這些花馬新馬種叫做印第安小型馬（Indian ponies），有歧視之意，曾經大量獵殺，作為狗糧。1971年，政府立法保護，使野生馬能生存下去[90]。現在有兩個花馬協會的成立，對大花馬（paint horse）和小花馬（pinto）制定規則，登記花馬的族譜，使牠們繼續繁衍。要記得，把美洲的花馬稱為西班牙花馬、西班牙野馬是毫無根據的，西班牙沒有這種馬。

---

88 http://jsl641124.blog.163.com/blog/static/177025143201171901227545/（2011年12月14日閱）

89 http://qinghonghua.blog.163.com/blog/static/3563942006330943210/（2011年12月14日閱）

90 http://www.youtube.com/watch?v=RWn6eGP5M0k&feature=player_embedded（2012年2月12日閱）

圖4.19　秦銅車馬，花斑點馬。（Wikipedia〔greg-gao〕）

花斑點馬、驄、天馬

　　內帕西族游牧在奧勒岡、華盛頓、猶他和愛達荷等州，他們的花斑點馬被稱為阿帕盧薩馬（Appaloosa），白色帶棕、黑豹斑，現在是愛達荷州的動物標誌。這種馬被譽為美國最好的馬，馴服耐勞，能走長途又跑得快。Appaloosa的名字來自法文"A Palouse"，指高低不平的草原，Palouse也是華盛頓州一條河的名稱，是法國人命名的，從愛達荷州開始、經華盛頓州東面、流入與奧勒岡州交界的哥倫比亞河。1600年代，法國人以美國當地的河流命名該馬，表示該馬是當地產的，不是法國人帶來的。如果馬種來自法國，法國人應該用他們的名稱，叫這種馬為Tigre（老虎馬）。

　　歐洲也曾經有過花斑點馬。兩萬五千年以前，今日西班牙西北的阿爾泰米拉（Altamira Cave）和法國南部派克默爾（Pech Merle）岩洞畫有花斑點馬，西元前1415年的埃及壁畫有花斑點馬拉的馬車。但是中世紀歐洲繪畫，幾乎沒有花斑點馬或花馬，這些馬不知道什麼時候消失了。遍尋中世紀的繪

圖4.20 美國西北部內帕西族培育的五花馬（驄，花斑點馬）。（Wikipedia）

畫，只有一幅描寫世界末日的圖案畫有斑點馬，八匹馬中，三匹有斑點，斑點平均分布在馬身上，其中一匹有紅點與藍點，不像寫實，更像是美術圖案，當時是否有斑點馬，不能用這種繪畫決定。該畫完成於1086年，現存西班牙中部俄斯瑪堡（Burgo de Osma）的一間教堂[91]。馬德里還有描寫世界末日中的怪獸、動物轉化成馬的繪畫。很難決定這些馬是斑點馬，其花紋是寫實或裝飾圖案[92]。歐洲自五世紀羅馬帝國衰亡到文藝復興，長達一千年的黑暗時代，沒有很多文獻可循。

這許多例子說明，花馬和花斑點馬不是中世紀歐洲馴養的馬，是哥倫布到美洲之後一百年才有的。歐洲人對花馬、花斑點馬的認識來自美洲，間接來自中國。

1806年，路易斯和克拉克第一次越過密西西比河去探測西部，見到內帕西族人（Nez Percé）[93]有美洲最大的馬群，好幾千匹，其中一半是花斑點馬。路易斯評論說：「他們的馬匹是良種，樣子高貴，體格好，好動而耐久。簡單來說，牠們像英國馬，在任何一個國家都會出名的。」路易斯和克拉克自己帶來的歐洲馬不能耐勞，他們把歐洲帶來的馬與印第安人交換，才得以攀越洛磯山，長途探險美國西部完全倚賴印第安人的馬。花斑點馬被譽為全能的馬，耐苦耐勞，能跑，能負重走遠路。可是，1877年，歐洲移民與內帕西

91　http://upload.wikimedia.org/wikipedia/commons/9/99/B_Osma_151.jpg（2012年2月11日閱）

92　http://en.wikipedia.org/wiki/Commentary_on_the_Apocalypse（2012年2月12日閱）

93　法文Nez Percé意思是鼻子穿孔的人，他們自稱尼米普（Nee Mi Poo）。

族衝突時，歐洲移民並不認識這種馬的好處，大量屠殺，幾乎滅絕。如果是自己培育的馬種，應該擄回來，他們對花斑點馬的不珍視，證明這種馬並非來自歐洲。

為保持軍事優勢，一開始，西班牙人便嚴禁向印第安人出售馬與槍枝、嚴禁印第安人騎馬，這是 1541 年頒定的法律。內帕西人靠販賣馬匹成為最富有的少數民族，那麼多的花斑點馬不可能是從西班牙人處得到的。內帕西族居留地在猶他州到華盛頓州一帶，西班牙殖民地則限於科羅拉多河以南。離墨西哥有一千六百公里以上，從南到北中間沒有什麼民族養花斑點馬，不能解釋為擴散現象。

花斑點馬沒有出現在中世紀歐洲，突然在十七、十八世紀興起，成為繪畫的熱門題材[94]，之後又冷卻。消失興趣的原因，可能是原住民與歐洲新移民敵對情況明顯化，知道印第安人喜歡花馬、花斑點馬，在戰場上要劃清界線，歐洲移民看到遠處有斑點馬，不管誰騎，一定是敵人，馬的目標比較大，認馬不認人。十九世紀的繪畫、二十世紀的電影中，很明顯看到，騎花馬和花斑點馬的只有印第安人。

內帕西人自己說，他們不是育馬人，這些馬得自海上乘船從遠方來的「人」[95]。有人懷疑是俄國人[96]。內帕西人第一次看到的歐洲人是路易斯和克拉克，覺得歐洲人跟他們不一樣，認為他們不是「人」[97]，內帕西對同種族的人有特別稱謂。內帕西人認為船上的人與他們一樣，這一點暗示，從海上來與他們貿易的人絕非俄國人。而且俄國人來阿拉斯加貿易定居是 1790 年以後。1730 年代，內帕西人已經有馬。為了解釋馬是從西班牙人來的，有人認為是南方的綏宋族（Shoshone）賣馬給內帕西族。實際上，內帕西人是以賣馬給鄰邦而致富，綏宋族的馬來自內帕西。他們認為從海上來貿易的「人」，跟他們一樣有黃皮膚、黑頭髮，這些貿易者是明代的中國人。

94　http://www.physorg.com/news/2011-11-ancient-dna-insights-cave-horses.html（2011 年 12 月 14 日閱）

95　http://www.angelfire.com/ut2/sbr/apphistory.html（2012 年 4 月 17 日閱）

96　http://www.helium.com/items/1973954-tiger-horse（2011 年 12 月 14 日閱）

97　http://lewis-clark.org/（2012 年 2 月 10 日閱）

內帕西的馬是中國的驄，即五花馬。有人定義為馬的鬃毛剪成五瓣，例如唐懿德太子墓出土一尊三花馬，馬鬃整齊地剪出三瓣，稱為三花馬。我覺得形容馬的毛色有花紋斑點比較合理。唐杜甫〈高都護驄馬行〉：「五花散做雲滿身，萬里方看汗流血。」元代楊維楨題〈趙子昂五花馬圖〉：「烏雲滿身雲滿足，紫焰珠光奪雙目。九花風細虯欲飛，五色波清錦初浴。」唐代岑參的〈送趙使御歸上都〉：「驄馬五花毛，青雲歸處高。」又〈走馬川行奉送出師西征〉：「馬毛帶雪汗氣蒸。五花連錢旋做冰。」這些五花馬的詩詞都是描寫花斑點馬的毛色，不是講馬鬃的修飾。

驄，來自大宛，漢有青銅飛馬踏燕的雕塑，形象地表現大宛馬的神速。《唐書》：「骨利幹遣使獻良馬十匹，唐太宗為之制名，號為十驥：一曰騰霜白、二曰皎雪驄、三曰凝驄、四曰懸光驄、五曰洪波騟、六曰飛霞驃、七曰發電赤、八曰流星騧、九曰翔麟紫、十曰奔虹赤。」十匹馬有三匹是驄。大宛馬也被稱為天馬。李白〈天馬歌〉：「天馬出來月氏窟，背為虎紋龍翼骨。」說明天馬有虎斑紋，就是美洲的阿帕盧薩馬的來源。

五代（907-979）趙喦的《圉人調馬圖》繪的是花斑點馬[98]。北京故宮博物館收藏趙孟頫《浴馬圖》繪有花馬。宋代李公麟（1049-1106）畫馬，與唐代韓幹齊名，他的《五馬圖》，不止畫得準確，把尺寸也記錄下來，我們可以比較。鳳頭驄，五尺四寸；錦膊驄，五尺四寸；好頭赤，四尺六寸；照夜白，無尺寸；滿川花，花斑點馬，無尺寸。中國量馬的高矮，不是以肩胛骨為準，從圖中馬與人的比例看，都是小型馬。這些馬均出自西域，經過中國長期挑選育種。

西方也知道中國特別喜愛培育的「天馬」，西方以原產地疏勒名之為Soulon，疏勒國位於新疆喀什，《舊唐書》卷一九八：「於貞觀九年，遣使獻名馬，自是朝貢不絕。」天馬逐漸傳到歐洲，是西班牙的珍尼特馬（Jennet）的祖先，而珍尼特馬則被認為是美洲野馬的始祖[99]。也就是說，西方認為美洲野馬的祖先，實際上是中國的天馬。西方中世紀繪畫上的珍尼特馬比阿帕盧

---

98 喦，音岩；圉人，掌馬者，圉，音雨。

99 http://www.theequinest.com/breeds/tiger-horse/（2011 年 12 月 14 日閱）

圖4.21　五代趙喦畫《圉人調馬圖》（驄）。（上海博物館藏）

薩馬要高一掌以上，西班牙今天沒有珍尼特馬，無法對質。

　　有人認為，1680年在墨西哥叛變的美洲原住民偷走了二、三十匹馬，成為阿帕盧薩馬的祖先，無法解釋在一百年內屢遭獵殺之下，如何繁殖為成千上萬的馬。

　　花斑點馬的毛色形成由於遺傳基因Lp（顯性）或lp（隱性）。一對等位基因只要有一個帶Lp（即LpLp或Lplp），馬的毛色便是花斑點。就是說，不是花斑點的馬的配對基因是lplp。沒有花斑點的馬之間交配，不會產生花斑點馬。所以，純色的西班牙馬無法產生花斑點馬後代。

　　1877年，內帕西族無法抗拒歐洲移民西進，族人與花斑點馬同遭厄運，幾乎滅絕。假如歐洲人認識這是自己帶來的良種，一定會據為己有，絕對不會如此獵殺。是少數藏匿起來的內帕西人將馬的一線命脈留住，1937年才得以重新面世。

　　讀者應該記得前面考古發現的馬骸，斷代在1426-1481年之間，出現在懷俄明州，內帕西族的活動範圍，事情應該大白了，這是鄭和時代華人帶來的馬。

內帕西人的斑點馬來自中國。阿拉斯加和奧勒岡州發現永樂通寶，地點接近內帕西人的居住地。《坤輿萬國全圖》標註雪山（雷尼爾山Mount Rainier）在華盛頓州（李兆良　2012）[100]。內帕西人傳說花斑點馬來自海上乘船的人，登陸的地方應該是哥倫比亞河附近，即永樂通寶出土處，這裡可以清楚看到雷尼爾山。馬直接從海上來，猶如天降，所以墨西哥至猶他州之間沒有花斑點馬，只出現在華盛頓、愛達荷州、懷俄明州附近。以上各點，結合《坤輿萬國全圖解密：明代測繪世界》中清楚標誌加利福尼亞、雪山，可以互證鄭和時代的中國人到達華盛頓州與奧勒岡州交界的哥倫比亞河，帶來花斑點馬，與內帕西人交易，留下永樂通寶。

騾馬歷史的謬誤

西班牙耶穌會教士克拉維傑羅（Francesco Saverìo Clavigero, 1731-1787）指出，西班牙派往墨西哥的中將奧約亞（D. Antonio Ulloa, 1716-1795）描述智利和祕魯的馬和騾，說牠們「十七、八分鐘能走十五英里，上下陡坡，能一下子走七、八十英里。負重的騾子，背著五百磅，一天走十二到十四英里，每天分四程，可以從墨西哥走到瓜地馬拉，一千至一千五百英里」，名副其實的千里馬。奧約亞說的馬和騾子很明顯不是西班牙人帶來的，不然就無需特別記錄了。「我不知道過去兩百年有多少馬來自西班牙，不過，我知道每年有很多美洲馬被送到西班牙宮廷去，還呈獻給國王。」（Clavigero 1787, 312）。克拉維傑羅清楚指出，美洲的馬和騾子多得很，不是來自西班牙，反而是美洲每年給西班牙送馬。克拉維傑羅這段話點明，歐洲繪畫在十七世紀出現的花馬、花斑點馬，實際上是從美洲運回歐洲的。

克拉維傑羅有一段很重要的話：「布封伯爵對美洲最不公平的是把美洲的馬和騾完全抹殺。阿科斯塔（Acosta）說：『美洲很多地方有馬，長得很好。牠們媲美西班牙最好的種，不止能競走和表演，還可以走遠路、幹粗活』。」[101]1532年，西班牙人首次征服祕魯，十年後才建立統治權。阿科斯塔

100　http://www.peakbagger.com/peak.aspx?pid=2296（2012年2月20日閱）
101　José de Acosta（1539-1600）西班牙派駐中南美洲（祕魯）的耶穌會教士。

於 1569 年到達祕魯，是這裡最早的傳教士之一，離開殖民地成立才二十七年。阿科斯塔到處看到很多馬和驢子，祕魯人用玉米餵他們的驢馬，用馬推磨，碾碎礦物，騎馬狩獵，吃馬肉（Acosta 1604）。這些馬顯然不可能是西班牙人千里迢迢運去的，西班牙殖民者禁止印第安人騎馬，更不用說擁有馬、吃馬肉。後來的歷史被一改再改，說西班牙人來美洲以前，當地沒有驢馬，是不符事實的。

布封伯爵（Comte de Buffon, 1701-1788）是法國自然歷史學家，著有三十六卷的《自然史》，被認為是達爾文之前的自然史開山祖。他斷然說「我們沒有發現美洲有馬和驢子」，認為驢馬是西班牙人帶來美洲大陸和島嶼，後來成為野馬[102]（Buffon [comte de], et al. 1753, 401）。由於他的威信，這段失真的記載輾轉被引用為美洲沒有驢馬的口實。布封認為美洲比歐亞落後得多，連四條腿的動物都沒有，直到美國總統傑佛遜送給他一頭美洲麋鹿，他才承認錯誤。他這一刪，把馬早於西班牙人在美洲存在的事實抹殺掉，也改寫了整個美洲歷史，以後說美洲沒有馬和驢子大概以此為據。布封沒有到過美洲，他的一生花在寫作與遊歷歐洲。奧約亞和阿科斯塔等美洲目擊者的第一手資料，反被封殺，克拉維傑羅指正錯誤的文章也沒有受到重視。墨西哥市有一所藏書百萬冊的克拉維傑羅紀念圖書館，保存了美洲最早的原住民資料。

這件事引出幾條道理：

1. 個人寫的歷史，由於認知與利益關係，往往有疏漏偏差，必須以目擊者資料多方求證；
2. 要有傑佛遜實事求是、挑戰權威的精神；
3. 要有布封承認錯誤、不怕丟臉的胸襟；
4. 要有克拉維傑羅正史的膽量。

102　原文：“On n'a point trouvé d'ânes en Amérique, non plus que de chevaux.”

不切實際的「繁殖率」

北美洲的野馬在1800年代的數目，估計是一百萬到兩百萬[103]。兩百年前的統計比較難令人相信，不過，到處有馬是可以想像的。1800年代末期，紐約市與布魯克倫就有十五萬至十七萬五千匹馬，沒有汽車的年代，牠們是必須的交通工具[104]。由此推論，全美洲有一、兩百萬匹馬是可信的。

底蘇圖1540年代帶來六百匹馬。根據一個比較詳細的統計，從1493-1695年，歐洲人帶來整個美洲的馬總共不到三千匹，自然死亡、戰死都算在內，這統計數字來自實際檔案，當時西班牙人把馬主姓名、年歲、有多少馬和牲口都登記在案，馬主讓馬逃掉要罰款坐牢的[105]。1598年一次大風雪中逃掉了三十匹馬是第一次有紀錄的。另一次是1680年普韋布洛人（Pueblo）反抗西班牙統治者的戰利品。1679年，印第安人有一萬七千人、歐洲人兩千八百人，主要是西班牙人（Kubler 1940, 24）。當時最多只有一千匹馬左右（Reagan 1914, 83）。即使全部被印第安人俘獲，算一半是雌馬，馬的成熟期是兩歲，懷孕期十一個月，絕大多數情況是一胎一崽，馬的壽命大概二十五歲，五百匹馬經過一百年，能夠繁殖成一、兩百萬匹馬嗎？印第安人靠「偷」走幾匹，能有這樣的繁殖率嗎？

1540年西班牙人在阿根廷的布宜諾斯艾利斯留下了十二至四十五匹馬，到1580年，四十年內，馬的總數達一萬兩千匹。另一說法則認為，不應有那麼多，土人把原來的馬吃掉了，推測這些馬是後來從智利跑來的（Nichols 2009, 120）。表明這位作者知道這數字是不合理的，但是他沒有說明，智利的西班牙人會有那麼多馬可以逃到阿根廷嗎？當時西班牙人初到南美洲，好不容易千里迢迢運來的馬，哪會輕易讓牠逃掉？智利與阿根廷隔了安地斯山脈，高三千公尺以上，有些到六千公尺，終年積雪，是什麼驅使馬翻過高山到阿根廷？這些沒有根據、非科學的推測顯然站不住腳，卻往往被後人當史

---

103 http://www.horsetalk.co.nz/features/extinction-176.shtml（2012年2月5日閱）國際馬博物館的說法是1900年野馬達到兩百萬匹。

104 http://www.uctc.net/access/30/Access%2030%20-%2002%20-%20Horse%20Power.pdf（2012年2月16日閱）

105 http://www.wildhorsesofthewestartgallery.com/nmhp-history.cfm（2012年2月15日閱）

料轉載。

下面一個最近的例子可以說明馬的自然繁殖率。馬里蘭州一個島（Assateague）開闢為自然公園，1968年有二十八匹馬，在保護下自由生活，到1994年增加到一百六十六匹，相隔二十六年[106]。從這個數據可以看出來，馬的繁殖率在西班牙人到達美洲的時間，無法達到歷史記載的數字。值得注意的是，這島上的野馬都是小型馬，而且有許多花馬。

印第安人擁有的花馬、野馬、小型馬，與西班牙的大馬不同，西班牙帶來的大馬不是牠們的祖先。美洲野馬的繁殖率遠超過西班牙帶來的馬的可能性。美洲野馬在美洲存在的時間一定更久遠，而且另有來源。

關於馬的小結

西班牙人為了保持軍事優勢，禁止印第安人騎馬。但是，除了慣用的馬以外，印第安人根本不把馬圈起來，讓牠們自由生活，需要時才去逮回來用。印第安人不用鞍、鐙、韁繩，抓住鬃毛自由馳騁，媲美蒙古人，沒有多少西班牙人能做到，何止青出於藍？歐洲人養馬、用馬有幾千年歷史，尚且不能。印第安人熟練的馴馬、養馬技術，西班牙人不能比。要抓住野馬馴化不輕易，馴馬、騎術的訓練，不是一朝一夕的事。在西班牙人嚴密控制下，美國西北部、南部，被認為是石器時代的印第安人，如果從來沒有馬，在短短一、兩百年內，靠從西班牙人處得到的幾匹馬，居然能繁殖出如此多的馬，能隨便用；他們能馴馬、有精湛的騎術，很難使人信服。西班牙人到達南美祕魯不到三十年，那裡的人繁殖了大量的驢馬，擔任粗重工作，他們吃馬肉，有些馬還運到西班牙，更不能解釋。最難令人置信的是短短時間內，各民族培育出特別的馬種，能歐洲人所不能。

巴哈馬群島的阿巴科花馬，種內交配多年，沒有外來基因的攪入，只有13-14掌高，是典型的小型馬。西班牙的馬，即使是巴爾布馬也僅14-15掌高，不應是阿巴科馬的祖先。事實上，西班牙並沒有「西班牙巴爾布馬」，這名詞是造出來的。西班牙巴爾布馬只產於北美洲。其實，北非的摩爾人入

---

106 http://www.nytimes.com/2009/04/21/science/21horse.html（2012年2月6日閱）

侵西班牙半島，並沒有繁殖他們自己的巴爾布馬，反而是喜歡西班牙比較高大的馬種[107]。所以，「西班牙巴爾布馬」、「西班牙珍尼特馬」、「西班牙花馬」這些名詞是沒有根據的。這些馬，今天在西班牙都找不到，本不源自西班牙，名實不副。

美洲馬八千年前滅絕，今天這許多馬總得有個來源。美國談馬的書，很少看到一本說美洲在歐洲人來以前有驢馬，因為接著的問題是誰帶來的，哥倫布發現新大陸的說法就禁不起考驗了。這些資料存在早期的文獻中，需要認真去探求。

以上根據馬的體型、顏色分析：美洲野馬、印第安人的花馬、花斑點馬、小型馬與中國歷來喜愛的馬種相似；歐洲人則喜愛高大、能負重的純色馬種，文化迴異。如果美洲原來沒有現代馬，所有的馬是歐洲輸入，無法解釋歐洲的大馬、純色馬如何產生美洲的小型馬、花馬，這是不符合遺傳學的科學規律。第一手資料記載美洲本來有馬和驢，牠們的耐力與負重勝於西班牙馬，不是短期育種的結果。這些紀錄被刪掉，不過有實物證據保留下來。加州海岸卡斯巴德的馬墓、阿帕盧薩馬（中國五花馬）、馬里蘭州公園的小型花馬、加勒比海的阿巴科小型花馬、奧勒岡和阿拉斯加發現的永樂通寶、奧勒岡印第安婦女傳統用中國銅錢做頭飾等等是見證。馬與銅錢不講話，卻比人話更可信。

中華馬文化留在美洲的痕跡與指紋印記和DNA一樣肯定。美洲的花馬、花斑點馬、小型馬是中國來的馬種。中國的五花馬（托比亞諾花馬）有一段基因是倒置的，來自一個突變種。中國的五花馬自秦漢以來專心培育了兩千多年，從唐朝到清朝有眾多的繪畫文物證明。清朝，從義大利來華的畫家郎世寧，在中國五十年，繪有《百駿圖》，有四分之一的馬是花馬和花斑點馬，他畫的乾隆坐騎也是花馬。歐洲人育馬、用馬有幾千年歷史，歐洲人來美洲以前，歐洲沒有花馬，純色的馬不可能是花馬的祖先。美國國際馬博物館的網站是資料最豐富的馬文化網站，為何沒有郎世寧畫的中國花馬？把花馬列為美國西班牙人培育的馬種，有違事實。印第安人的花馬應該是來自

---

107 http://www.horseshowcentral.com/horse_breeds/spanish_barb/422/1（2012 年 2 月 5 日閱）

明代中國。

以上觀察，總結出幾條：

- 加州墓中的馬比西班牙人到達，起碼早五十年。
- 印第安人的小型馬是中國種馬，不能自己交配成為西班牙的大馬，也不能自大馬培育而來。
- 印第安人騎的花馬是中國兩千年來特別培育的駁、驦、駜；花斑點馬是驄。
- 歐洲人對美洲的花馬取新名字Chickasaw、Tobiano、Appalossa，表示並非來自歐洲。
- 西班牙帶來的俄哇婁不能培育為托比亞諾（駁、驦、駜）。
- 中世紀歐洲文獻繪畫沒有花馬。一千六百年以後，歐洲繪畫才出現的花馬，應來自美洲，間接來自中國。

美洲馬的一些文獻把來自中國的花馬、小型馬冠以「西班牙」的字樣，不符遺傳學的規律，引起誤會、誤導，與早期的文獻比對一下，就「露出馬腳」了。

我們看過中國玫瑰Rosa sinica、Rosa laevigata、切諾基玫瑰，全部來自中藥金櫻子的事實，有一天，西班牙花馬、托比亞諾馬、戚卡索馬、西班牙野馬、西班牙珍尼特馬和阿帕盧薩馬等會正名為中國培育的駁、驦、駜、驄。

> 天馬驦驄自古稀
> 基因不容狡辯辭
> 神農社稷蠶桑事
> 早赴瀛洲更無疑

參考書目

Abbott, Lyman, and Thomas Jefferson Conant. *A Dictionary of Religious Knowledge.* New York: Harper, 1875.

Acosta, José de. *The Natural & Moral History of the Indies: The Natural History (Books I-IV).* Translated by Edward Grimston. London: The Hakluyt Society, 1604.

Actuarius, Joannes, Conrad Gessner, and Joannes Ruellius. *De medicamentorum compositione.* Basile AE, 1540.

Anonymous. *An Historical Account of the Circumnavigation of the Globe.* New York: Harper & Brothers, 1837.

Barrows, David Prescott. *History of the Philippines.* Yonkers, NY: World Book Company, 1924.

Bauhin, Caspar. *Phytopinax seu Enumeratio plantarum ab herbarijs nostro seculo descriptarum, cum earum differentijs.* Basile AE: per Sebastianum Henricpetri, 1596.

Bennett, Deb. *Conquerors: The Roots of New World Horsemanship.* Los Alamos, CA: Amigo Publications, 1998.

Berjeau, Philibert Charles. *The Horses of Antiquity, Middle Ages, and Renaissance.* London: Dulau & Co., 1864.

Bosland, Paul W., and Jit B. Baral. "'Bhut Jolokia'—The World's Hottest Known Chili Pepperis a Putative Naturally Occurring Interspecific Hybrid." *Horticultural Science* 42, no. 2 (2007): 222-224.

Braudel, Fernand. *Civilization & Capitalism 15th-18th Century: The Structures of Everyday Life.* Translated by Sian Reynolds. Berkeley, Los Angeles: University of California Press, 1992.

Brickell, John, John Lawson, and J. Bryan Grimes. *The Natural History of North Carolina.* Dublin: Trustees of the Public Libraries, North Carolina, 1737.

Brooks, SA, TL Lear, DL Adelson, and E. Bailey. "A Chromosome Inversion Near the KIT Gene and the Tobiano Spotting Pattern in Horses." *Cytogenet Genome*

Research 119, no. 3-4 (Feb 2007): 225-230.

Buffon (comte de), Georges Louis Leclerc, Louis Jean Marie Daubenton, Guéneau, Philibert de Montbéliard, and de la Ville sur Illon de Lacépède Bernard-Germain-Etienne. *Histoire naturelle, générale et particulière: avec la description du Cabinet du roy.* De l'Imprimerie Royale, 1753.

Burney, James. *A Chronological History of the Discoveries in the South Sea or Pacific Ocean; Illustrated with Charts: Commencing with an Account of the Earliest Discovery of that Sea by Europeans, and Terminating with the Voyage of Sir Francis Drake, in 1579.* London: Luke Hansard, 1803.

Canlas, Luzano Pancho. *Philippines' 2 Millennium History.* Haverford, PA: InfinityPublishing.com, 2000.

Carney, Judith Ann. *Black Rice: The African Origins of Rice Cultivation in the Americas.* Boston: Harvard University Press, 2001.

Carter, George. "The Chicken in America: Spanish Introduction or Pre-Spanish?" In *Across Before Columbus*, by Donald Y. Gilmore and Linda S. McElroy., 151-160. New England Antiquities Research Association, NEARA Publications, 1998.

Castillo, Bernal Díaz del. *Historia verdadera de la conquista de la Nueva España.* Madrid, Spain: Impr. del Reyno, 1632.

———. *The Memoirs of the Conquistador Bernal Diaz del Castillo.* Translated by John Ingram Lockhart. Vol. 1. London: J. Hatchard and Son, 1844.

Churchill. *A Collection of Voyages and Travels: Some Now First Printed from Original.* London: Awnsham and John Churchill, 1704.

Clavigero, Francesco Saverio. *The History of Mexico: Collected from Spanish and Mexican ..., Volume 2.* London: G.G. J. and Robinson, 1787.

Crawfurd, John. *History of the Indian Archipelago.* Vol. 3. Edinburgh: A. Constable and Co., 1820.

Dees, Robert Paul. *Economics and Politics of Peasant Production in South Germany, 1450-1650.* Los Angeles: ProQuest, 2007.

Dodoens, Rembert. *Cruydeboeck.* Antwerp, 1554.

Draper, Judith. *The Complete Book of Horses-Horse Breeds and Horse Care.* London: Lorenz Books, 2003.

Eckles, David, Jeffrey Lockwood, Rabinder Kumar, Dale Wedel, and Danny N. Walker. "An Early Historic Period Horse Skeleton From Southwestern Wyoming." *The Wyoming Archaeologist* 38, no. 3-4 (1994): 55-68.

Edwards, Elwyn Hartley. *The Encyclopedia of the Horse.* New York, London: Dorling Kindersley, 2008.

Eggleston, Edward. "Husbandry in Colonial Times." *The Century* (The Century Co.) 27 (1884): 431-449.

Elliott, Stephen. *A Sketch of the Botany of South-Carolina and Georgia.* Charleston: J.R. Schenck, 1821.

Ellis, Lynn Webster, and Edward Aloysius Rumely. *Power and the Plow.* Garden City, New York: Doubleday, Page & Company, 1911.

Everaert, Aegidius, and Gerardus Van Bergen. *De herba panacea, quam alii tabacum nicotianam vocant, brevis commentariolus.* Antwerp: Jo. Bellerus, 1587.

Ferguson, Donald. *Letters from Portuguese Captives in Canton, Written in 1534 & 1536.* Bombay: Educ. Steam Press, Byculla, 1902.

Fisher, John Robert. *The Economic Aspects of Spanish Imperialism in America, 1492-1810.* Liverpool, UK: Liverpool University Press, 1997.

Gómara, Francisco López de. *La historia general de las Indias, con todos los descubrimientos, y cosas notables que han acaescido en ellas, dende que se ganaron hasta agora.* Anvers: En casa de Juan Stelsio, 1554.

Hale, Edward Everett. *The Life of Christopher Columbus.* Chicago: G.L. Howe & Co., 1891.

Hariot, Thomas. *A Briefe and True Report of the New Found Land of Virginia.* New York: Dodd, Mead & company, 1903.

——. *Narrative of the First English Plantation of Virginia.* London: B. Quaritch, 1893.

Hariot, Thomas, Carolus Clusius, Theodor de Bry, John White, and Sigmund Feyerabend. *Admiranda narratio fida tamen, de commodis et incolarvm ritibvs Virginiæ.* Ioannis Wecheli, Theodor de Bry, 1590.

Harriot, Thomas, and John White. *A Brief and True Report of the New Found Land of Virginia.* New York: Courier Dover Publications, 1972.

Haynes, Glynn W. *The American Paint Horse.* Norman, OK: University of Oklahoma Press, 1988.

Hendricks, Bonnie L., and Anthony A. Dent. *International Encyclopedia of Horse Breeds.* Norman, Oklahoma: University of Oklahoma Press, 2007.

Ho, Ping-ti. "American Food Plants in China." *Plant Science Bulletin* (Botanical Society of America) 2, no. 1 (January 1956).

——. "The Introduction of American Food Plants into China." *American Anthropologist* 57, no. 2 (April 1955).

Hobson, John M. *The Eastern Origins of Western Civilisation.* Cambridge, UK & New York: Cambridge University Press, 2004.

Institut für Pflanzengenetik und Kulturpflanzenforschung Gatersleben. *Mansfeld's Encyclopedia of Agricultural and Horticultural Crops.* Berlin, Heidelberg, New York: Springer-Verlag, 2001.

James I, King of England. *The Essays of a Prentise, in the Divine Art of Poesie. Edinburgh. 1585. A Counterblast to Tobacco. London, 1604.* London, 1585.

Jones, Terry L. *Polynesians in America: Pre-Columbian Contacts with the New World.* Lanham, Maryland: Rowman Altamira, 2010.

Kindersley, Dorling. *Smithsonian Timelines of History.* New York: DK Publishing, 2011.

Konczacki, Zbigniew A., and Janina M. Konczacki. *An Economic History of Tropical Africa 1977.* Oxon, UK: Routledge, 1977.

Kubler, George. *The Religious Architecture of New Mexico in the Colonial Period and Since the American Occupation.* Colorado Springs, Colorado: The Taylor Museum, 1940.

Kurtén, B., and E. Anderson. *Pleistocene Mammals of North America*. New York: Cambridge University Press, 1980.

Lanségüe, Mr. de. *A Short Compendium of Ancient and Modern Historical Geography*. London: Printed at the Logographic press and sold by T. Cadell, 1791.

Lawson, John. *A New Voyage to Carolina*. London, 1709.

Le Moyne de Morgues, Jacques, and Theodor de Bry. *Narrative of Le Moyne*. Boston: J.R. Osgood and Company, 1875.

L'Écluse, Charles de. *Caroli Clusii Atrebat-Rariorum aliquot stirpium per Hispanias obseruatarum*. ex officina Christophori Plantini, 1576.

Lee, Francis Bazley. *New Jersey as a Colony and as a State: One of the Original Thirteen*. Vol. 1. New York: Publishing Society of New Jersey, 1902.

Linares, Olga. "African Rice (Oryza glaberrima): History and Future Potential." *PNAS*, 2002: 16360-16365.

L'Obel, Matthias, Pierre Pena, and Guillaume Rondelet. *Plantarum seu Stirpium Historia Matthiae de Lobel*. Antwerp: ex officina Christophori Plantini, 1576.

Lynghaug, Fran. *The Official Horse Breeds Standards Guide*. Minneapolis, MN: Voyager Press, 2009.

Macgregor, John. *The Progress of America, from the Discovery by Columbus to the Year 1846*. London: Whittaker and Co., 1847.

Maranta, Bartolomeo. *Herbarium*. Venice, 1571.

McCann, James. *Maize and Grace: Africa's Encounter with a New World Crop, 1500-2000*. Cambridge, MA: Harvard University Press, 2005.

McClelland, Peter D. *Sowing Modernity: America's First Agricultural Revolution*. Cornell, NY: Cornell University Press, 1997.

McNeill, William Hardy McNeill. *The Rise of the West: A History of the Human Community*. Chicago: University of Chicago Press, 1990.

Montoya, Antonio Ruiz de. *Arte y bocabulario de la lengua guarani*. por Iuan Sanchez, 1640.

Mortimer, John. *The Whole Art of Husbandry*. London: J.H. for H. Mortlock, 1708.

Myers, Kathleen Ann, Nina M. Scott, and Gonzalo Fernández de Oviedo. *Fernández de Oviedo's chronicle of America: a new history for a New World.* Austin: University of Texas Press, 2007.

Needham, Joseph, and Francesca Bray. *Agriculture, Volume 6.* Cambridge, UK: Cambridge University Press, 1984.

Nichols, Madaline W. "The Spanish Horse of the Pampas." *American Anthropologist* 4, no. 1 (2009): 119-129.

Nonnecke, Ib Libner. *Vegetable Production.* New York: Springer, 1989.

Okihiro, Gary Y. *Pineapple Culture: A History of the Tropical and Temperate Zones.* Ewing, New Jersey: University of California Press, 2009.

Outram, Alan K., et al. "The Earliest Horse Harnessing and Milking." *Science* 323 (2009): 1332-1335.

Oviedo, Gonzalo Fernández de. *L'Histoire naturelle et generalle des indes, isles, et terre ferme de la grand mer oceane.* De l'imprimerie de Michel de Vascosan, 1556.

Parkinson, John. *Theatrum Botanicum.* London: Tho. Cotes, 1640.

Parliament, Victoria. *Parliamentary Debates.* Vol. 96. Melbourne: Robt S. Brain Government Printer, 1901.

Paul H. Moore, Ray Ming, Deborah P. Delmer. *Genomics of Tropical Crop Plants.* New York: Springer, 2008.

Pigafetta, Antonio. *Magellan's Voyage Around the World.* Vol. 1. Cleveland, Ohio: The A.H. Clark Company, 1906.

Pigafetta, Antonio, and Paula Spurlin Paige. *The Voyage of Magellan.* William L. Clements Library, 1525.

Portuguese, Anonymous. *Viginia Richly Valued.* Translated by Richard Hackluyt. F. Kyngston for M. Lownes, 1609.

Quattrocchi, Umberto. *CRC World Dictionary of Grasses: Common Names, Scientific Names, Eponyms, Synonyms, and Etymology.* Boca Raton, Florida: CRC Press, 2006.

Reagan, Albert B. *Don Diego, or, The Pueblo Indian Uprising of 1680*. New York: The Alice Harriman Company, 1914.

Ridgeway, William. *The Origin and Influence of the Thoroughbred Horse*. Cambridge: Cambridge University Press, 1905.

Ryden, Hope. *America's Last Wild Horses: The Classic Study of the Mustangs*. Gilford, Connecticut: Globe Pequot, 2005.

Salmon, Thomas. *Modern history or the Present State of All Nations, Volume 3*. London: Longman and Shewell, 1746.

Sauer, Jonathan D. *Historical Geography of Crop Plants: A Select Roster*. Boca Raton: CRC Press, 1993.

Schulze, Richard. *Carolina Gold Rice: the Ebb and Flow History of a Lowcountry Cash Crop*. Charleston SC: The History Press, 2005.

Sloane, Hans. *Jamaica*. London: Brown, 1696.

Smith, Andrew F. *Peanuts: the Illustrious History of the Goober Pea*. Champaign, IL: University of Illinois Press, 2002.

——. *Popped Culture: A Social History of Popcorn in America*. Columbia, SC: Univ of South Carolina Press, 1999.

Smith, Charles Hamilton, and Konrad Gesner. *The Natural History of Horses: The Equidæ or Genus Equus of Authors*. Edinburgh: W. Curry, Jun & Co. Dublin, 1841.

Smith, Julia Floyd. *Slavery and Rice Culture in Low Country Georgia, 1750-1860*. Knoxville, TN: Univ. of Tennessee Press, 1991.

Sorenson, John L., and Carl L. Johannessen. *World Trade and Biological Exchanges Before 1492*. Lincoln, NE: iUniverse, 2009.

Sponenberg, Dan Phillip. *Equine Color Genetics*. Iowa City, Iowa: Iowa State Press, 2003.

Staller, John Edward, and Michael D. Carrasco. *Pre-Columbian Foodways*. New York: Springer, 2009.

Storey, Alice A., Daniel Quiroz, Nancy Beavan, and Elizabeth Matisoo-Smith.

"Pre-Columbian Chickens of the Americas: A Critical Review of the Hypotheses and Evidence for Their Origins." *Rapa Nui Journal* 25, no. 2 (2011): 5-19.

Storey, Alice A., Jose Miguel Ramirez, others, and Elizabeth A. Matisoo-Smith. "Radiocarbon and DNA Evidence for a Pre-Columbian Introduction of Polynesian Chicken to Chile." *PNAS*, 2007: 10335-10339.

Talbot, Guillaume H. *Philosophy of French Pronunciation*. New York: Ivison & Phinney, 1856.

Toussaint-Samat, Maguelonne. *A History of Food*. New York: John Wiley & Sons, 2009.

Weatherwax, Paul. *Indian Corn in Old America*. New York: MacMillan, 1954.

Willich, Anthony Florian Madinger, and Thomas Cooper. *The Domestic Encyclopedia*. Philadelphia: Abraham Small, 1821.

Wyckoff, William Cornelius. *Report on the Silk Manufacturing Industry of the United States*. Washington DC: Government Printing Office, 1884.

中國藥學會藥學史學會，《李時珍研究論文集》，武漢：湖北科學技術出版社，1985。

佚名，《食物本草》，北京：國家圖書館出版社，2007。

姚可成，《食用本草》，北京：人民衛生出版社，1994。

李兆良，《坤輿萬國全圖解密：明代測繪世界》，台北：聯經出版公司，2012。

王介南，《中外文化交流史》，太原：山西人民出版社，2006。

蘭茂，《滇南本草》，昆明：雲南人民出版社，1975。

蘭陵笑笑生，梅節（校點），《金瓶梅詞話》，香港：星海文化出版有限公司，1987。

　　明代人肯定不是第一批發現美洲的中國人。古代中國文化的蹤影，在美洲到處可見。因為年月久遠，遷移來美洲的文化自行發展，多次遷入的文化互相混合，現在已不易斷代，但美洲文化與中國華夏文化的關係是無法否定的。本章要談一些比較模糊的觀察，不能確定的應該存疑，機會高的也明確標示。

　　沒有人懷疑美洲的原住民是從亞洲來的。亞洲人與美洲人有共同的基因。美洲原住民的基因沿西海岸從北到南的分化率愈來愈低，即人與人之間的基因差異愈來愈小，而且愈來愈異於今日的亞洲人，形成一典型梯度（Wang, et al. 2007）[1]。就是說，開始來的帶有不同的基因，分支以後，其中一部分往南走，他們只有其中一部分基因群，愈往南，基因愈純。另一個可能是愈靠近亞洲的地區，愈多不同的亞洲人在不同時代來定居，所以基因比較複雜，而在南方的較少與外界接觸，保存較純的基因。

　　亞洲人來美洲的路線不止一條，有陸路，也有海路，分不同的時期，帶來的文化是多方面的，原來的亞洲文化經過長時期的演化，成為新的文化，需要仔細觀察才能理出淵源。

　　以下按照大約遷徙的路線，跟蹤亞洲文化在美洲的跡象。這些線索的年代大部分無法肯定，但是文化特徵還是容易辨認的，貫串著滄溟宗兩岸的文明。滄溟宗是中國人給太平洋的名字，指最大最深的大洋，是所有海洋的祖宗，這名字比太平洋要來得貼切精確。太平洋並不太平，是不貼切的名字，應該認識和恢復滄溟宗這個稱謂。可以參考我另外一本書：《坤輿萬國全圖解密：明代測繪世界》（李兆良 2012）。

饕餮，圖騰

　　亞洲接近白令海峽處，《坤輿萬國全圖》有「狗國」。在北極圈的住民，用狗拉雪橇做交通工具。狗是他們家庭的成員。幾千年前，他們很可能靠著狗，一段一段走，來到美洲。白令海峽兩邊的人們還在用狗代步。

1　http://genetics.plosjournals.org/perlserv/?request=get-document&doi=10.1371%2Fjournal.
　　pgen.0030185&ct=1

　　來到美洲後，這些先民保存了原來的文化特徵，其中族徽最醒目。加拿大卑詩省的海達族（Haida）的圖騰，用一整根巨木雕刻成一系列的動物形象，有烏鴉、鷹、熊、狼和鯨魚等，是他們的族徽。中國滿族的「班吉」柱與美洲的圖騰柱有同樣的意義。中國東北滿族的圖騰有烏鴉（海東青）、野豬、魚、狼、鹿、鷹、豹、蟒蛇和蛙等，有相當一部分與美洲各族的族徽相同。

　　按西方解釋，圖騰（Totem）一詞，源自奧接維語Odoodem。饕餮，粵語念to-tim或to-tin，與美洲原住民的發音totem幾乎是一致的[2]，比奧接維語更接近。粵語保留了大量古漢語，有些字已經佚缺，但讀音還存在。饕餮，普通話念tu-teng，關聯就沒有那麼密切。純用今天的普通話去分析理解歷史，會漏掉重要線索，研究歷史，還得保留方言。奧接維族的totem讀音與粵音totim相近，暗示此族與中華文化可能脈通。奧接維族居住在五大湖周圍，加拿大人稱之為Ojibwe，美國有時稱他們為Chippewa、Anishnaabek。這族人叫美洲做龜山，用顏色表示四極，與中國的四方四靈相仿，這族的「藥圈」天文觀測台，與中國的二十八宿異曲同工。

　　圖騰與饕餮的意義一樣，是族徽。殷商人（西元前十六到十一世紀）創造出饕餮這個貪婪得把自己身子也吞下去的怪物，鑄在銅器、刻在玉琮上，警戒人不要貪財好食。傳到美洲，形象改了，有多種動物，但少不了突眼、大口的臉，與殷人的饕餮近似。饕餮的起源比殷商時代更早，傳說堯舜時代已有。商、周、漢青銅器上經常出現饕餮的圖案。饕餮與圖騰是同一種文化象徵，發音也相似。我覺得，「饕餮」是中國人帶來美洲的詞彙，歐洲人把「饕餮」翻譯為Totem，後來中國人又從英文Totem翻譯為圖騰。假如知道「饕餮」的粵音，就容易懂得之間的關係。

　　討論陶瓷的時候曾經提過，兩個民族的文物，有同樣用途、形制、紋

2　餮，《集韻》徒典切，音殄。兩者稍有出入。殄音忝（添）。《中文大辭典》：添。《唐韻》（732）、《集韻》（1039）、《韻會》（1292）、《正韻》（1375）：他兼切，音沾。明代《洪武正韻》保留了後合唇音（侵-um，覃談銜咸-aam，鹽嚴添-im），故餮應為後閉唇音tim，即粵音。普通話沒有後閉唇音，念tie或tian，後來粵音亦有從之。古漢語饕餮應念to-tim，即totem。

飾、工藝和讀音，沒有聯繫是不大可能的，讀音尤其是重要根據。

結繩記事在美洲

近年來，美洲考古屢有新發現。俄勒岡州發現了一萬四千三百年前人類的遺糞和編繩[3]（Curry 2008）。2011年，德克薩斯州又發現一萬五千年前的石器[4]。亞洲人大概三萬年前通過白令海峽，一萬六千五百年後往南移。那時還沒有「中國」這個詞，但是文化已經隨著人類的足跡踏上美洲。奧勒岡州山洞除了人糞，還有編結整齊的繩子，粗細均勻，上面的結不像是結紮東西後留下的，結與結之間有某種規律，但是太短、太少，無法闡釋。

往南，離開奧勒岡七千里，南美洲印加人也有有規律的繩結，是沒有文字以前的記錄方法，叫quipu或khipu，一般普通話翻譯為「奇普」。其實，客家話「記簿」就名實俱副。「記簿」是物，「簿記」是方法，漢語今天還是用同樣的詞彙。「記簿」這詞，見於日記簿、周記簿、月記簿，日本也是沿用這些詞。同樣的物件，同樣的功用，同樣的語音，不可能是巧合。結繩記事是印加人與中國人共有的文化，「中國」這詞還沒有出現，大洋兩岸的文化就以這根繩子牽繫在一起了。

小學課程有古代傳說的結繩記事，但實物不存。印加人的結繩一直用到西班牙人侵占南美。他們本來還有紙張文字，現僅餘少數圖畫。印加人結繩記事並不落後，馬丘比丘（Machu Pichu）石頭城的鬼斧神工，今天的先進技術也無法重造。他們的金器雕工之精湛，連西班牙殖民者也自嘆不如，西方一直認為他們沒有金屬工具，是難以置信的。

結繩記事怎麼闡釋，大部分還是謎。只有數學方面部分被破解。印加人用十進法。一根繩子上，按照數字多少繞圈編成。從上到下順序是千位、百位、十位、個位。一串的結，可以代表任何一個數字。上方有一根繩子，橫的串起來，代表時間性或其他概念。中國的珠算應該與結繩記事有關，用小棍代替繩子，串上活動的珠子，代替繩結，還是十進法，用起來比較靈活。

3　http://www.sciencedaily.com/releases/2008/04/080403141109.htm

4　http://csfa.tamu.edu/who.php

圖5.1　印加人的「記簿」。（李兆良攝於紐約美洲原住民博物館）

　　印加人的歷史、曆法、宗教，用記簿記錄下來，統治一個包括祕魯、厄瓜多爾、玻利維亞，一百萬平方公里的國家。今日，他們的歷史支離破碎，有待考古學家去發掘、解釋。

　　中國有一門世界有名的手工藝，叫中國結。用繩子編出各種結，圖案花樣繁多，飾物佩件、燈籠、流蘇、鈕扣等等，不止實用，還平添不少美感。中國鈕扣是用結編成的，篆書「鈕」字右方的「丑」，是象形的一根繩子穿過一個圈。西方服裝的鈕扣，比中國最少晚了一千五百年。到博物館去，留心看看，十五世紀文藝復興前的歐洲繪畫，服裝是沒有鈕扣的。一旦發現鈕扣這回事，拚命在衣服上加鈕扣，十七、十八世紀的服裝，特色是鈕扣滿身，裝飾超過實用。

　　中國結其中一種叫「祕魯結」，顧名思義是源自祕魯。祕魯即古印加王國所在。1602年的《坤輿萬國全圖》上面有孛露和孛露海，孛露即祕魯（Peru），是明代時候的譯音，祕魯其實是粵音翻譯。西方地圖標誌孛露海是

利瑪竇到中國以後，即1650年以後。孛露海的名字慢慢消失，今天的世界地圖已沒有孛露海的標誌。《坤輿萬國全圖》特別標誌這地名，表示對這裡的地理熟悉、感興趣。中國人什麼時候把這種編法命名為「祕魯結」？明代的文物裡有沒有祕魯結？這是給考古界一個題目。從一個結，或可推論中國什麼時候與祕魯交流。

貝與朋，流通最久的國際貨幣

貝是人類使用最早、最久的貨幣，中國人是發明者。有「貝」的字，例如貨、貴、賤、買、賣、價、資、賜、寶、貸、貢、貯、賒、賭、債、賑、購、贍、賸、賠、賑等等，全部與交易、價值有關。春秋戰國，貝幣已經廣泛流通[5]。簡體字對普及閱讀有好處，但是許多字典字源卻丟了，像「買」、「賣」的貝。

不是任何一種貝殼都用作貨幣，這種貝殼是黃寶螺（*Cypraea moneta, cowrie shells*），也叫寶貝。「貝」字是從這種貝殼的形狀來的，中央是齒狀的縫，下面兩個突出點。古代中國認為海貝是珍品，六千五百年前的河南濮陽中華第一龍是用貝殼砌成的，以財物陪葬，大概自此開始。

圖5.2　中國古代貝幣。（麥繼強教授提供）

貝殼貨幣曾通用於亞、非、澳、美的國家，唯獨歐洲沒有。這種貝與同屬的貝類絕大都產於滄溟宗（太平洋）和印度洋、馬爾地夫、斯里蘭卡等熱帶地區。今天，馬爾地夫的紙幣上有寶貝的圖案。寶貝（*Cypraea moneta*）不產於大西洋和地中海[6]。貝殼是海產，在內陸更加珍貴。三

5　http://www.xianqin.org/blog/archives/1960.html（2012年4月10日閱）

6　http://www.oceanlight.com/cypraea.html（2012年2月22日閱）
　　http://en.wikipedia.org/wiki/File:Wyst-moneta.jpg（2012年3月24日閱）

千多年前，中國先秦時代的貨幣用陶、骨、木、銅、玉製成貝的形狀，替代了天然的貝殼，方孔錢又代替了貝形幣。但是偏遠地方，貝幣仍繼續在用。雲南出土過周朝專門放寶貝的青銅器。清朝順治六年（1649），孫可望在雲南鑄幣，「嚴禁用貝，違者劓之。」[7]表示中國民間偏遠地區一直都有貝幣流通，到清朝才禁止。

為了方便攜帶，先民用繩子把貝殼串起來。五貝為一串，兩串為一朋。「朋」字是兩串貝的象形，甲骨文、金文的「朋」字是兩串珠子樣的物件，像「拜」字。現在「朋」字歸在部首「月」，其實與月亮無關。《詩·小雅·菁菁者莪》：「既見君子，錫我百朋。」《易·損卦》：「或益之十朋之龜。」《前漢書·食貨志》：「元龜岠冉，長尺兩寸，直兩千一百六十，為大貝十朋。」朋，作為結交的禮物，因此有朋黨、朋比、朋友、朋輩的詞彙。孟子見梁惠王，也帶上「朋」當禮物。梁惠王說「有朋自遠方來」，「朋」可能不是指孟子，而是指他獻上的貝珠帶。

朋作為貨幣、禮物，成串的掛在脖子和手腕上，慢慢成為炫耀財富的象徵，是頸鍊與手鐲的始祖。把貝殼串起來做貨幣的規矩，沿襲為有孔的銅錢，被稱為「孔方兄」，把刀錢、鏟錢擠出舞台。世界上用方孔錢只有中國和受中國文化影響的國家。古代一兩金抵十兩銀或十貫錢，一貫等於一千文。一貫錢，又稱一吊錢，客家人現在還是叫一塊錢為一吊錢。香港人稱一元為「一蚊」，其實是「一文」，與原來一吊錢的價值相差一千倍！

鄭和時代與亞非國家交易用銅錢、貝幣。孟加拉、印度、泰國、緬甸、印尼及菲律賓等國家傳統用貝幣。夏威夷、澳洲北部、紐西蘭直到十九世紀還用貝幣。新幾內亞的貝幣，有時編成一個直徑一公尺的圓環。《坤輿萬國全圖》上的新入匿（新幾內亞）、鸚哥地（澳洲北部）和珊瑚島（夏威夷），這些國家地區用貝殼做貨幣，是與中國商貿的結果。福州話還保留貝幣的字「口」。鄭和副手費信著的《星槎勝覽·暹羅國》載：「俗以海口代錢通行於市。」應該是鄭和時代的用語。

同類型的貝有幾百種，許多比中國的寶貝更漂亮，但是只有中國認可的

7　劓是古代削掉鼻子的刑罰。

寶貝作為流通貨幣，按照顏色、大小、形狀鑑定，其他統統是偽幣。有位德國人帶了幾千枚貝到新幾內亞，以為很值錢，腰纏千貫，結果發現只有十幾枚可以做貿易（Hogendorn and Johnson 2003, 14）。

美洲東部的民族有貝珠帶（Wampum），用很多小貝珠串起來，作為婚嫁禮物，女子戴上貝珠帶，表示待嫁。合意的，把貝珠帶送給男子當作訂婚禮物。他們的貝珠是以各種海螺殼造的。此風俗大概是從亞洲很早就傳到美洲，但是美洲大西洋海岸沒有寶貝，用海螺代用。Wampum 的發音可能與「朋」字有關，源自溫朋諾族（Wampanoag），他們原居地是麻薩諸塞州一帶，1620 年首先接觸五月花號英國移民。美洲原住民的貝珠帶風俗非常普遍，加拿大哈得遜灣周圍，美國東部從麻薩諸塞州到佛羅里達州。英國人首次登陸美洲的維吉尼亞州的露恩努克島（Roanoke），本意就是貝珠帶[8]。美國中部的威斯康辛州、西部奧勒岡州、加利福尼亞州、中美州巴拿馬及加勒比島嶼、尼加拉瓜、南美巴西、祕魯都有貝珠帶。

美洲東部的貝珠帶，斷代為西元十五至十六世紀，即鄭和時代之後不久。據記載，哥倫布第二次來美洲時，美洲的土著送給他貝珠帶當禮物，這些貝珠帶與土著比較原始的工具毫不相稱，連西班牙的工匠也認為卓絕不凡、難以媲美[9]。是土著有失傳的高超工藝，還是貝珠帶的製造者另有其人？哥倫布以前，歐洲人沒有見過貝珠帶。十五至十六世紀的貝珠帶，不是美國原住民編的，是誰編的呢？

圖5.3 美洲原住民的貝珠帶（Wampum）。（美國國家圖書館）

---

8 Roanoke 是英國人首次登陸美洲的地點，在北卡羅萊納州，當時叫維吉尼亞。

9 http://www.gutenberg.org/files/23635/23635-h/23635-h.htm（2012 年 2 月 26 日閱）

圖5.4　雲南民族背包。（李兆良藏品）

圖5.5　北美洲五大湖區民族背包。
　　　　（李兆良攝於紐約印第安人
　　　　博物館）

　　美洲原住民的貝珠帶，與台灣泰雅族、排灣族的貝珠帶沒有太大分別，源自中國的「朋」。阿美族的情人包，雲南廣西少數民族壯族、苗族、土族、彝族、撒尼族的荷包，與印第安人的背包紋飾、用途非常相似，不加標籤，無法分辨。它們的背包帶的形式，可能也是從貝珠帶演變過來的。

　　有人以為貝珠帶是從非洲帶到巴西，再傳給美國的習俗。哥倫布是第一個看到並記錄貝珠帶的，所以歐洲人第一次接觸美洲土著時已經看到貝珠帶。西班牙第一次引進奴隸到加勒比海是1560年，美國吉姆斯頓的第一批奴隸是1619年引進的，加拿大第一批非洲裔奴隸是1628年引進的，而加拿大土著早就有貝珠帶了。

　　維納（Wiener）記述用貝珠帶與非洲人在美洲的存在毫無疑問早於哥倫

圖5.6 美洲咆赫頓族酋長的寶貝披衣。（李兆良
攝於牛津大學博物館，2008年）

布到達。他認為西非洲曼丁卡族人（Mandinka）在十五世紀中到達美洲（Wiener 1922, 263）。十五世紀中葉，早於哥倫布時代，相當於鄭和下西洋剛結束的時代。曼丁卡族早於哥倫布到達美洲，不是否定了哥倫布發現新大陸的說法嗎？他沒有解釋曼丁卡人用什麼交通工具來美洲。最大可能是曼丁卡人隨鄭和船隻到美洲，下面有其他觀察也支持鄭和船隊到過西非洲。

英國牛津大學的阿殊默蘭博物館（Ashmolean Museum）藏有咆赫頓（Powhatan）酋長一件鹿皮披衣，上面繡綴了成千的寶貝。咆赫頓族在今維吉尼亞州，東臨大西洋，是首批接觸英國人的美洲民族之一。酋長女兒珀卡漢苔斯（Pocahontas）赦免並善待英國第一位移民的故事，美國無人不曉。英國人能獲得北美，她起了很大作用。1613年，英國人與原住民衝突，珀卡漢苔斯被俘，送到英國，1617年在英國去世。估計這件酋長的鹿皮披衣是戰利品，與珀卡漢苔斯一起運到英國。前面談過，大西洋不產寶貝，只有印度洋、滄溟宗（太平洋）產寶貝。1619年才有第一批非洲奴隸抵達北美洲，所以披衣的寶貝與非洲奴隸無關。咆赫頓酋長的披衣證明，歐洲人和非洲奴隸來美前，寶貝已經是美洲人珍貴的貨幣、禮物。

不止大西洋沿岸，德克薩斯州、新墨西哥州的祖曼諾族（Jumano）、蘇族、克魯族酋長的上衣綴有幾十到幾百顆寶貝，這些內陸的印第安人只能從外人得到這種產自印度洋的貝殼。

婦女用寶貝當頭飾作為財富象徵遍及亞、非、美三州：亞洲的印度、巴基斯坦北部卡拉沙族（Kalasha）、新幾內亞東薩皮克族（East Sepik）、婆羅

洲（Borneo）；東非洲有莫三比克、肯亞，中非洲剛果庫巴族（Kuba）、扎依爾（今剛果）；西非的迦納、馬利的富拉尼族（Fulani）和都干族（Dogon）、納米比亞、奈及利亞的約魯巴（Yoruba）、卡麥隆、西蘇丹、象牙海岸、利比亞、安哥拉、納米比亞、塞內加爾、尼日；北美洲有西部奧勒岡州的維殊冧族（Wishram）、中部大平原的夏安族（Cheyenne）等。大洋洲的所羅門群島，寶貝是訂親禮物。

　　中國雲南的佤族、藏族、傈僳族、怒族、撒尼族、彝族，把寶貝結在頭飾上、衣服上，不止是裝飾，也是炫耀財富的表現。苗族以銀飾代替寶貝，全身戴得滿滿的。

　　歐洲移民與原住民交易，用貝殼換來價值高很多的貨物（Beauchamp 1901）。後來，美洲原住民用的貝殼，不限於寶貝，也用當地能找到的貝殼，較常見的蛾螺或海螺（Wiener 1922），所以，他們不知道貝幣是用特種的貝。

　　非洲的貝幣大概是十世紀左右開始，相當於宋代。中國唐代已經與波斯等中東國家貿易。印度、中東的中介貿易，把中國貝幣的使用介紹到非洲。埃及的貝幣只是「外匯券」，對外貿易才使用，所以是外來的觀念。阿拉伯人與西非洲使用貝幣，明顯也是間接來自中國的觀念。阿拉伯大約九世紀時有貝幣，買賣西非洲奴隸用的貝幣是從印度洋運去的。最初使用貝幣的觀念是從西非洲貝寧、多哥、奈及利亞往外延伸，不是由非洲北岸往南走，因為最初甘比亞、幾內亞等國不用貝幣。後來，貝幣通用於烏干達、剛果、南非、幾內亞、迦納、達荷美（即今貝寧人民共和國）等國，這些國家位於大西洋，不產寶貝，他們的貝幣來自印度洋，是貿易所得（Hogendorn and Johnson 2003）。貝幣的使用由貝寧、奈及利亞開始，往東、西向外擴散，歐洲沒有寶貝，可以排除北非的穆斯林人或歐洲人帶來。貝幣好像是從天而降，唯一解釋是有人從海路、從印度洋把寶貝帶到西非洲，這樣做的只有是發明和使用貝幣的中國人。

　　貝幣的價值隨時代與國度而不同。十九世紀的非洲，十貝可以買一隻雞，三十貝可以買一個女子成親，貝幣比黃金還珍貴。東非洲，寶貝尚且如此珍貴，可想西非洲給美洲帶來寶貝是不太可能的。貝幣、貝珠帶不會是西

非洲的奴隸帶來的，西非洲的奴隸是販賣到美洲的，他們除了自己的身體，不可能帶任何東西上船。

奈及利亞的海貝不止做貨幣，也用來占卜，與中國一樣，用貝的正反兩面作為陰陽爻（Kaser 1996）。貨幣可以由中介傳入，用寶貝做占卜工具則需要更多直接與中國的交流，1950年代，在香港仍然看到爻卜，貝殼改為木製的爻。以後還要談到西非洲與中國的文化關係。

用寶貝做貨幣，演變為「朋」、貝珠帶、髮飾、服飾，始於中國。亞、非、美洲使用寶貝做頭飾、服飾，也是跟中國西南、雲南、貴州的民族相同，而雲、貴民族融入中國主要是元、明時期，鄭和的家鄉在昆明以南，明代在貴州屯兵的後代至今仍保留明代風俗。連在一起，脈絡就很清楚了。

一串串的貝錢、貝珠帶，在歐洲人尚未到美洲前，把明代中國與亞、非、美洲各族文化交往串接在一起。除了中國，誰會穿針引線人？

四方，四靈，二十八宿

加拿大與美國之間，有七十至一百五十個用石頭堆砌的圓圈，西方稱為「藥圈」（Medicine Wheel），據說直到西元800年還在使用。估計美洲原有幾萬個這樣的石頭圈，分布在美洲各地，建造於四千至五千年前，與金字塔同時，小的直徑1-1.6尺，大的30-70公尺。這些石圈受破壞極為嚴重，瀕臨消失。

加拿大阿爾伯塔省有許多大大小小的「藥圈」[10]，梅哲維爾（Majorville）的「藥圈」，據說可能有五百年歷史。外圍直徑27公尺，中間一圈直徑9公尺，從中心到外圈圓周有二十八根軸[11]。

這些石圈是祭祀用的，美洲原住民在祭祀時有各種儀式，巫師可能服用一些藥物或用藥草淨化場地，所以被稱為藥圈。原住民手持的圓形物，用顏色代表方位，西方也稱為藥圈。石圈是天文觀察器——日晷，旁邊的石頭堆

---

10 http://www.royalalbertamuseum.ca/human/archaeo/faq/medwhls.htm（2012年4月22日閱）
11 http://atlasobscura.com/blog/the-medicine-wheels-of-north-america（2011年12月5日閱）
　　http://www.royalalbertamuseum.ca/human/archaeo/faq/medwhls.htm（2011年12月5日閱）

與圓心形成的直線是觀察夏至
的[12]。西方學者也曾試圖對照
軸的走向與西方星座的關係，
沒有結果。

圖5.7　美國懷俄明州大角（Big Horn）「藥圈」。
（Wikipedia〔USDA美國農業部森林處〕）

　　懷俄明州有一處的石圈位
於三千公尺的高山上，這裡全
年只有兩個月無雪期。圓圈直
徑27公尺，中間還有一圈，
直徑4公尺，石頭堆砌不到1
公尺高。中央至圓周有二十八
根石頭砌的軸，軸的分布並不
平均。外圓周圍某些地方還堆
了或多或少的石頭。這個石圈是1885年發現的（Shorr 1989, 45）。有說約莫
是三百到八百年前建成，但也有可能更早。中間那圈還有一部分石頭埋在地
下，可能是用來支撐中間的一根柱子，現在已經不見。這根柱子應該是日晷
的一部分，立竿見影以訂時間、節氣。這二十八根軸又是什麼？

　　這二十八根軸，我認為是中國的二十八宿，自漢以來，中國就有二十八
宿。

　　蘇州博物館收藏的宋代石刻天文圖，刻於西元1247年（南宋丁未年），
主要依據西元1078-1085年（北宋元豐年間）的觀測結果。圖高約2.45公
尺，寬約1.17公尺，圖上共有星1,434顆，位置準確，可以看到二十八宿不
是平均劃分的。宋代的天文圖與上述西方測量的「大角藥圈」，作為星象觀
測的關係應該合理的。

　　天文星座是人為制定的，把雜亂無章的星星歸納為容易記憶的系統。每
個文化有自己一套命名，希臘二世紀時托勒密（Ptolemy）制定了四十八星
座，今天國際承認的有八十八個標準星座，用西洋星座的位置去量度有差
距，應該試試別的星座概念。如果把圈的二十八軸與中國的二十八宿聯繫的

12　http://solar-center.stanford.edu/AO/bighorn.html（2011年12月5日閱）

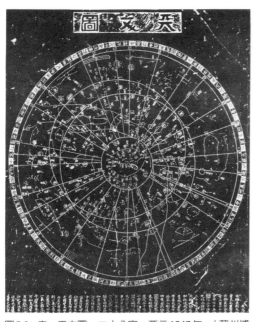

圖5.8　宋　天文圖　二十八宿　西元1247年。（蘇州博物館，中國百科網）

話，可能得出更貼切的關係。

1978年湖北隨縣曾侯乙墓（約西元前433年左右下葬）出土的一件衣箱的漆箱蓋上，繪有一幅彩色的天文圖，四周寫著二十八宿的名稱。二十八宿的東龍西虎，這是目前所見年代最早，將青龍、白虎與二十八宿配合在一起的實物，也是中國迄今發現的關於二十八宿的最早文字記載。

說到青龍、白虎，一定會聯想到朱雀、玄武。這是中國的四方四靈。分別用四種顏色、四種動物代表。中國的青龍、白虎與北斗是六千五百年前的概念，出現在河南濮陽西水坡墓葬，中華第一龍所在。

秦漢的瓦當有四靈，伴以青（藍）、白、紅、黑四種顏色，中間加上黃色，五種顏色代表金、木、水、火、土，黃帝內經有載，構成了中國古代五行哲學的基本。

二十八宿與四靈有關，開始早於漢朝。西漢《三輔黃圖》卷三：「蒼龍、白虎、朱雀、玄武，天之四靈，以正四方。」漢《尚書考靈曜》云：

二十八宿，天元氣，萬物之精也。故東方角、亢、氐、房、心、尾、箕七宿，其形如龍，曰左青龍。南方井、鬼、柳、星、張、翼、軫七宿，其形如鶉鳥，曰前朱雀。西方奎、婁、胃、昴、畢、觜、參七宿，其形如虎，曰右白虎。北方斗、牛、女、虛、危、室、壁七宿，其形如龜蛇，曰後玄武。

四靈，二十八宿和五行的關係總結如下：

四天宮	二十八宿	四靈	五行，顏色	方位
東方	角、亢、氐、房、心、尾、箕	青龍	木：青，木葉萌芽之色	左
南方	井、鬼、柳、星、張、翼、軫	朱雀	火：紅，篝火燃燒之色	前
西方	奎、婁、胃、昴、畢、觜、參	白虎	金：白，金屬光澤之色	右
北方	斗、牛、女、虛、危、室、壁	玄武	水：黑，深淵無垠之色	後
中		無極	土：黃，地氣勃發之色	中

中國科學院國家天文台的研究員發表了中國二十八宿的形成與歷代演變[13]。觀察星宿的轉變是為了預測季節的交替輪迴，是中國以農立國重要的天文觀察。

用青、白、紅、黑代表青龍、白虎、朱雀、玄武四方神靈，中央加以黃色是中國自古以來的傳統。中國注重方位，由來已久。周朝的都城已經嚴格規畫是方正的城，正如井田制度。以後的都城全部按照東南西北的正方形設計。反觀歐洲國家的首都和主要城市，如法國巴黎、美國華盛頓哥倫比亞特區、莫斯科、西班牙馬德里、義大利羅馬、英國倫敦等，基本上是自由隨機發展，布局呈不規則的同心圓從小到大、從中央放射出去，沒有一個是以四方格局設計的，中西文化明顯差異。中國自古對東西南北的觀念很明確，喪葬、建城、蓋房子、繪製地圖無一不遵守四方的定位。十五、十六世紀的西方地圖對東南西北的觀念不固定，地圖的上方可以是東西南北隨便一個方向，這點在《坤輿萬國全圖解密：明代測繪世界》一書有比較詳細的解說。

1420年，明成祖遷都北京，在紫禁城內建立社稷壇（今中山公園），每年皇帝都要進行春秋兩祭。祭壇三層，最外一層每邊長17.8公尺，第二層邊長16.8公尺，上面每邊15公尺。從全國各地運來不同顏色的土，按照方位放在方形祭台的最上層，象徵普天之下莫非王土。用五色土祭社稷的儀式比孔

---

13 http://www.lamost.org/~yzhao/history/xiu28.html（2011年12月5日閱）

圖5.9 加拿大原住民的方位鼓。（李兆良攝於Shuswap Quaaout Lodge 1999年）

子還早，《尚書‧禹貢》載：「徐州厥貢惟土五色。」紫禁城的社稷壇也目擊明清以來近六百年的祭禮，只在改朝換代時中斷過。今天，沒有天子了，祭壇還是保持著，有專人負責保管這些土，繼續這兩千多年的傳統。

美洲原住民另一種「藥圈」，用柳條編成圓圈，有時點綴羽毛。中間造一個十字，分成四等分，每一份有一個顏色代表一個方位。有些只有四色，有些中間還有一圈顏色。因為礦物顏色來源或傳承有誤差，有些顏色與中國四方位的顏色稍有差異，因為圈的兩面沒有分別，會反過來。用顏色代表方向是中國與美洲原住民特有的文化[14]。這種圈有做成鼓或其他裝飾。我曾入住加拿大甘露市（Kamloop）以東一家原住民經營的夸偶旅館（Quaaout Lodge），晚宴席間，酋長擊鼓而歌，他的鼓分四色，與中國的方位略有差異，紅與黑相對，白與黃相對，中間有綠色的圈。

以顏色代表方向，只有亞洲與美洲的民族有此傳統，但沒有任何紀錄比中國早。其他有這習慣的國家，都是受中國影響的，離開中國愈遠，差異愈大。

日本蝦夷（即日本北海道的古稱）、突厥（匈奴）與中國的系統是一致的，突厥曾與唐代有過很長的交往。南北美洲不同的部族，如阿留申族（Aleut），墨西哥的阿茲特（Aztec）、馬雅（Maya）、塔拉斯坎（Tarascan），祕魯，美國西部的阿帕奇（Apache）、那瓦霍（Navajo）、和平（Hopi）、普韋布洛（Pueblo）、拉科他（Lakota）、蘇（Sioux）、奧接維（Ojibwe）都有這種方位盤，顏色不一樣。東部的切諾基與中國的系統只是把圓圈順移一

14 http://sites.google.com/site/colorsofthefourdirections/

圖5.10　美洲原住民分布圖。(李兆良編繪)

刻。美洲人的顏色分區是用「十」字分的。中國用「Ｘ」分，東南西北比較明確。美洲人的四極顏色，假如序列一樣，可以認為是一致。從顏色的異同，可以估計美洲文化從中華文化分支距離。離開中國愈遠，變異愈大[15]。切諾基在東海岸，他們的四極顏色與中國比較，只有中央顏色改變，他們還有北斗旗，證明切諾基與明代中國人的接觸是比較直接的。也就是說，中國人是橫跨大西洋過來的。

　　美洲東部的摩希根族（Mohican）的名聲來自一本小說電影《大地英豪》（*The Last of The Mohicans*）。他們原居住在麻薩諸塞、康乃狄克、佛蒙特及紐約州，後來被迫遷移到威斯康辛州。摩希根族的族徽有四種動物，代表四個方向、四種顏色。順時針從西南開始是黑熊（白邊）、灰狼（紅邊）、金黃火雞（黑邊）及綠龜（金黃邊）。

　　很明顯，摩希根族的徽號與中國四靈異曲同工。沒有龍虎，用熊狼代替；朱雀改為北美洲最普遍的鳥──火雞；龜就是玄武。顏色不同，代表四

15　http://sites.google.com/site/colorsofthefourdirections/（2012 年 2 月 20 日閱）

圖5.11　摩希根族的「四靈」。（Wikipedia）

圖5.12　摩希根族警隊徽章與石鼓文車字。

方則是同樣道理。

　　他們族自己有巡邏警隊，徽號中間是一個「車」字圖案。根據解釋，這圖案是「歧路」的意思，象徵「忍耐、力量、希望和長途遷徙的一個自信、自豪的民族」。長途跋涉不是與車有關嗎？這個徽號的緣起，打破了一向誣衊美洲土人落後的說法，說他們連輪子都沒有，只用馬拉著兩根木棍牽曳物品。這「車」字，從石鼓文到楷書，都是「車」的象形意義，每個懂漢字的人都認得。

　　亞洲人在幾千年前，憑著觀星與方位來到美洲，成為第一批的原住民，加拿大把原住民稱為美洲最早的國家（The First Nations）。古代中國北方有馬、有車，從新疆到內蒙古，幾千年的岩畫是見證，難道來到美洲完全忘記這些技術嗎？

　　四方四靈中，以北方玄武比較突出。

龜、鼇、玄武

　　道教裡有玄武大帝，中國對東、西、南都容易達到，唯獨北方神祕，有半年黑夜[16]，氣候寒冷，大概是玄武的來由，玄意為黑。玄武是龜身蛇頭的神

16《坤輿萬國全圖》中，在中國極北，北極圈內有「此地之北極者，半年有日光，半年無日光」證明中國人知道北極圈的情況。

物。美洲人對龜的崇拜和愛好，不下於華人。北達科他州有龜山，齊泊哇族（Chippewa，即奧接維族）視為牠們的聖地，他們甚至稱整個美洲為龜山，族徽是一隻大龜。

龜山一帶有許多所謂「藥圈」的天文觀測站，上文表過。加拿大中部和美國臨近的幾個州省原來有幾萬個大大小小這樣的天文觀測站，許多已被夷為農地，有些石頭被拿去蓋房子，現在保留的是比較大的一些。孟哥畫廊（Moncur Gallery）[17]有比較詳細的解釋這些觀測站與夏至日出日落的關係[18]。他們把這個項目命名為「龜與蛇」。玄武就是龜身蛇頭的靈物，因為美洲人來自亞洲，是從北方進入美洲，就用玄武作為他們的神靈。

龜的分布很廣，全世界各大洲都有龜，生長在大海、河流、陸地和海河交匯處。牠們壽命長、耐飢、耐寒，除了沙漠，緯度五十度以上比較難生存，其他地方都有龜，最早的龜化石有兩億多年，是最古的爬蟲類。一萬五千年前冰河解凍期，淡水龜在美洲分化成四種，分別在北美的東、南、中、西部。這四種又雜交成新品種[19]。為什麼這麼巧在這個時期分化，而不在更早的時候分化？冰河解凍期，亞洲人比較大批進入美洲，龜很可能是這時從亞洲帶來的。這些是淡水龜，不可能自己游過白令海峽。

美洲人宗教儀式中，巫師用龜殼做的響盒（rattle），把石頭、豆子、玉米放在空的龜殼內，綁在大腿上，走路、舞蹈時發出有節奏的響聲，或者裝上柄，手搖發聲，類似華人在龜殼內放銅錢，用以占卜。龜板占卜早於有銅錢。在龜板上鑽洞，刻上文字，放在火上烤，按照裂紋來斷吉凶，是甲骨文的開始。燒的時候，龜裂發出卜的聲音，大概是「卜」字發音的來源。

加利福尼亞的西里族（Seri）認為大地是一頭大龜用土和草木堆成的，然後再把人背上來（Bradway and McCoard 2006, 88）。這與奧接維部落稱美洲為龜山的傳說差不多。中國古代也有巨鼇的傳說，鼇是龍頭、龜背、麒麟尾的神物，傳說女媧補天時曾「斷鼇足以立四極」，巨鼇的四隻腳把大地的

---

17 可能來自法文「我的心」（Mon Coeur）。
18 http://www.turtlemountain.org/exhibits/mythandhistory/phases（2012 年 1 月 5 日閱）
19 http://en.wikipedia.org/wiki/Template:POTD/2011-07-02

東南西北四極撐起來。李白豪邁的「巨鼇莫載三山去，吾欲蓬萊頂上行」詩句，響徹千古。東海的巨鼇背著三座仙山：蓬萊、方丈、瀛洲。其中瀛洲，有人認為是美洲，不是日本。

佛教在美洲——萬字符卍，手中眼

萬字符卍，英文 Swastika（Svastika），來自梵文，梵文還有四點。這符號經常被人誤會是納粹的黨徽，其實是被納粹借用卐當作黨徽，扭曲本義，玷汙了名聲，現在，納粹黨的黨徽在德國是立法禁止公開展示的。納粹的徽號是順時針的卐。中國的萬字符反、順時針方向都有。安徽鳳陽是明中都、朱元璋起家的地方，鳳陽鼓樓上的萬字符是順時針的；江西黎川洪門船屋的萬字符也是順時針。洪門幫天地會反清復明，以萬字符為暗號。

根據饒宗頤教授的分析，萬字符出現在不同的文化，由來已久。與中華文化歷史差不多同齡的雙子河流域的 Hassuna 文化（西元前 6000-5250 年，今伊拉克）就有這符號。一個陶盤中央畫有逆時針的萬字，圍繞著四隻長頸長尾、嘴裡含著魚的鳥，再外圍是八條魚[20]（Caubet and Pouyssegur 1998, 34）。萬字符在歐洲（希臘、義大利伊特魯里亞 Etruria）、美洲（阿茲特克、馬雅）、亞洲（中國、印度、日本、以色列）、紐西蘭等都可見到。宗教方面也不止佛教，伊斯蘭教、基督教也用過。要追蹤它的源流，可以寫成專著。

在中國，萬字符的生成和闡析與天文有關係。中國人很早就觀測星象，注意到北極星在北半球永不低於地平線的觀念，也注意到北斗星繞著北極星轉。不同的季節斗柄指向不同方向。斗柄向東為春、向南為夏、向西為秋、向北為冬。北斗是曲尺形，把這四個北斗不同的位置拼在一起，指向中間北極星，就是卐字。因為北斗與北極星永遠不落於地平線下，有永久的意思，中國人把北斗喻為帝星，稱皇帝萬歲，用北斗四季的形象代表「萬」是自然的，天壇祈年殿有無數的萬字，佛像胸前往往都有萬字。北斗旗作為代表皇帝的旗子，是皇帝鹵簿中最重要的，宋史以後各朝的正史都有記載，在〈旗幟〉一章談過，北斗旗是明代旗幟，切諾基人採用北斗做他們的旗幟，很難

20　http://www.newsnfo.co.uk/pages/swastika%20plate.htm（2012 年 2 月 22 日閱）

是巧合。和平族也喜歡萬
字符圖案，用於籃織。

萬字符作為佛教符
號，例子不少。紐約西禪
寺有一尊高兩公尺多的觀
音像，有八雙比較大的
手，每隻手拿著不同的法
器，其中一個是萬字符。
另外有許多較小的手，每
隻中間有一隻眼，叫千手
千眼觀音（Avalokites-
vara）。住持慈毫法師恩
准照相。這尊千手千眼觀

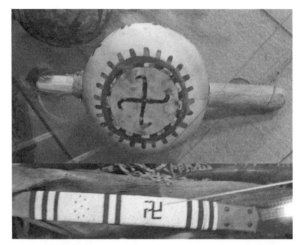

圖5.13　萬字圖案——印第安人搖鼓及權杖。（李兆良攝於北卡羅萊納印第安人博物館）

音是按照香山寺的原型仿造的。這引起另外一項文化證據。

千手千眼觀音源自印度，是慈悲的象徵。觀音傳入中國是曹魏嘉平五年
（西元253年）。印度耆那教（Jainism）也有手中眼的圖案。

有個民間傳說，河南平頂山香山寺的千手千眼觀音的來歷與中國佛教有
關。根據明朝《汝州志》記載：妙莊王的女兒妙善公主挖出眼睛、砍斷手為
父親治病，妙莊王很感動，為女兒建了一座廟宇，要塑造一尊女兒的像，要
有全手全眼，結果工匠誤聽，塑成千手千眼[21]。唐代，一位印度僧人來華，發
覺妙善的故事與佛教的故事吻合，把妙善公主捨己救人的形象塑造成千手千
眼的觀音，至此觀音變為女性的形象。手中眼是中國特有的宗教故事。

阿拉巴馬州的蒙德維爾（意譯土墩村Moundville）的土墩出現手中眼的
圖案（Moore and Knight 1905）。這土墩建成於1000-1450年間，歐洲人來之
前[22]。同時土墩也出土了天球瓶，一種明代永樂開始有的瓷器器形，這種器形

21　妙莊王，一誤作春秋的楚莊王。楚莊王與釋迦牟尼同期，佛教還未成立。

22　http://moundville.ua.edu/（2012年1月25日閱）

　　http://lithiccastinglab.com/gallery-pages/palettesrattlesnakedisclrg.htm（2012年1月25日閱）

圖5.14　手中眼與萬字符、千手觀音。（李兆良攝於紐約西禪寺）

也是中美洲奧爾梅克文明的特徵。阿拉巴馬的原住民有Yuchi、Chickasaw、Choctaw和Creek等，一般認為是文明較高等的民族。

俄亥俄州的合普維爾文化（Hopewell），有用雲母雕成的手，掌心隱約有眼，據估計為西元700年左右的作品，但是這斷代並不明確。

英國撒克遜姓氏Pycroft的族徽最上方有手中眼，記載於十三世紀的蘭克郡，十七世紀時移民美洲紐芬蘭、緬因州、維吉尼亞州、卡羅萊納州。手中眼是這姓氏的族徽圖案之一。美洲原住民的手中眼比這英國族徽在美洲更早出現。

手中眼也是伊斯蘭教的護身符Hamsa，阿拉伯文意思是「五」或「五指」，亦稱為法提瑪（Fatima）之手、上帝的手。伊斯蘭教始於七世紀，它的符號也不會比創教年代早。猶太教亦有類似的手中眼，稱為Hamesh Hand，以色列耶路撒冷也有手中眼的符號。不過猶太教與伊斯蘭教的手中眼，大指與小指對稱同大，與佛教的手中眼不同。佛羅里達州、阿拉巴馬州

圖5.15　手中眼——阿拉巴馬州土墩村。（Moore & Knight 1905）

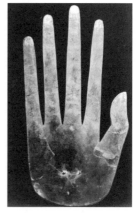

圖5.16　手中眼Hopewell雲母雕，Ross County。
（Wikipedia〔美國國家公園〕）

的手中眼是佛教的手中眼，五指如正常人。

　　手中眼廣泛在美洲發現，年代跨愈寬，分布廣，美國東南的佛羅里達州、阿拉巴馬州，遠至阿拉斯加的特領吉族（Tlingit）、加拿大卑詩省的海達族（Haida）也有（Brennan 1998, 43），其源流尚有待更深入的了解。

美洲的圭

　　二十世紀，美國開發公路網時，曾出土大量石斧一類的器物。大部分出土在俄亥俄州及西維吉尼亞州，其餘紐約、伊利諾、印第安納、德克薩斯、肯塔基、密西根、田納西、密蘇里等州也有，分布頗廣。該等石器，用細膩的水成岩打造磨光而成，有些石頭有歙硯眉紋的花紋，長度7-17公分，寬3-6公分，厚0.9公分左右，一頭有小圓孔，有時兩頭都有，主要是長方形的，也有圓形、梯形、紡錘形和其他形狀，哈佛大學皮博迪博物館（Peabody Museum）有豐富藏品[23]，私人藏品也不少[24]。

23　http://140.247.102.177/col/shortDisplay.cfm?StartRow=1（2011年12月6日閱）

24　http://lithiccastinglab.com/gallery-pages/2007june2holegorgetspage1.htm（2011年12月6日閱）

　　http://www.antiquehelper.com/catalog/200（2011年12月6日閱）

　　http://brokennarrow.blogspot.com/（2011年12月6日閱）

　　http://www.lithiccastinglab.com/gallery-pages/2007june2holegorgetspage1.htm（2011年12月6日閱）

Stone "gorgets" - Distribution in Ohio

圖5.17　俄亥俄州圭狀石器出土地點。（李兆良編繪）

　　這些石器被斷代為早期至晚期的林地時期（Woodland Period）。美國東部的考古斷代基本分為林地時期，再分前、中、後期，分別為西元前1000年-西元1年、西元1-500年、西元500-1000年，可能更早。有人把它訂為原始的盔甲中的護頸（Gorget）。美洲原住民沒有盔甲，光是護頸沒有什麼作用，這器物也太重了，大多只有一個孔在一頭，不可能是護頸。

　　美洲這些石器，鑽孔比較規整，技術不遜於中國早期的圭。雖然沒有

玉，採用的石頭還是比較硬的，工具比石頭要更硬，才能鑽規整的孔。古代要鑽一個這樣規整的洞並不容易，不會隨便。

圖5.18　美洲的「圭」狀石器。（Peabody & Moorehead 1906）

著名的考古學家皮博迪（Charles Peabody）做了許多猜測，究竟這種石器有什麼用。根據石器的形狀，大概猜測用途。一些有鋸齒緣的，是做切割用。圓形中間有洞的可能是紡錘。它們可能是供佩戴的飾物、遊戲用具、重量標準、紡織用具、藝術品、武器、切割工具等等，但絕不是護頸（Peabody and Moorehead 1906）。

我覺得，其中一些與中國的圭類似。

《周禮・春官》：「土圭以致四時日月，封國則以土地。注：土，猶度也。土圭，測日景之圭。」

中國古代的圭本來是石斧、石刀。紅山文化、龍山文化、良渚文化，不同等級的人物持有大小不一的圭。另外，中國的圭與表常常並稱，表是直立的，圭是平臥在地上的，圭和表合起來測日影。元代郭守敬在河南登封建造的巨大天文台，用圭表測量日影，制定了比較準確的曆法。圭，用作計算時刻、節氣，是農業國家重要的工具。相信權力象徵的圭與測時的圭也有一定關係。掌握圭的人懂得如何計算農時、計畫一年生計，因此掌圭的人受大家推舉為領袖。圭後來成為禮器，按照等級有不同的規格。

鎮圭：十二寸的圭，孔在中間，王執鎮圭；

桓圭：九寸的圭，孔在下端，公執桓圭；

信圭：七寸的圭，孔在下端，侯執信圭；

躬圭：五寸的圭，孔在下端，伯執躬圭；

谷璧：無規定尺寸的谷紋璧，子執谷璧；

蒲璧：無規定尺寸的蒲紋璧，男執蒲璧。

這些石器從田納西州的土墳出土時，是死者手握著的，石器中長形帶比較小的單孔，不像是準備裝上柄的石斧，這種形式與圭是一致的。

美洲這些墓的墓主下葬是側身曲膝的。上海廣富林文化遺址距今四千年，有曲肢葬，咸陽的秦墓也有曲肢葬，漢以後的葬法基本是直肢仰臥。如果是中國帶來的風俗，年代恐怕不只兩千年前。這些石器是工具還是禮器，需要更多考研。

下面談談美洲原住民的殯葬風俗。

中美殯葬風俗

世界各民族的殯葬方式都有傳統和文化淵源，從殯葬的形式可以判斷文化的異同。

中國古代的葬禮等級森嚴：墓是最基本的，挖一個地穴，把死者埋起來。平民一輩也有墳，在墓上堆一層土，立碑；塚，比墳要大，更高級；林是聖人的葬地（關羽、孔子），在塚外有一片保護地；陵是只有皇帝可享用的，有整座山那麼大。從空中俯瞰，西安一帶有許多漢代的帝陵，有些西方學者以為是金字塔，有人以為是外星人的建築。歐洲的墓，上面豎一個十字架或碑，基本沒有土墳。隆重一點的，在墓上堆一些石塊或石棺雕塑。帝王、武士、主教在石棺上雕個睡像。棺，一般放在教堂的院子裡，一般人的墓誌刻在地上一塊大石板，在教堂外的地上，遊人踏在上面走。把先人葬在自家院子是很普通的習慣。

美洲原住民的墓葬與中國相似。密西西比河以東，從南到北有許多土墳（Mound），小的三到十公尺高，最大的是伊利諾州的卡荷基亞土墳（Cahokia Mound），在聖路易斯市附近，高三十公尺以上，與中國的塚、林、陵類似。以前沒有法律保護，土墳妨礙大型農機運作，很多被夷平作為農田。考古學家對其中一些做過研究，這些土墳有盤狀的泥床，直徑六到十五英尺，每層葬好幾個人，三到五人一層，一層疊一層。層與層間用木炭和灰分隔（Denison 1892）。這點與中國高級的葬禮相似，文獻中的「灰」應該是類似中國葬式裡的白膏泥，木炭與白膏泥是防腐的。中國的封建葬禮當然更隆重，還有黃腸題湊（長形大柏木頭壘砌的框）包住棺槨。秦公一號大

墓是最早有黃腸題奏的墓。美洲的土墳墓葬只有木炭和白膏泥，是中式墓葬的雛形。

另外一種形式的墓葬，與後期中國葬俗更相似。

英國人羅森和其他初次到達卡羅萊納的歐洲人，詳細記錄了當地的葬俗。他們用土葬的方式，在葬穴中鋪上多層的樹皮，用帶子將屍體吊下葬穴，在葬穴上用大量兩尺半長的木條架成一個屋頂狀的覆蓋，再蓋以多層樹皮，非常隆重。過一段日子，待屍體的骨肉分離後，他們把骨頭刮乾淨，裹上白鹿皮，移放到一個很大的房子裡，美洲人稱為 Quiogoson，相當於龕或中國的祠堂。龕裡擺放著族人中有身分的先人，有些達幾百年之久，如果他們遷徙他處，一定把這些骸骨運走，寧可丟掉一切也不放棄先人的遺骨（Lawson 1709, 191; Brickell, Lawson and Grimes 1737, 385）。北卡羅萊納州 Town Creek 有類似羅森描述的「祠堂」，屬於皮迪族（Pee Dee），使用日期大概是西元 1000-1400 年，該族已併入卡托巴族，他們用鹿皮包裹小童骸骨，放在甕中[25]。骸骨用甕葬的風俗見於美國南方建造土墳的民族[26]，阿拉巴馬州（Brannon 1938）、巴拿馬等地。喬治亞州與尼加拉瓜有時偶爾還會發掘到土人的葬甕。阿肯色州的土墳有一種帶陶器小方盒子，用以殯葬小孩，上面罩著大小相合的蓋（Starr 1895）。中國的葬甕也帶蓋，蓋的中間有小孔，讓死者的靈魂上天。

這種二次葬的風俗與客家人、瑤族、畲族的風俗驚人地相似。客家人在土葬後幾年，把骨頭取出，洗乾淨，放在大甕（金塔）中，再放置在山洞或建築中，比較普通則放置在山邊。客家人這種獨特的風俗被千百年流傳下來，因為戰亂中遷徙不易，只能隨便埋葬，待情勢好轉，再覓風水寶地重葬，最終的願望則是運回北方老家安葬，當然，這是愈來愈不可能了。現在只是就居留地安放，但是洗骨、撿骨的風俗直到 1950 年代的香港還存在。這是其他民族文化所沒有的。

---

25 http://www.nchistoricsites.org/town/about.htm（2012 年 3 月 23 日閱）

26 http://americanindianshistory.blogspot.com/2011/07/native-american-burials-urns.html（2012 年 3 月 23 日閱）

　　美洲土人做喪事與中國的習俗也非常接近。死者家屬要哭喪，按照死者身分地位，有時還雇人來哭。家人守孝達一年至數年，墨臉留髮。有些在墳上立碑，用圖畫族徽代替文字，這些風俗都與中國相似。關於美洲原住民的喪葬風俗詳情可參考雅盧的著作（Yarrow 1880）[27]。印第安人守孝與儒家一樣，是非常重視的一項禮節。

《禮運・大同篇》在美洲

　　《禮記・禮運大同篇》是儒家的理想社會模型。出人意料之外，中國人夢寐以求的理想，竟然在美洲實現。

　　首先回顧一下兩千多年前的《禮記・禮運大同篇》：

> 大道之行也，天下為公。選賢與能，講信修睦，故人不獨親其親，不獨子其子，使老有所終，壯有所用，幼有所長，鰥寡孤獨廢疾者皆有所養；男有分，女有歸。貨，惡其棄於地也，不必藏於己；力，惡其不出於身也，不必為己。是故謀閉而不興，盜竊亂賊而不作，故外戶而不閉，是謂大同。

　　畫家喬治・卡特林（George Catlin）從1830年開始，探訪了五十多個美洲民族，特別是中部大平原的原住民，與他們一起生活長達十年以上，他用畫筆忠實地記載了原住民的生活習慣。以下是他對美洲原住民的感想（Catlin 1868; Catlin and Ross 1997, x），與〈大同篇〉的比較：

> 我喜歡這個用最好的方式歡迎我的民族。
> 我喜歡這誠實、沒有法律、沒有監獄、沒有貧民窟的民族。（使老有所終，壯有所用，幼有所長）
> 我喜歡這沒有規章、沒有人說教、也不需要聽道，但人人遵守戒律的民族。

27　http://www.gutenberg.org/files/32938/32938-h/mortuary.html

我喜歡這從不亂起誓、不隨便濫用上天聖名的民族。

我喜歡這睦鄰如己的民族。（天下為公，選賢與能）

我喜歡這敬天、但沒有聖經的民族。相信上天也愛他們。

我喜歡這對任何宗教如一、沒有仇視其他宗教的民族。（天下為公）

我喜歡這從不欺負我、從不偷我東西、也不需要法律制裁的民族。（是故謀閉而不興，盜竊亂賊而不作）

我喜歡這除非為了保護家園，從不向白人挑起戰爭的民族。

我喜歡這上天創造，而讓他們自由自主的上天子民。

我喜歡這個自立的民族，沒有鑰匙和鎖的民族。（外戶而不閉）

我喜歡這一切盡力而為的民族。（力，惡其不出於身也。不必為己）

噢，還有，我喜歡這不是為了金錢而活著的民族。（貨，惡其棄於地也，不必藏於己）

　　上面的描述，幾乎是《禮記·禮運大同篇》的翻版，也暗含道家無為而治的境界。中國一直嚮往的社會，竟然在歐洲人移民前的美洲實現。相信「儒家」這詞尚未出現，亞洲先民已經有這種自然形成的道德規範，一早帶來美洲。卡特林是接觸這裡原住民的首位歐洲人，他記述的親身經歷，與二十世紀中期西方電影中被描繪為殘忍、無惡不作的「紅番」有天淵之別。這位畫家的五百幅油畫大多收藏在華盛頓的美國國家肖像博物館。美國美術界都知道他的畫，卻很少人引用他這段話。歐洲移民美洲之前，原住民人口估計有五千萬到一億。2010年的統計，美洲原住民只有五百萬。美洲原住民說，哥倫布發現新大陸本來不是事實，是美洲人發現了哥倫布，一小群陌生人來到他們人口眾多的國度。新移民武力步步進逼，讓他們走投無路，美洲原住民保家衛土，冒死與侵略者抗爭，是迫於無奈所致。有些不能或不願意爭鬥的，就隱蔽起來，自成一國，與世隔絕，和平族就是這樣一個民族。

美國和平族的雙丫髻笄禮

　　美國亞利桑那州有一個Hopi族。十六世紀，最初接觸歐洲人時，他們有一萬多人，五百年後，只有七千人左右。他們居住在亞利桑那州和猶他州大

峽谷的北面，在納瓦霍（Navajo）的領地中劃出一塊給他們。大峽谷遊客區的服務員，很多是這兩族人。Hopi有人翻成赫必族，但我覺得應該譯為和平族，這是本義。

Hopi族的全名是Hopitu-Shinumu，一般翻譯為和平的人（peaceful people），另一翻譯為和平的小人（Roberts 1997, 143; James 1956; Hodge 1907, 560-568）。Hopi，土語意義就是和平。他們的個子中等，並不很小，為什麼叫小人？如果能領會歐洲人音譯土語有困難，Hopitu-Shinumu就是漢語「和平的小奴僕」。

明代的侍從自稱小人、奴僕。這族人用漢語自稱和平的小奴僕，但是他們自己的語言卻不是漢語，這族名似乎是漢人給的，按照音義應正名為「和平」。

這「的」字很有意思。古代文言文的所有格基本上用「之」。口語什麼時候開始用「的」做所有格，有人認為是來自突厥語。比較一些作品的用法，用「之」字，宋有《東京夢華錄》；元有《庚申外史》、《薛仁貴征遼事略》、《宣和遺事》；清有《聊齋誌異》。用「的」，宋有李清照詞；元有馬致遠曲；明有《封神演義》、《大明英烈傳》、《水滸傳》、《三國演義》、《西遊記》、《三寶太監西洋記》、《太平廣記》；清有《紅樓夢》等。直到唐代的傳奇，古漢語文言文的所有格，一般用「之」。宋代流行說書，白話小說開始用「的」。自明朝以後，白話流行用「的」的例子特別多。根據「的」字的沿革，和平族接觸的漢人應該是宋代以後的漢人。

北美洲原住民臉型最酷似漢人的，和平族是其中之一。因為和平族堅持傳統，不願意與外人打交道，更不願意通婚，是保持血統較純淨的原因。我到猶他州與亞利桑那州去了解和平族，但是碰到的和平族人都盡量迴避接觸，不與外人交談。要了解他們非常困難，可能要長期相處得到信任。納瓦霍族剛好相反，比較外向，他們在二次大戰中用土語做無法破譯的密碼，電影《獵風行動》的主角。這兩族人以前為了爭地，經常武鬥，納瓦霍人不太願意談和平族的事，要從納瓦霍人了解和平族也不能得到真實的情況。

有一項和平族與中國人的淵源，不需要採訪也知道。除了族名，與漢族最相似的是和平族女子髮髻的風俗。十五、六歲的女孩子在耳旁結的髮髻，

代表她們是待嫁的姑娘。結婚後，髮髻就拆下來，編成辮子，這完全與中國的笄禮相同。

古代中國，男子到了二十歲要舉行冠禮，戴上帽子，謂之「弱冠之年」。女子到了十五歲，要在耳旁編成髮髻，用「笄」簪好，稱為「及笄之年」。男子弱冠，女子及笄，都意味著成年，可以論婚嫁了。侍婢結雙丫髻，稱為丫鬟；小女孩有時十二、三歲結丫髻，稱為丫頭。這種風俗從春秋時代到清朝，延續了兩千多年，漢、唐、宋、明、清的女仕俑普遍看到雙丫髻。最近，中國大陸又有復古現象，今天有些女孩子也隆重舉行笄禮。

中世紀，歐洲女子也有結雙丫髻的，只是髮型之一，沒有作為一種成年禮儀看待。和平族有丫髻禮節的傳統，遠早於與英國人接觸。唯一可能是他們與漢人接觸。如果我們相信「的」的用法始於宋代，那兩者接觸是在宋代以後，鄭和時代是最大的可能。

和平族的天神是有角有羽的蛇，等於中國的龍，他們自稱是來自美國東部，甚至有說俄亥俄州的大蟒土墩（Serpent Mound）是他們建的，這點比較難證實。這個大蟒土墩長411公尺，頭向北，尾向南，曲體無足，順西邊的河道彎盤，口部前方有橢圓形物，有如中國的龍吐珠，由於風雨侵蝕多年，體型已經矮了很多[28]。這蟒墩的斷代沒有一致的說法，從距今兩千九百年前到西元

圖5.19　和平族婦女為未婚少女梳丫髻。（Henry Peabody攝，1900年。美國國家檔案紀錄管理局）

28　http://upload.wikimedia.org/wikipedia/commons/3/35/Hb_serp_2.jpg（2012年4月10日閱）

1070年不等，以後還要更多探討。無論和平族本來的居留地是東部或西部，從笄禮來看，他們與漢文化接觸是無可置疑的。有關和平族更多資料，可參考史密森研究所的《美洲印第安人手冊》（Hodge 1907, 560）。

美國印第安人與古代中國人的髮型還有一點相同，兩者都有留髮的習慣。中國自古有「身體髮膚，受之父母，不敢毀傷」。同樣，許多印第安人也不剪髮。和平族、切諾基族、克里族（Cree，有別與 Creek 族）都有留髮的傳統，認為頭髮是他們的魂魄，與中國人稱髮為「血之餘」、精血所在，有同樣意義。歐洲殖民與原住民戰爭時，把對方頭髮連頭皮割掉（Scalping），是一種極端侮辱手段，可能開始只是割頭髮，後來用頭皮作為戰利品。美國在殖民地時代和開國以後，訂立了一些歧視印第安人的法律——不許他們信仰自己的宗教，不許說土語，不許留髮。這些規定，歷經兩百多年，到1978年才廢除。不過很多原來的傳統已經在多年的禁制下淡忘了。最近，他們重新爭取恢復族人的宗教習俗權利。2008年，休士頓的一位阿帕契族的小孩留髮，被學校罰令剪髮或停課，再次挑起民族之間的紛爭[29]。

四熊與旂？

畫家卡特林最喜歡繪畫的對象是一位曼丹族的酋長，名字叫「四熊」（Four Bears, 1795-1837）。他手上拿著的儀杖，無論形制、構造或用途，與中國古代的旂完全相同。

「四熊」意義是勇敢、孔武有力如四頭熊。熊在美洲是普遍的動物。原住民以熊為名的酋長不少，有坐熊、站熊、大熊、小熊、踢人熊、毛熊、白熊、黃熊和棕熊等，冠以數字的還有十熊（Paruasemana、Ketahto 族酋長）和二熊（Mato-noupa），都沒有太多記載。四熊的名字卻一直保留下來，成為姓氏，還有村莊、橋梁、店鋪以四熊命名。

四熊，曼丹語的英語音譯有 Ma-to-to-pe 或 Mato-topeh 等不同拼寫。曼丹語「熊」是 Mato，「四」是 Toop，形容詞放在後面。但是，四熊不是讀寫成

---

29 http://www.houstonpress.com/2008-07-10/news/a-native-american-family-fights-against-hair-length-rules/（2012 年 2 月 22 日閱）

Mato-toop，後面還有peh的發音，與中文的「羆」一樣。羆是棕熊，體態和力量大約等於三、四隻黑熊。根據哈佛大學考古民族學的論文集，曼丹人有另外的詞mato unknapininde代表棕熊（Harvard University 1904, 209）。但為什麼不用棕熊本來的稱呼，或者用更誇張的數字，而用「四熊」呢？四熊似乎有特別的意義。

鄭和下西洋的時候，對友邦元首和官員，明朝政府主動賜予中國的冠服。有些國家也要求賜予，這些外國使臣穿著中國官服回國大受歡迎，是很高的榮譽。

圖5.20 曼丹族四熊與旂。（美國印第安人畫像#98，美國國家檔案館）

明朝亦以能教化外邦「變其夷習」、「嘉而賜之」（鄭一鈞 2005, 356）。

明代文武官制度，官服前心上有一塊方形的補子，繡上動物圖案，文官用鳥，武官用獸，以不同的禽獸表示官階。《明史》志四十三輿服三載：

> 文官一品仙鶴、二品錦雞、三品孔雀、四品雲雁、五品白鷴、六品鷺鷥、七品鸂鶒、八品黃鸝、九品鵪鶉。武官一、二品獅子，三、四品虎豹，五品熊羆，六、七品彪，八品犀牛，九品海馬。

五品武官的補子圖案是熊羆。「四熊」合起來是中文「羆」字，假如用簡體字「罴」，這意義就沒有了。鄭和是四品，其他下西洋的太監不會超過他。如果明代使臣要封印第安人助手，最高也是五品。

「四熊」是否是一位被明人賜予五等官的後裔，或是一種巧合？只能存疑。今天在南達科他州夏安河保留區還可以找到四熊家族的後代。美國國會

圖書館藏有柯蒂斯（Edward Curtis）在1900年代初期拍攝的曼丹人照片，容貌與亞洲人相似[30]。這裡不宜做過分的猜想附會，把這宗有趣的觀察記錄下來，留待將來進一步探索。

美國東南民族複雜的基因

美洲有些民族認為自己是源自另外一些遙遠的國度。

切諾基人中，也有自稱為猶太人後裔的，認為他們的口述歷史，根據宗教信仰證明是猶太人後裔，有些在家門前掛以色列旗幟[31]。DNA家譜公司做過單倍群（Haplogroup）分析，認為切諾基人與猶太人完全沒有關係。1889年，田納西州東部發現一塊石頭，刻有希伯來文，「供奉約地亞」字樣。這一群切諾基人屬於中央支系，居住在田納西州，只有四百人。他們還沒有被聯邦政府承認是切諾基族。直到2010年，仍在爭議[32]。

明代中國與中東的貿易中有猶太人參與是完全可能的。猶太人是經商的能手，他們的活動範圍與阿拉伯人有重疊。莎士比亞的《威尼斯商人》中描寫的就是猶太人，馬可波羅也是威尼斯人，他也描寫猶太人在北京經商的情形。有一點可以考慮的是哥倫布以前，只有鄭和有能力、有紀錄承載外國人在中國船上遠航。有可能猶太人帶來風俗，部分切諾基人採納了，他們有文化傳承，但沒有遺傳基因。

切諾基人有土耳其人血統，取得土耳其大學承認，並與他們交流。土耳其也有用顏色代表四方的傳統，與中國完全一樣：東青（龍），西白（虎），南朱（雀），北黑（玄武）。切諾基的顏色逆時針位移四分之一圈[33]。土耳其人即突厥人（Turk），與唐朝有一段恩仇，既是敵，亦是友，曾助唐太祖李淵建國，本書在討論紅旗、白旗一章提過，這段恩仇至今未了，東突厥在新

---

30 http://memory.loc.gov/award/iencurt/ct05/ct05toc.html（2012年4月19日閱）

31 Cherokee DNA, History Channel. http://www.youtube.com/watch?v=wHNRf9H7nD4&feature=related（2012年4月19日閱）

32 http://www.nc-cherokee.com/theonefeather/2010/08/17/no-recognition-for-central-band-of-cherokees/（2012年4月19日閱）

33 http://www.powersource.com/cocinc/ceremony/colors.htm（2012年4月19日閱）

疆還是不穩定的因素。唐的疆域西達烏
茲別克，與突厥間有數千里接壤，受中
國影響是當然的。切諾基人的四極顏色
與中國系統最接近，可以來自中國人，
也可以來自土耳其人。但是，他們的北
斗旗無疑是來自中國人。

　　北卡羅萊納州有一個被州承認為原
住民的民族，叫南比（Lumbee），他們
本來生活在北卡羅萊納的外灘（Outer
Bank）。這外灘與上海的外灘不一樣，
是一串窄長的島嶼，與內陸隔開一個內

圖5.21　南比族徽。（Wikipedia）

海，綿延兩百多公里，我走過這一段路的四分之三。現在南比族集中在羅伯
森郡（Robeson County），比鄰南卡羅萊納州[34]。美國政府不承認他們是「印
第安人」原住民，所以，他們無法享受一些聯邦的優惠政策、不能擁有自己
的領地。有人認為他們是迷失的第一批英國人，因為羅森的紀錄裡描寫了一
批人講阿爾岡語（Algonquin），但是皮膚比較白、眼睛藍色，懷疑他們是英
國人與土人通婚的後裔，但是大部分南比族人的長相卻與東南亞人種相似。
南比族為了爭取被聯邦政府承認為原住民，一直奮鬥到今日，還沒有完全定
案。

　　南比的族徽也用四色代表四方。方向顏色與中國的系統差一點，紅黑相
對是一樣的。青換上黃，與白相對。與上述加拿大Shuswap族的鼓一樣。

　　這讓我想起鄭和經過的東南亞國家中有南渤里國（Lambri，又作蘭無
里、南巫里、喃誣哩〔Lamuri〕），在蘇門答臘之西。鄭和訪問這裡時，當地
人已經信奉伊斯蘭教，永樂七年，南渤里的國王曾率團隨鄭和寶船到中國。
南渤里的發音接近南比，即今日的亞齊（Aceh），是東南亞華裔聚居較多的
地區，2004年遭受海嘯破壞極大。為什麼把南比與南渤里聯想起來？除了發
音相似之外，還有一個原因。

34　http://www.lumbeetribe.com/History_Culture/History_Culture%20Index.html#Origins

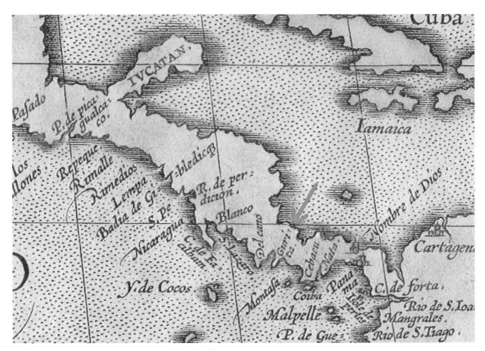

圖5.22 《奧特里烏斯地圖》Gurita（章魚）城。

　　1589年的奧特里烏斯滄溟宗（太平洋）地圖上，巴拿馬有一個地名古列答（Gurita），西班牙人後來將它改名，證明不是西班牙人給的名字。目前知道，歷代的地圖中，只有這張有Gurita這地名。

　　世界通用的語言裡，古列答唯一的解釋是印尼語「章魚」，而古列答這地名正是巴拿馬盛產章魚的地方。潛水觀察章魚是遊客一樂，還有酒店名為章魚樂園。世界上不同國家的語言音義相同，並非偶然，不可能沒有關聯，這地名顯然是懂印尼語的人命名的。印尼與巴拿馬在四百年前會有什麼關係？

　　明代中國與印尼有頻繁接觸。永樂六年（1408），渤泥國王麻那惹加那（Maharaja Karna）乘坐鄭和的船到中國，同年病逝在南京，葬於南京南郊雨花台，墓地仍在[35]。汶萊有南宋蒲氏墓，墓碑刻立於1264年，墓主可能是泉

35　http://www.oldnanjing.com/show.asp?id=685（2012年2月3日閱）

州已阿拉伯化的回教徒[36]。渤泥，即今汶萊（文萊），舊稱婆羅洲，曾屬印尼。

北卡羅萊納的南比族與古印尼國南渤里同音，樣貌像東南亞人種；印尼語章魚發音「古列答」標記在巴拿馬盛產章魚的地方，這幾個表面上沒有太多關聯的觀察，成為一個合理的組合，令人聯想印尼人曾在十六世紀生活在美洲近加勒比海一帶。印尼人的膚色、臉容與印度人相似，是否歐洲人誤會美洲人為印度人（印第安人）的原因？

中西部岩刻圖畫文字研究會（Midwest Epigraphic Society）的朋友告訴我，多年前他們在加州一次會議上，有一位委內瑞拉的研究員，是土著，她講的土話，印尼人能懂[37]。這是二、三十年前的事，當時沒有人留意，現在無法尋找該研究員了。

章魚一詞暫時不能成為印尼人乘鄭和船到美洲的證據，還要更多觀察，姑且存疑。

加州的石錨

2010年，加拿大電視節目《探索頻道》（Discovery）邀請我與加州潛水的老前輩麥斯特婁（Bob Meistrell）接受訪問。麥斯特婁是輕便潛水裝備的發明人，1950年代開始潛水。他在洛杉磯附近的海底打撈到三十五具石錨，有些重達一到兩噸。石錨像甜甜圈（Donut），我看到的，直徑幾乎一公尺。麥斯特婁自己錄製一段影片[38]。根據他的說法，石錨上長了錳的結節，學者分析，年代在兩千年以上。錳結節作為斷代，增長太慢，以百萬年算，誤差達十倍，甚至一百倍，與物件沉沒的位置有很大關係（Glasby 1977），因此，上述的斷代並不可靠。

這位老先生的精神很好，他又轉述礦物學家的分析，這種石頭不是加州附近的石頭，是中國沿海某處的石頭，估計擁有石錨的船來自中國。有些滿

---

36 http://www.e-huawang.com/brunei_FC_main.htm（2012年2月3日閱）
37 2010年10月1日，Midwest Epigraphic Society 雙年會議上的討論。
38 http://www.surfshot.tv/play/2346983（2012年1月26日閱）

布貝殼的石錨裂開，露出本相，與我在泉州到處看到的石頭類似，呈灰色，
比較細密，容易雕刻，但是不能隨便斷定從泉州來。泉州是中國明代海上交
通最重要港口，的確也有很豐富的石源，沿泉州往廈門的路上，車子走三十
分鐘，兩邊都是石雕廠，加州的石錨是否是從泉州一帶來的，不敢肯定。兩
噸重的石錨，船不會太小，這是另一個有趣的題目。加拿大卑詩省大學的人
類學博物館裡也藏有一件類似的石錨，他們認為是海斯拉族（Haisla）的文
物[39]。

　　加州的石錨現在還是無法斷定何時何處來。

　　從加州往南走就是墨西哥。西班牙建立的殖民地包括加利福尼亞和墨西
哥。曾經很多人認為墨西哥的奧爾梅克、瑪雅、阿茲特克的文明與中國有關。

殷人東渡？

　　墨西哥有三大文明時期：奧爾梅克（Olmec，約西元前1200-300年），
馬雅（Maya，西元前2500年-西元1500年），阿茲特克（Aztec，西元1100-
1500年）。他們與中國可能有關的特色是：

- 臉型酷似亞洲人。
- 崇尚玉，特別是葬禮中的玉面具，與中國金縷玉衣的玉覆面相似。
- 奧爾梅克文字與中國甲骨文相似，是直行方塊字。
- 阿茲特克用顏色做方向的傳統，與中國四方四靈一樣。
- 馬雅紋飾有龍，西方一直稱之為有角蛇或羽蛇。
- 馬雅傳說月中有女神與兔，相當於中國的嫦娥、玉兔。

　　除了上述一些觀察，我還發現一項關聯。中國瓷器有「天球瓶」，這種
器形是永樂時代開始才有的，圓腹、長頸、直口，一般認為是來自西亞的影
響。但是伊斯蘭陶瓷的器形，沒有相同的例子。印度、伊斯蘭有類似的瓶

---

39 http://collection-online.moa.ubc.ca/collection-online/search/item?category[objecttype]
[0]=533943&row=1（2011年12月28日閱）該族在加拿大卑詩省附近。

子，是撇口（喇叭狀）、細頸
的。唐、宋間稱為天球瓶的也
是撇口或蒜口，或者瓶腹呈膽
狀，不是圓形。奧爾梅克文化
的陶瓶完全是天球瓶的形式，
斷代西元前 1100-800 年[40]。

圖 5.23　景德鎮仿明代天球瓶（左，作者藏品）與奧梅克瓶。（李兆良攝於紐約印第安人博物館）

看起來，天球瓶很簡單，
似乎任何一個會造陶器的國家
都可以造，事實並非如此。中
國的陶瓷器有近一萬年的歷
史，器形千變萬化，決定因素
是當時的陶工手藝、風氣、用
途、宮廷的偏好。按照器形，中國瓷器有獨特的名字——尊、罐、壺、瓶、
瓿、爐、碗、盤等。瓶的形式再分梅瓶、蒜頭瓶、玉壺春瓶、八角瓶、貫耳
瓶、葫蘆瓶、鶴頸瓶、扁瓶、棒槌瓶、撇口瓶、葵口瓶、天球瓶等等。每一
種器形有它的沿革、出現的年代。到永樂才流行天球瓶，難道是巧合嗎？

中南美洲與中國的文化關係，光從三足陶器就有許多共同點。這方面有
頗多報導與著述，這裡不再重複。墨西哥的文化與中國文化的關係是存在
的，可能更早傳入，不只一次，要更深入探討，這裡不再特別詳細討論。只
希望提一點：有認為印第安人是「殷地安人」的誤讀，而「殷地安人」是美
洲原住民的自稱，這點不敢苟同。

西方當時的確有人認為越過大洋就是亞洲，哥倫布至死還認為是到了亞
洲。對亞洲的認識，歐洲人知道印度更多，因為希臘時代，亞歷山大曾到過
印度，印度的名字源自印度河（Indus），今在巴基斯坦境內。以前巴基斯坦
與印度是一個國家。波斯人叫印度（Hindu），梵文 Sindhu 就是身毒（印度）
河。身毒（Sindhu）是中國古代對印度的稱呼。有些西方古地圖把印度繪在
中國的北方，把印尼、馬來西亞、菲律賓等稱為東印度群島，加勒比群島稱

40　http://en.wikipedia.org/wiki/File:Olmec-style_bottle_1.jpg（2012 年 1 月 13 日閱）

為西印度群島。也有把整個美洲稱為印度。印第安不是美洲原住民的自稱，是歐洲人給的名字。知道這來龍去脈，就不會把印第安認為是殷地安了。

西非洲的鏈接

全世界另外一處生產天球瓶的是西非洲奈及利亞附近地區。下面與美洲文化無關，但是很值得一提。

西非洲有許多文物，民風與中國有藕絲的關係，值得探討。

- 奈及利亞（Nigeria）及貝寧（Benin）用脫蠟法製銅，世界有名，當英國人第一次看到貝寧的銅器雕塑，大吃一驚，認為是人類文化的瑰寶。1897年，英國進入馬利，帶走了貝寧的三千件銅器，現在散見於歐洲各大博物館，大英博物館收藏約兩百件。大英博物館的影片介紹，認為貝寧的銅器是五百年前開始的，即稍晚於鄭和下西洋[41]。一位專門收集和製造脫蠟法銅器的英國專家認為，貝寧的銅器是於1450年左右開始[42]。學會製造銅器應該是有一定的發展過程，除非是外來的技術，不會突然出現。西非洲在五百年前突然有高超的脫蠟法製銅，正是鄭和時代後不久，相當值得注意。中國的脫蠟製青銅器，約西元前450年。楚共王熊審盂、曾侯乙墓的青銅尊盤是目前知道最早的，已經非常精美，發明此技術應該更早。更重要的是貝寧的銅器是黃銅器，含有>15%鋅[43]。黃銅是明代，特別是宣德時代開始有意識煉製的合金。西方則是到十七至十九世紀才開始有黃銅製造工藝。早期西方的黃銅是無意中摻雜含鋅的礦物生成的，成分一般很低。
- 見大英博物館藏品，貝寧的婦女自小用銅圈繞住頸部，逐漸把頸拉長，認為是美麗的象徵。十五世紀後期的皇太后像、十六世紀的國王與皇后頭像都帶頸圈，是至今發現最早的貝寧脫蠟銅像。雲南瑞麗、

---

41 http://www.youtube.com/watch?v=tmrdunRXfbw&feature=related（2012年1月21日閱）

42 http://www.lost-wax-casting.com/AFRICA c 1,500 A.D.htm（2012年1月21日閱）

43 http://comprehensivemetallurgicalconsulting.com/images/portfolio/Benin_Report.pdf（2012年11月8日閱）

緬甸帕島族（Padaung）的婦女亦有同樣的風俗。全世界有如此風俗，目前知道僅有貝寧與滇緬地區，相隔萬里。

- 貝寧是美洲 Voodoo 的源始，流行於海地等加勒比海地區及美國南部路易斯安那州。貝寧的 Voodoo 的形式與發音同中國的「巫毒」一樣，即巫蠱、蠱毒。巫毒在隋代有記載。有各種不同的做法，用化學、毒蟲、符咒使對象致病，必須用解藥消除。有人認為這是婦女約束丈夫外出工作的一種方法，特別對船員而言。鄭和經常來往的東南亞很流行。西非洲的風俗如此雷同，看來是有相通的關係。沒有非洲的文獻比較，很難決定誰先開始。按現有資料，是中國先有。

- 馬利的富拉尼族（Fulani）有一種特殊的帽子，酷似中國宋、元、明代的將軍帽，半球形，寬邊，頂上有顆珠[44]。瓷器中的將軍罐，即以此形為名。宋、元時代有釉裡紅將軍罐，明以後較流行。英國皇家軍械庫裡有明代軍帽藏品[45]。雲南昆明以南的彌勒縣高甸鄉陶瓦村，在大山深處的阿哲人，保留了原始的祭龍風俗，帶頭祭祀的「龍頭」戴的帽子，與非洲富拉尼族的帽子幾乎完全一樣。阿哲人與富拉尼的將軍帽都是來自元、明時候

圖5.24　馬利富拉尼族的帽子。（Wikipedia〔Ferdinand Keus〕）

---

44 http://wwwdelivery.superstock.com/WI/223/1606/PreviewComp/SuperStock_1606-26450.jpg（2012 年 1 月 30 日閱）

45 http://img2.laibafile.cn/laiba/images/1132910/12421950451458912641/A/1/m.jpg（2012 年 1 月 30 日閱）

駐紮在雲南的軍人服飾。鄭和的故鄉就在高甸鄉以北兩百公里。

- 富拉尼族的樂器，音樂調性與中國西南少數民族相似[46]。美國黑人音樂的 Banjo 來自富拉尼的 hoddu、xalam，與中國漢代的阮咸、雲南少數民族的月琴相似。

- 馬利的都干族（Dogon）的大馬節日（dama）舞蹈是豐收及男子成年時跳的，像中國的儺戲或廟會，舞蹈者踩著高蹺，戴一種特別高大的頭飾，像甲骨文「帝」字[47]。高蹺舞蹈流行於幾個西非洲國家，如剛果、甘比亞、象牙海岸、東非的埃塞俄比亞（即今衣索比亞）等。加勒比海各國，如古巴、海地的高蹺是從西非洲帶來的習俗。高蹺在中國春秋時代的《列子》裡有載，歷代全國各地均有。盛行甘肅、寧夏回族、陝西、山西、河北、天津、四川、貴州、雲南，廣東、福建、江蘇、浙江。因為每省都有，只能舉一些特殊的例子，尤其是慶祝元宵節，永樂時開始特別流行。歐洲羅馬時代也有高蹺，但不盛行，十五世紀以後才比較流行。

- 西非洲各國均用來自印度洋的貝幣，上面已有陳述。十六、十七世紀，西班牙、葡萄牙等經常以寶貝買西非洲奴隸。這些貝幣是從西非向周圍擴散。有人從海路把印度洋的寶貝帶來。西班牙、葡萄牙原來沒有這傳統，是中國人帶來的。

- 玉米在西非出現比葡萄牙殖民要早。前一章講過，中國從美洲帶回玉米比西方早七十年左右。

　　以上的觀察，獨立來說，都不太能成為證據。但是綜合來看，多種中國明代文化表徵在西非洲馬利、尼日、貝寧、多哥、迦納等國家出現，不能算巧合，尤其是將軍帽、頸圈、失蠟法鑄銅等特殊文化標誌。

　　《坤輿萬國全圖》上大浪山角準確地繪在非洲南端偏西的地方，不像其

46 http://www.youtube.com/watch?v=qSDxXZMAJow&feature=related（2012 年 1 月 21 日閱）
47 http://www.youtube.com/watch?v=xgSYBa4Vjes（2012 年 1 月 21 日閱）
　　http://www.youtube.com/watch?v=gNsGeJKWUKg&feature=related（2012 年 1 月 21 日閱）

他西方地圖畫在正南端，也不按照利瑪竇當時的歐洲命名「好望角」，證明大浪山角是明代中國人命名的。再者，中國人已經知道大西洋比小西洋（印度洋）大，無可否認，鄭和時代已經越過大西洋。從南非北上的海流自然把東來的船帶到西非洲，這是完全合理的。

西非洲的民族曾經是文化相當高的，而上述的文化特徵與中國相似，有些出現時間剛巧在鄭和下西洋以後，任何一項單獨看，沒有太大關聯，多項的重合就不是偶然了。西非人民受到殖民者侵略的踐躪特別深，他們先後被賣到歐洲、美洲，美國的非洲裔奴隸多來自西非洲。選擇奴隸，不止是要體力，還要有能力，會農耕、手工藝。西非洲人除了靠近歐洲，也是因為他們有技術、有頭腦。艾力克斯‧哈里（Alex Haley）的著名小說《根》是根據真實歷史寫的，主人翁是曼丁卡族王族，來自西非洲甘比亞。哈里的廷巴克圖（Timbuktu）曾被一些人取笑為很遠很偏僻的地方，實際上是以前西非洲的文化商業中心。2009年，廷巴克圖的圖書館重新修繕整理，藏有十五萬冊手稿，希望日後能看到他們的研究，把非洲遺忘了的歷史發掘出來。

美洲的銅鐵器

美洲原住民一向被描寫為原始民族，生存在石器時代。其實，他們的文化並不落後，也會使用金屬。

1524年，維拉扎諾（Giovanni de Verrazano）碰到的美洲原住民，在胸前戴著銅製的裝飾牌（Willoughby 1905, 506），一般認為他們來自歐洲，但是根據紀錄，維拉扎諾是最早到達新英格蘭的歐洲人。除了歐洲人，誰會給他們帶來銅牌？同一參考還提到黃銅。當時能有意識製造黃銅的，只有中國。

美國政府發現原住民對銅牌的興趣，最簡單撫卹他們的方法是發些和平獎章。沒有拿到獎牌的則用錢幣穿孔掛起來。美國到處可以找到印第安人用穿孔的錢幣裝飾的例子。

第一位記錄美洲原住民生活的哈里奧特在他的書裡清楚講述美洲人有銅（Eluas 1609）。1600年左右，歐洲人就知道五大湖的蘇必略湖附近有原住民採銅。1632年，法國人山姆‧商珀林（Samuel de Champlain）的地圖顯示休

倫湖西北的一個小湖，標記著「這裡有銅礦」。1660年，第一個深入探索蘇必略湖的列地森（Esprit Radisson），由原住民帶引到一處有很多銅塊的地方。原住民告訴他，附近的山滿是銅礦（Encyclopedia Americana Corp 1918, 655）。伊利諾州、愛荷華州、西維吉尼亞州、肯塔基州、北喬治亞州、北卡羅萊納州都發現過銅製的文物（Thomas 1908, 109）。五大湖區是美國的產銅區之一，其他地方的銅是原住民貿易得來的。

歐洲人在當地真正落戶大概是1840年代。1767年當卡弗（Jonathan Carver）報告土人會煉銅，沒有人相信。但是事實如此。1845-1857年間，威斯康辛州出產了一百七十五磅銅。1898-1914年，產量增至幾噸。明尼蘇達州好幾處出土了銅製品。證實了卡弗的報告，看來美洲原住民開採銅已經幾百年了。華格納（Herbert Wagner）收集的原住民的銅箭頭達幾十枚[48]，但是在華盛頓和紐約的印第安人博物館只陳列美洲原住民的石器，沒有看到原住民的銅器。

1848年，明尼蘇達州礦業發現一處美洲土人的銅礦，深入地下十八英尺，有一銅塊，長十英尺，寬三英尺，厚兩英尺，重六噸（Short 1880, 89）。銅的熔點雖然比較低，但要煉這麼大塊的銅，工作量和技術需要一定水平。1902年在明尼蘇達州成立的美國3M公司，原名是Minnesota Mining & Manufacturing的簡寫，這裡的銅礦是它礦業的開始。

哈佛大學生物系的費爾（Barry Fell）用岩畫、巨石建築等論證，認為西元前1700年曾經有一位北歐的國王窩頓利塞（Woden-lithi）到過美洲，從聖羅倫斯河進入今日加拿大，到達相當於多倫多的地區，他用歐洲的紡織品和美洲的阿爾岡昆人（Algonquian）貿易，換取銅錠（copper ingots）。他回到挪威奧斯陸，記錄了他在美洲建立永久的商貿基地[49]（Fell 1982）。根據費爾這位國王用古代北歐文字記錄，歐洲被羅馬帝國統治後，拉丁文取代了北歐的古文字，這記載被淡忘了。費爾認為在美國東北地區的巨石建築是北歐人留下的。費爾的論點比較難證實，因為能讀懂北歐古文字的人不多。

---

48 http://www.atthecreation.com/wis.anc/%20cu.mines.html（2011年11月30日閱）

49 http://www.faculty.ucr.edu/~legneref/bronze/bronze.htm（2012年3月2日閱）

　　費爾說美洲人的商品是銅錠，而不光是自然銅。自然銅是沒有固定形狀的，美洲人曾用來打造裝飾品、箭頭一類物品，這點是公認的，前面已經提過。銅錠的存在，則表示美洲人已經知道它的商品價值，為了容易搬運，把銅融成銅錠，這是比較高級的發展。很難想像，四千年前美洲人會熔鑄銅錠，而其他的技術卻沒有相應的發展，停留在石器時代。四千年前的中國屬於夏代，我們今天知道夏代的銅器沒有商代多，但是夏鑄九鼎的故事，小學教科書也有記載。夏代明確有銅器，還有鬲、斝、爵等器皿。如果確切，四千年前的美洲人會煉銅，他們比歐洲人來得早，只能從中國遷移來，這是有趣的疑問。

　　俄亥俄州辛辛那提大學收藏了不少原住民的銅製文物，有各種形狀的飾物和用品，造型和製作頗為精美。有鏤空的雕刻，還有「卍」萬字符，圓形像耳環、鼻環類的物件，所有的銅製品，口緣平整、圓滑，明顯是有很好的工具和製造工藝，不像用石頭打造的。這些被認為是自然銅敲打出來的裝飾品是合維爾族（Hopewell）的文物，來自哥倫布市以南六十英里左右的一個土墳[50]。合維爾其實不是他們原來的名字，其實是很多民族的通稱，於西元前200年-西元500年左右居住在美國東部、中西部到加拿大一帶，原名已經湮沒。俄亥俄州歷史博物館收藏這族人的銅器，有斧、耳環、手鐲等，有些斷代是一千年以上[51]。

　　美洲土墳裡的銅製品不可能是歐洲製造的，它們是首批歐洲殖民開墾土地時挖出來的。俄亥俄州合維爾文化打造的銅片很薄、很平滑。它們是在土墳的底層發現的，年代久遠，但是沒有確實數據。最主要的特徵是土墳的銅器含的雜質比當時歐洲製造的銅器純得多，一般含少量銀和鐵，不含鉛。銻與砷的含量比歐洲銅器低十九到四十五倍（Essex Institute 1895）。這是對開採、冶煉有一定技術的人才能生產的。

　　馬斯柯基族（又名克列克族〔Creek〕）的銅器技術，驚人地先進。馬斯柯基族是美洲五大最先進的民族之一，族徽是犁，表示他們是農耕民族，臉相類

50　http://www.uc.edu/News/NR.aspx?ID=3817（2012年1月19日閱）

51　http://ohsweb.ohiohistory.org/gallery2/main.php?g2_itemId=656（2012年1月19日閱）

似中東人種，原來生活在阿拉巴馬州附近。其他四族是切諾基（Cherokee）、措托（Choctaw）、戚卡索（Chickasaw）和薩米諾爾（Seminole）。1905年，曾經有一個用五族合併的共同徽號，統稱為錫該亞州（Sequoyah），現今奧克拉荷馬州東部。州名是紀念發明切諾基字母的錫該亞。這些民族不戴羽冠，他們的服裝與中東民族類似，紮頭巾，如錫該亞的形象。措托的徽號是弓箭一斧頭，戚卡索是人拿著弓箭，薩米諾爾是划船的人，切諾基本來也有彎月與星，即伊斯蘭的符號，另一種是北斗星。現在切諾基的徽號已經改掉，沒有彎月和星，也沒有北斗的象徵。切諾基的族徽是1839年改的，正是「淚之路跡」完結、切諾基人被遷到西部以後，原來的文化特徵也被消滅。原來薩米諾爾與馬斯柯基的星月旗最具伊斯蘭特徵，在〈旗幟〉一章已經談過。現在薩米諾爾的旗幟是一堆篝火。這旗幟一改，這兩族人與穆斯林文化的關係完全切斷。

1930年代，阿拉巴馬州在塔拉普薩（Tallapoosa）瀑布附近發掘出一些黃銅盤子，稱為圖卡巴齊（Tookabalcha、Tukabatchee）盤子。圖卡巴齊，馬斯柯基土語意思是「劫後生還者的村莊」。商尼族（Shawnee）的長者認為這些盤子是他們祖先來源的證物（Ethridge and Shuck-Hall 2009, 184）。考古學家福斯（William A. Fox）認為是法國人留下來的文物，但是，早期的法國勢力在加拿大一帶，十八世紀後才遷至美國南部，離出土地點的時間、距離不合。

1852年，一位目擊者洛里治（R.M. Loughridge）記錄了圖卡巴齊的七個盤子，三個黃銅，四個銅的。黃銅盤很薄，個別直徑為十二、十四、十八英寸。中型的盤子中間有四分之一英寸大的字，刻得像用模子鑿的。四個長形的盤子，很薄，一尺半到兩尺長，它們傳了好幾代人（Schoolcraft 2006, 660）。

另一記載，阿拉巴馬州的土墩村（Moundville）有兩面黃銅牌、五面銅牌。他們每年都要拿出來展示，並伴以舞蹈、祭祀儀式。其中一塊銅牌子，長十八英寸，寬七英寸，其他四塊比較小。黃銅盤直徑約十八英寸，上有刻字。圖卡巴齊族說他們有很多類似的文物，傳說是天神賜給他們的（Cheesman and Cheesman 1991, 42）。

圖 5.25a　宣德銅盤底款（澳洲出土）。（吳鎮圭提供）　　　圖 5.25b　宣德銅盤正面（澳洲出土）。（吳鎮圭提供）

　　阿拉巴馬州大學的博物館存有不少土墳的文物，但是沒有展示這些盤子。該大學的考古辦公室網站存有銅鈴及小珠[52]。這些文物應該是歐洲移民來美前就已存在，小珠子的穿孔技術不是用石器可以完成，銅鈴更需要高技術製造。下面一節，會特別談銅鈴。

　　這些盤子在阿拉巴馬州歷史委員會向州長的報告中記錄在案（Gatschet 1901, 412）。我向阿拉巴馬州大學查詢這些盤子的下落。負責人回答說盤子是馬斯柯基族珍貴的文物，受原住民墓藏法令保護，原物為私人藏品，無法提供其他信息[53]。

　　加州蘇珊維爾（Susanville）曾有人發掘出「大明宣德年製」的龍紋黃銅盤，直徑十‧五英寸（Danver 2010, 75）。

　　澳洲坎培拉附近河床裡挖出「大明宣德年製」的龍鳳紋黃銅盤[54]。阿拉巴馬州的黃銅盤與此有無關係，不得而知。

　　馬斯柯基族傳說，他們的祖先來自西方，翻過很高、被稱為世界脊梁的

52　http://museums.ua.edu/oar/（2012 年 1 月 22 日閱）
53　阿拉巴馬大學博物館考古研究所 Eugene Futato 私人通信。（2011 年 12 月 5 日）
54　私人通信。2007 年 3 月 22 日。

山（可能指洛磯山），渡過一條泥濘的大河（可能指科羅拉多河或密西西比河），定居在今日的阿拉巴馬、喬治亞州，沿庫薩河（Coosa）一帶，即《坤輿萬國全圖》上的眾仙河。馬斯柯基族是多元文化，包含很多不同語言、宗教的群體，而因此有眾仙之說，眾仙河翻譯為外文，變成萬聖河（Espiritu Santo）、三聖河（Trinity River）[55]，西方地圖上的命名和地理位置含糊不清。關於眾仙河的命名，詳細請參考我另一本書《坤輿萬國全圖解密：明代測繪世界》（李兆良 2012）。後來與切諾基人一樣，馬斯柯基族被迫遷到西部奧克拉荷馬州[56]。另一說，這族人有認為其祖先是天上掉下來的，或是來自太陽。還有一說較沒有神話色彩，原不是居住在這個大陸，他們的船來自遠方，可能船給礁石觸破，祖先登上亂石嶙峋的海岸，這與「劫後生還者」同出一轍，他們是什麼人，會乘船從遠處來，帶著黃銅盤子？當時明代中國是唯一能有意識製造黃銅器的國家，宣德爐是最典型的例子。

切諾基人原來的領地，田納西州東部的蝙蝠溪（Bat Creek）在1889年發掘了一個完整的土墩，出土了一只黃銅手鐲，經史密森研究所分析，含27%的鋅、3.3%的鉛，其餘為銅。黃銅在歐洲曾短期在羅馬時代出現，大概西元前45年到西元200年，能生產含22-28%的鋅的黃銅，是無意把鋅礦石摻雜在銅礦石中冶煉產生的，但這技術隨羅馬的衰亡很快消失，歐洲陷入一千年的黑暗時代。中世紀，中國是唯一能生產鋅和黃銅的國家。與土墩同時出土了一塊石板，像古希伯來文，引起很多爭議，尚未解決（McCullough 1988）。手鐲與石板是否有關也是謎，這裡暫時存案。

如此多的記載，表明銅、黃銅、銅鈴在美洲原住民中非常普遍，是他們生活重要的一部分。鐵器在美洲是更難解釋的現象。

銅的熔點較低（1083.4度），美洲原住民能利用自然銅製造器具和裝飾物並不稀奇。鐵的熔點是1535度，比銅高很多，美國的考古界認為，美洲原住民是沒有進入鐵器時代的。比較先進的馬雅、印加文化也沒有鐵器的跡象，但是很難想像沒有堅硬的金屬能建造他們的石頭城、鍛製精美的金器。

---

55 關於眾仙河的命名，見作者《坤輿萬國全圖解密：明代測繪世界》一書。
56 http://www.everyculture.com/multi/Bu-Dr/Creeks.html（2011年12月23日閱）

康納（William Conner）認為前哥倫布時代，美洲有煉鐵的遺址[57]（Conner 2009）。他認為美洲冶鐵史有兩千年，按照他的描述，這些冶鐵的地點在俄亥俄州有六十幾個，冶鐵爐是利用坡度氣流往上升，加氧達到高溫熔鐵的，這與製瓷的龍窯一樣，龍窯達到的溫度是1300度左右，生鐵熔點為1175-1290度，是可以煉的。龍窯是中國商代發明的，歐洲從來沒有龍窯。如果兩千年前美洲住民能生產鐵，又用龍窯，只有一種文化相同，就是中國。

　　羅森是第一位探勘卡羅萊納州的英國人，該州的第一張詳細地圖是他繪製的。上文提過，他從南卡羅萊納出發，順桑蒂河北上，遇到不同的種族，把他們的生活記錄下來。他看到土人挖的井，深達二十六英尺，下面有些木塊工整地切成方形，像榫卯一樣的結構，不可能是用石器建造成的，像是用金屬工具加工（Lawson and Byrd 1903, 100）。有些男男女女的土人佩戴黃銅或鐵線做的飾物（Lawson and Byrd 1903, 113）。我們沒有理由懷疑羅森不懂得黃銅和鐵線是什麼。假如是美洲原住民只有石器時代文化，如何得到黃銅與鐵的飾物？

　　一天晚上，羅森住在土人屋裡，見到一口他認為是美洲最大的鐵鍋。他追問土人如何得到這口鐵鍋，對方只報以一陣大笑。羅森認為土人一定是從海上沉船得到的，但是這地方距離河道很遠（Lawson and Byrd 1903, 20）。這口鍋究竟多大，沒有描述。但是可以知道不是英國人帶來的，也不是一般人能在陸地上扛得動的，因為附近沒有什麼可以航行的河道，需要用船運送，這暗示重量不是一、兩個人能負荷運送的。除了羅森外，另一隊可能來過的是西班牙的底蘇圖（Hernando De Soto）。底蘇圖是從墨西哥灣進入佛羅里達西邊的，他的路線和羅森沒有重疊。再者，按照底蘇圖手下的紀錄，他們的裝備主要是武器和馬，走陸路。他們並不諱言，食物是從土人那裡獲得的，且大半是搶掠來的。他們不帶食物，當然沒有道理帶這麼大的鐵鍋。羅森沒有記述他看到鐵鍋的實在地點，這口鐵鍋現在不知所蹤。

　　在加利福尼亞州北部有溫吐族（Wintu），溫吐語稱鐵為tiq，與粵語一

---

[57] http://ironageamerica.com/；http://ironageamerica.blogspot.com/

樣（Pitkin 1985, 867）。溫吐語 tiq 還有「帖」的意思，即按平、壓平、熨平，與漢語「服服帖帖」一樣。能有這樣的巧合嗎？溫吐族的原居地是加州北面，正是 1753 年法國宮廷地圖學家布阿殊（Buache）地圖上標註為「中國扶桑」（Fou-sang des Chinois）的地方。

河、湖的中文命名

羅森經過的地方有一條河叫 "Hau"，現在這條河改寫為 "Haw"，均是音譯。卡托巴語全名歐譯為 Saxaphaw（念 /sæksəpəhɔɪ/）（Bright 2004, 165），羅森認為意思是「山級河」，因為土人指著山解釋（Lawson and Byrd 1903, 29）。我認為是土人指的是石頭，從低到高的階梯狀，所以稱為「石級」。這條河的命名發音，與客家語、粵語同音同義：石（saak）、級（kyap／kip）、河（haw）。石級河穿過北卡羅萊納州的比德蒙特地區（Piedmont），該區是東岸的平原過渡到西部阿帕拉契山的中間地帶，從東往西梯度漸次升高，猶如石級。河就是沿著這些階梯走，有一河段，河床滿是石頭，而一連串的階梯狀急流，是喜歡玩獨木舟、皮艇者的勝地，不只當地有名，更是全國有名，讀者可以在 YouTube 上經驗皮筏遊石級河的樂趣，名不虛傳[58]。這條河稱為「石級河」是完全合理、貼切的，美洲原住民對該河的命名與客家語、粵語同音同義。卡托巴語的其他語彙不像漢語，但這條河無疑是以南方漢語命名的。

卡托巴族其實是多個民族合併的名稱。原來的民族有 Congaree、Pee Dee、Santee 等。Santee 與「山地」同音，Pee Dee 與「平地」發音類似。客家人也自稱山地人。南卡羅萊納州原來主要的河流是桑蒂河，是否應翻譯為山地河？該族的原居地就是這條河的流域。河道出海處，是美國稻作的發源地。稻作農耕是中國一萬年的文化，十六世紀的歐洲還不會種稻。稻作首先在這裡出現，難道也是巧合？

---

58 http://www.youtube.com/watch?v=ujBhby7Sz80（2012 年 4 月 1 日閱）
  http://www.youtube.com/watch?v=oc4RRoFoUo0&feature=related（2012 年 4 月 10 日閱）
  http://www.youtube.com/watch?v=ujBhby7Sz80&feature=related（2012 年 4 月 10 日閱）

　　此地土人有洗骨二次葬風俗，與客家人相似，親人下葬幾年後，把骸骨挖出、洗淨、安放在龕裡，搬遷時一定把骸骨帶走。客家人自稱是中原人士，自晉代開始，因為戰亂、饑荒，從山西、河南等地陸續遷到南方。他們念念不忘先祖的故地，始終想回去，洗骨葬的目的是希望把骸骨送回北方安葬。這種風俗也在這裡出現，難道亦是巧合？

　　說到河，順便一提，華盛頓州的奧林匹克國家公園裡也有一條河，英文是「Hoh」，意思也是河，與漢語音義相同，離開永樂通寶出土地的哥倫比亞河兩百公里，離開《坤輿萬國全圖》的雪山一百七十公里左右。

　　加州與內華達州之間有Lake Tahoe。Tahoe一詞來自哇朔族（Washoe）語Da'aw，意思即「大湖」（Frawley, Hill and Munro 2002, 331），這源源本本是漢語的音義。附近的溫吐族土人稱鐵為tiq，音義與粵語一樣，上面已經提過。十八世紀的法國官方地圖把這裡標誌為中國扶桑。

　　這些表面上毫無相關的觀察，中華文化與美洲原住民文化，隱約有一脈貫串，並非偶然。

印第安人的銅鈴

　　在田納西州東部一個土墳曾出土一個銅鈴。「墨西哥以北美洲印第安人手冊」裡有這樣的記載（Hodge 1907, 1221）：

> 金屬鈴在中美洲前哥倫布時期相當普遍，但是絕少出現在格蘭河之北（按：Rio Grande是美國與墨西哥分界的河）。美國西部的普阿布羅人和土墳建造者（Mound builders）在白人沒有到來以前也有。新墨西哥州、亞利桑那州的古蹟曾發現內有小石頭發聲的銅鈴。這些小型的鈴，類似鷹鈴或雪橇鈴，無疑是作為飾物用的。美國南部各州偶爾有銅鈴，但不能肯定是否來自本地。許多類似的樣品一定從墨西哥、中美洲運來佛羅里達和英國殖民者貿易。數不清的樣品來自土墳。

　　美國民族學專局的第十二號年報記載了在田納西州東部土墳裡發現很多文物，其中有四個銅製鷹鈴（Thomas 1908, 86）。其他物品是石製的工具。

圖5.26 田納西州出土的銅鈴。
（Hodge 1907）

這銅鈴的製作異常精美，與旁邊的骨製品、石器、貝殼完全不相稱。但是作者沒有進一步質疑銅鈴是如何發現，為什麼出現在土墳裡。

這銅鈴是由兩半組成，裡面放置小石頭，然後焊接在一起。中國漢代郵驛用的銅鈴、馬鈴、郵鈴已經是這種樣式。當時的快遞疾馬奔馳，要路人讓開、預告下一站的驛站，全靠這銅鈴。唐、宋、明都有這樣的鈴。要鍛打銅片成形，然後焊接需要現代技術。毫無疑問這些鈴不是來自歐洲，因為他們出自土墳，遠早於歐洲人來之前。

著名的大煙山南麓、小田納西河旁的土墳發掘出類似北卡羅萊納州的文物（Denison 1892, 128）：

這些土墳有盤狀的泥床，直徑六到十五英尺，一層累一層。三到五床一層。層與層間用木炭和灰分隔。埋葬的死者旁邊放置貝殼面具、貝殼針、珠、穿孔和刻畫的貝殼、石碟、磨光的石斧、箭頭、槍尖、Gorget（圭）、陶盤和銅鈴。這些銅鈴與一具小孩骨骼埋在三尺半深的土裡。裡面有小石粒和貝殼珠，用來發聲。

田納西州東部和北卡羅萊納州西部，正是切諾基人世代居住的主要地方，可當作是他們的首都。讀者應該記得，切諾基人有北斗旗，白紅兩色代表文武，他們叫瓷土為 Unaker（堊泥），四方的顏色與中國的四象相同，明顯是中國文化的痕跡。

用木炭與灰泥建墓，是中國特有的葬法。在中國，木炭與白膏泥用以吸水，保持墓的空氣乾燥，屍體與陪葬物不易腐爛。印第安人沒有棺槨，只用膏泥木炭，可能是更早的做法，在中國好像沒有見過這樣的例子。

與切諾基人一起生活過很長時間的民俗學家蒙尼（James Mooney），描述切諾基人在馬頸上掛銅鈴（Mooney 2006, 483）。

切諾基墓裡出土的銅鈴，與歐洲當時的銅鈴有很大區別。十六世紀以

前，歐洲銅鈴的下半分成四瓣，將小石球包攏發聲。美國的雪橇鈴（jingle bell）是1800年代早期才開始在康乃狄克州生產的，還是分四瓣的鈴，現在美國出產的雪橇銅鈴仍然如此。英國專門收藏銅鈴的網站和佛羅里達的聖奧古斯丁發掘到的西班牙銅鈴證實這點[59]。十六世紀後，歐洲的銅鈴慢慢改成中國銅鈴的樣式。

1700年，英國人羅森旅行南／北卡羅萊納時，看到土人在膝蓋、足踝上掛著各種鈴鐺，跳舞時很有節奏，大的鈴綁在腿上，小的鈴掛在頸上[60]。美洲原住民有不少用自然銅打造的文物，但是製造銅鈴需要更複雜的技術。羅森是與土人接觸的第一個歐洲人。西班牙人 De Soto 的路線與羅森的路線沒有重疊。這些土人的銅鈴是從哪來的呢？

切諾基人的銅鈴與明代的銅鈴相似。明代永樂在南京建大報恩寺，外觀全部用琉璃瓦，原址在太平天國時被毀，只剩下一些殘餘的部件，倖存的一道門，現藏南京博物館。門兩旁有一象一獅，它們佩戴著銅鈴，是上下兩半焊接而成的。這類銅鈴在中國非常普遍，而且沿絲路各國，如越南、緬甸、泰國、印度、阿富汗都有。茶馬道沿途的驢馬掛的也是這種銅鈴。茶馬道的銅鈴是必備的，一來怕牲畜走丟，二來在窄路上相遇時好使對方知道避讓。

中國應該是最早有鈴的國家，最少有四千六百年歷史（Coleman and Caldwell 1928）。金文裡有「鈴」字。鐘鼎文是刻鑄在鐘和鼎上的文字，鐘是中國禮樂八音之首。中國的鐘和鈴是兩種不同的物品，大的是鐘，小的是鈴。鐘有鐘舌或用木棒在外撞擊，鈴一般是有小石塊自由在內部滾動。英文裡，鐘、鈴都叫 bell。

山西保德林遮峪、河北省承德市灤縣、陝西延安延川縣都出土過鈴首劍，商代始有。這些已經不止是簡單的鈴，相當於一種權力象徵，舉劍時，鈴聲引起注意，鈴可能是領袖準備發令前召喚的工具。「鈴」字從金、從

---

59 http://www.ukdfd.co.uk/pages/crotal-bells.html（2012年1月22日閱）

　http://www.worthpoint.com/worthopedia/1600s-spanish-gold-crotal-bells-dug-st-augustine （2012年1月22日閱）

60 John Lawson, A New Voyage to Carolina. http://docsouth.unc.edu/nc/lawson/lawson.html （2012年1月22日閱）

圖5.27　明代南京大報恩寺瓷象掛的銅鈴。（李兆良攝於南京博物館，2010年）

令，「令」是音，也可能是義。在〈旗幟〉一章裡，提到「令」字是權杖，兩者應該有關係。

西周時代的三門峽虢國墓發現的陶鈴，距今三千年，用細泥紅陶製成，肩部的小孔可穿過一條小繩，繫上鈴舌。春秋戰國的馬和馬車都綴有銅鈴，以壯軍威。《詩經·齊風》：「盧令令，其人美且仁。」盧是大黑獵犬，令令是鈴聲。獵狗掛銅鈴的習慣，春秋時候就有了。

1936年，小屯一三六號商墓發掘出八具骸骨、六顆銅鈴、一具馬首也有銅鈴，距今三千三百年。《三國演義》中祕密行軍，「人含枚，馬摘鈴」，不動聲色，說明平時馬都有鈴掛在頸下，以壯軍威。鞍、韁、蹬、鞭、鈴是必備的五種馬具。

河南堰師的二里頭文化是目前發現唯一的夏王朝物質文化遺存。夏代有宮殿，會鑄青銅器。在二里頭遺址的墓葬中，考古工作者發現了用青銅鑄造有鈴舌的銅鈴，也可說是小型的鐘，年代為西元前1900-1600年，距今有三千六百多年。

田納西州土墳裡的銅鈴在小孩遺體腳上發現。中國傳統在小孩腳上繫銅鈴，是讓人知道學走路的小孩在哪裡，不致丟失、出意外。這種小鈴，在二十世紀的中國農村裡依然普遍。銅鈴也是中國西南少數民族的穿戴，頸上、腳上、腕上都帶著一串串銅鈴。西雅圖美術館藏品中，有一尊來自墨西哥韋拉克魯斯（Veracruz）的陶塑小孩坐像，兩足踝上各戴一串銅鈴，小孩的臉

型完全是中國小孩模樣，斷代是西元200-500年（Seattle Art Museum 1991,
61）。陶塑照片清楚顯示銅鈴與大報恩寺的銅鈴相似，不是四瓣的歐洲銅鈴。

　　西班牙的科特斯（Hernando Cortez）第一次見到亞利桑那的土人，發現
他們佩戴銅鈴，鈴上有「人臉」的雕刻，亞利桑那州博物館有幾十個這樣的
銅鈴，還有十萬顆小珠子裝在瓶裡[61]。這些銅鈴只在新墨西哥和亞利桑那發現
過（Springer 1972, 13）。圖片展示的銅鈴看不清楚「臉孔」的紋飾。目前知
道，整個美國只有二十八個這樣的銅鈴，鈴呈略扁狀，斷代是西元1300-
1500年[62]，與鄭和時代重合。微量分析結果顯示，亞利桑那州的銅鈴用脫蠟
法鑄造紋飾，斷代是西班牙人來美洲之前（Springer 1972, 13）。另外一個簡
報，記載Los Morteros亦發現銅鈴[63]。有人以為銅鈴是從墨西哥引進的，但是
墨西哥的馬雅、阿茲特克族的銅鈴，形式不一樣，通常是一系列成整塊連在
頸飾，用金製造。用兩半合成的銅鈴，另外出現在南美智利。

　　亞利桑那州扁圓有臉的銅鈴與中國的虎鈴相似。虎臉的口開在鈴的裂
縫，斷代正好是鄭和下西洋的年代。中國傳統，小孩戴虎帽、佩虎鈴有辟邪
的意義，讓小孩百病不侵、健康長大。這種虎鈴，沿海陸兩條絲路與中國貿
易的國家都有：菲律賓、印尼、蒙古、泰國、巴基斯坦、尼泊爾、土耳其、
阿富汗等。通過貿易，這種虎鈴甚至出現在地中海馬爾他[64]。今天，中國還在
製造這種虎鈴，關於樣式，讀者可以參考明代大順王的虎頭鈴[65]、清代虎頭
鈴[66]。

　　斯普林格著的《鐘鈴大全》記載，西方的銅鈴始於西元前1300-700年左
右，古波斯的青銅鈴與武器是戰士的陪葬品，他們的鈴是開口的（像鐘），
或者像袖珍鳥籠（Springer 1972）。亞述國、埃及、猶地亞、希臘和羅馬都
有銅鈴，但他們的構造不同於中國的銅鈴，也遠不及中國的精緻與多樣化。

61　http://www.statemuseum.arizona.edu/coll/phoarts3.shtml（2012年4月1日閱）
62　http://www.psi.edu/hartmann/coronado/historicbackground.html（2012年4月1日閱）
63　http://www.archaeologysouthwest.org/pdf/ait/arch-tuc-v4-no3.pdf（2012年4月1日閱）
64　http://www.tigerbells.nl/details.htm（2012年4月1日閱）
65　http://www.sc001.com.cn/shop/view.aspx?id=168749（2012年4月1日閱）
66　http://www.shuobao.com/shop/gudongzaxiang/tongqi/350711.htm（2012年4月1日閱）

　　哥倫布第一次抵達加勒比海的海島，泰諾人拿出棉線、鸚鵡等物，要求換鷹鈴和珠子[67]。哥倫布覺得很奇怪，為什麼土人那麼喜歡銅鈴？這段紀錄相當值得玩味。為什麼土人知道這些外來人喜歡棉線和鸚鵡。鸚鵡是中南美洲很普遍的鳥，對土人來講一點不稀奇。以前一定有喜歡鸚鵡的人來過，才讓他們有這種念頭。《坤輿萬國全圖解密：明代測繪世界》一書，已經詳細解釋鸚鵡在中國文化中的意義。哥倫布又是從何得知要準備珠子和鷹鈴作為交換的禮物？是否他的船員裡有熟悉土人愛好的人？他們是誰？

　　鷹鈴，帶來美洲土人悲慘的命運。哥倫布知道這裡有金，下令十四歲以上的人每三個月要繳納裝滿一個鷹鈴的金粉，交不出來，就把手砍掉，這是西班牙人自己的記載（Holmes 1829, 11; Churchill 1704, 620）。哥倫布以怨報德，泰諾人消亡自此開始，友善竟是滅族的原因。可能泰諾人以為這些新客人，就是幾十年前來自中國的老客人。

　　鄭和出使，不論大小國家，一律平等相處。湖北鍾祥市梁莊王墓出土了兩件金錠，其中一件上面刻著「永樂十七年四月□日西洋等處買到，八成色金一錠五十兩重」。這「買」字可圈可點，鄭和的貿易是公平的。許多國家當時還沒有貨幣，鄭和教會他們用錢交易。明代銅錢在當時是國際通用，爪哇、蘇門答臘、加里曼丹、峇里島、馬來半島、新加坡、泰國、印度、斯里蘭卡等地都出現過永樂錢，有時以噸算。

　　2010年，非洲肯亞發現永樂錢，是意料中事。在美洲出土永樂通寶才是驚天大事，值得探討。

美洲出土永樂通寶

　　2008年1月20日，奧勒岡州的雷德爾（Rick Rader）在尋寶網（TreasureNet）上發表一段消息，他在退潮時撿到一枚永樂通寶的銅錢。奧勒岡的永樂通寶光背無紋、帶紫色，這是永樂通寶的特色[68]。日本仿錢背部有

---

67 哥倫布日記1492年10月12日。
68 http://forum.treasurenet.com/index.php/topic,135989.html（2012年1月8日閱）

圖5.28　永樂通寶──奧勒岡出土（Rick Rader 提供）與中國出土（右）。

「木」、「治」的字樣，所以不是日本仿品[69]。翌日，另一位網友也發表了他撿到的永樂通寶照片，比前一枚更殘舊，字樣幾乎不能辨認，在「樂」字下面也鑽了一個小洞，看來是做懸掛用的。一位當地的老婦人告訴他：她小時候在海岸撿到很多。

　　中國錢幣鑄造是在地方進行的，不同鑄廠的形式略有出入，結合《坤輿萬國全圖》包括阿拉斯加、法國官方地圖在美國西部顯示「中國扶桑」等資料，可以證明明代航海到達奧勒岡。

　　明代銅錢出現在美洲，與鄭和下西洋有關係的，只有下列幾種可能：大中通寶（1361-1367），洪武通寶（1368-1398），永樂通寶（1408-1424），尤其永樂錢，是鄭和時代還通用的錢幣。鄭和最後一次旅程出發後，宣德通寶才開鑄（1433-1435），所以鄭和不會帶宣德通寶。

　　仔細看，美洲出土的永樂通寶在頂端有兩個小洞，小的鑽穿，但是太靠近邊緣，可能因此再打一個大的，但是沒有貫穿。這是什麼原因？

69　http://big5.china.cn/gate/big5/art.china.cn/collection/2010-10/28/content_3798740.htm
　　（2011年12月1日閱）

圖5.29　美洲奧勒岡維殊冞族婦女的銅錢頭
飾。（US Library of Congress Digital
ID: cp08024）

北美洲西北的特里吉特族住在阿拉斯加南部。他們有一種很珍貴的盔甲，用麋鹿皮和幾百個中國銅錢編造而成。該種盔甲一件藏於美國自然科學博物館[70]，另一件在芝加哥菲爾德博物館（Field Museum），編號#78559，像金縷玉衣一樣，每個銅錢的四邊各鑽一個洞，縫在一起[71]。這些銅錢大多是清朝早年的，據說是俄國與中國貿易得來的銅錢，以換取特里吉特族的毛皮。這些銅錢與明代鄭和無關，但是它們在美洲西北出現，說明中國與美洲的貿易關係早就開始，在清朝時還延續。俄國與美洲貿易沒有道理用中國銅錢。

一個洞的銅錢不能編造盔甲，它們是奧勒岡州的維殊冞族（Wishram）婦女的頭飾[72]。奧勒岡的瑪麗希爾（Maryhill）美術館藏有實物[73]，他們提供給我一枚銅錢的細部照片，屬康熙時代（1662-1722）。這可能是墨西哥—馬尼拉大帆船貿易時代的貨幣，也可能是清朝時中國民間與美洲貿易的貨幣，和明代航海似乎沒有關係。但是，這只是其中一枚，其他是否有永樂通寶，還不曉得。

奧勒岡的兩枚永樂通寶穿的洞，明顯是穿戴用的，相信是維殊冞族婦女頭飾的一部分。洞在銅錢正上方，所以鑽洞的人懂得中文。永樂與康熙通寶

70 http://www.amnh.org/exhibitions/expeditions/treasure_fossil/Treasures/Tlingit_Armor/tlingit.html?50（2011 年 12 月 1 日閱）

71 http://trailtribes.org/fortclatsop/sites/showonecontent.asp@contentid4353.htm（2011 年 12 月 9 日閱）

72 http://memory.loc.gov/ammem/award98/ienhtml/curthome.html（2011 年 11 月 30 日閱）

73 http://www.maryhillmuseum.org/virtualGallery/klikitat_weddingVeil/klikitat_weddingVeil.html（2011 年 12 月 9 日閱）

的啟示是：很可能永樂通寶是鄭和時代帶來貿易的貨幣，維殊冧族婦女用作頭飾。可以想像，明代海禁後，維殊冧族婦女無法獲得永樂通寶，到清代，她們再用清代銅錢代替。值得注意是明代只有永樂通寶，所有以後明代海禁時代的鑄幣沒有出現。如果是大帆船貿易帶來過去的錢幣，為什麼只有永樂通寶？

除了銅錢，維殊冧族還在頭飾上懸銅鈴、珠子、貝殼等物。台灣烏來泰雅族、阿美族、高砂族則把串珠、銅鈴的帶子綁在腳脛或腰上，婦女走起路來珊珊作響，相當引人注意，是同一風俗[74]。用銅錢做頭飾的民族和地區，還有瓜地馬拉、聖薩爾瓦多、巴勒斯坦、阿拉伯、阿富汗、埃及、俄羅斯、寮國、泰國、雲南的少數民族等。

除了銅錢，維殊冧婦女的頭飾還有寶貝殼，相當於貨幣，上文已經表述，明代商貿除了銅錢，還用貝幣。

2011年11月，加拿大在育空谷（Yukon Valley），發現了一枚康熙通寶（1667-1671年鑄）[75]，黃銅製造，含銅60%、鋅40%。評論說，中國人可能在1898年代尋金熱以前就來加拿大。可見康熙銅錢在美洲原住民中相當普遍，康熙通寶流通於墨西哥─馬尼拉帆船貿易線的時代，有可能在美洲西部找到，這則報導已經不是新聞。

更大的新聞，卻是附帶的報導，談到1993年在育空地區的河狸溪（Beavercreek）發現一枚永樂通寶。如果是馬尼拉─墨西哥航線貿易帶來的，為什麼帶兩、三百年前已經不流通的貨幣？與永樂通寶一起出土的還有豬骨頭。

穆尼（James Mooney）是評論該則新聞的主要人物（與切諾基研究者同名不同人）。穆尼屬於一個考古諮詢公司，給我提供了很寶貴的資料，包括還未出版的論文。他認為這些中國錢幣是俄國與美洲土人貿易時留下，或者是中國尋金者遺下的[76]。這個解釋不太令人滿意。俄國人貿易，為什麼帶中國

---

74 http://catalog.digitalarchives.tw/item/00/20/db/71.html（2011年12月9日閱）

75 http://news.discovery.com/history/chinese-coin-canada-yukon-111104.html（2011年12月2日閱）

76 James Mooney 私人通信，2012年1月9日。

圖5.30　育空地區河狸溪出土永樂通寶處。（李兆良繪自Wikipedia阿拉斯加原圖）

錢幣而不帶俄國錢幣？尋金的中國人為什麼是帶四百年前的貨幣？

　　穆尼提供了另外一篇較早期的文章。克第（Grant Keddie）曾分析美國加拿大西海岸曾出土的幾百枚中國錢幣，主要是十七至十八世紀的，應該是中國與美洲方面貿易的貨幣，其中也有永樂，甚至是宋朝至和（1054-1056）、熙寧（1068-1078），就是沒有永樂以後的晚明錢幣。克第推論是清代海上貿易帶來的，也提到慧深（Keddie 1990）。但上述三位都未談及鄭和。鄭和出航六百年紀念前，大家對鄭和並不認識。所以1990年以前的著作，都不重視永樂通寶。

　　光從錢幣看，任何人都可以帶過去發行的錢幣來，與錢幣鑄造年代不一定有關。有人認為這些銅錢是馬尼拉—西班牙屬墨西哥的貿易航道（1565-1815）時帶來美洲的。永樂以後到馬尼拉航道之間，知道有鑄幣年號的有洪

熙（稀有）、宣德、弘治、嘉靖、隆慶、萬曆、泰昌、天啟、崇禎。1644年，明亡，南明偏安一隅，也有鑄幣，無法在外國流通是可以理解的。1662年康熙元年鑄通寶，若貿易者帶以前朝代的銅錢，為什麼美洲沒有發現從永樂通寶（1408）到康熙元年（1662）之間兩百五十四年的銅錢？目前沒有找到，不能說以後一定不會找到，不過，我們從現有的證據分析，最大可能是永樂通寶是鄭和時代留下，而不是西班牙人貿易的結果，更不會是俄國人貿易的貨幣。

與其他證據結合，得出的判斷就不一樣。

在寫作《坤輿萬國全圖解密：明代測繪世界》一書時，還沒有育空出土永樂通寶的消息。這項消息提供了明代人到達美洲的切實證據，也補充了《坤輿萬國全圖》上一些地名的緣由。

《坤輿萬國全圖》與永樂通寶的互證

第一個到達阿拉斯加的歐洲人是俄國人。1648年，德斯尼奧夫（Semyon Dezhnyov）從堪察加以北的科雷馬河（Kolyma）出發，越過亞、美間的海峽，抵達今天的阿拉斯加，比白令（Vitus Bering）還早六十年[77]（Bain 1905, 175）。因此，1570年代，奧特里烏斯與墨卡托在地圖上畫出亞、美間的海峽，只能抄自中國人的地圖。俄國人於1790年在阿拉斯加建立第一個殖民地。英國人庫克（James Cook）於1778年、溫哥華（George Vancouver）於1792-1793年相繼到達今日加拿大卑詩省沿岸的地區。

認為英國、俄國與美洲土人貿易留下中國貨幣是很不自然的推想。為什麼不用自己國家的貨幣而要用中國貨幣？按照他們的時代，應該也是使用乾隆通寶（1736-1795年鑄），而非一百多年前的康熙通寶（1662-1722），這些費解的說法使人懷疑，是否中美之間在康熙時代也存在貿易關係，比一般說法要早。

1430年的《坤輿萬國全圖》藍本比德斯尼奧夫早兩百年、比庫克早三百多年。當西方還以為美洲與亞洲是相連時，中國人的《坤輿萬國全圖》已經

---

77 一些初期文獻誤作 Koluimna 或 Koluima。

準確畫出亞、美之間的海峽（今名白令海峽），而且《坤輿萬國全圖》的地名與地理驚人的吻合。

全世界值得觀潮的地方不多，水潮研究會列了世界十大觀潮處，全美只有一處，在美國阿拉斯加的安克拉治市（Anchorage）南面 Turnagain Arm 有觀潮處[78]，離開永樂通寶出土處河狸溪四百五十公里。這海灣有喇叭形入口，氣勢不及錢塘江潮，最高三公尺[79]。安克拉治觀潮處兩面環山，是 2,015 公尺的克乃山（Kenai Mountain）和 4,016 公尺的朱伽山（Chugach Mountain），這些山峰位置在北緯 59 到 60 度，完全符合《坤輿萬國全圖》上面標記的「水潮峰」[80]。1570 年的《奧特里烏斯世界地圖》沒有這地名。利瑪竇到中國後十二年，《普蘭修世界地圖》（1594）則在北美西岸於北緯 40 度與 60 度標記了兩處 C. de Corrientes（即「水潮峰」）的地名，西方地圖繪製者不知真正所在，Corrientes（海流）也不是「水潮」的準確翻譯。況且，西方地圖上出現地名後兩百年，歐洲人才到此地，普蘭修如何能繪製地圖、標誌地名？今日的 Corrientes 在阿根廷。如果這地名本來是西班牙命名的，何以從北美洲西部搬到南美洲東部？

《坤輿萬國全圖》的「美灣」標註在北緯 55 度左右，相當於今日朱諾（Juneau）深水港，可以停泊大船。今天這裡確實是大型遊船的停泊處，朱諾被稱為美國各州中最美麗的首府[81]，周圍三百公里，是冰川侵蝕出來的峽灣，風景絕美、名副其實的「美灣」。

1570 年《奧特里烏斯世界地圖》標註「美灣」在北緯 45 度，最接近的是 46 度的哥倫比亞河出口處的阿斯托利亞（Astoria），風景平淡無奇，比朱諾港遜色得多。1594 年的《普蘭修世界地圖》標註了四處「美灣」，分別在美洲西岸北緯 55 度、40 度、34 度和 28 度。這是因信息來自多處傳說無法決

---

78 http://www.tidalbore.info/tour.html（2012 年 1 月 18 日閱）

79 http://www.youtube.com/watch?NR=1&feature=endscreen&v=CpQlQwLKT3k（2012 年 1 月 26 日閱）

80 《坤輿萬國全圖》墨線版的「水潮峰」，日本東北大學彩繪版誤作「水潮峰」。

81 在《坤輿萬國全圖解密：明代測繪世界》一書裡，懷疑水潮峰是在 Bristol Bay 同一緯度的地方。永樂通寶的出土，比較準確水潮峰應指安克拉治的水潮處。

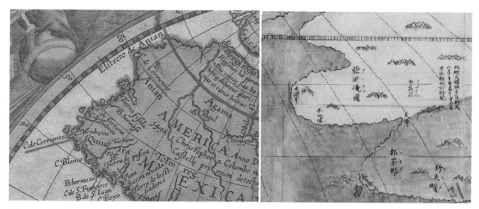

圖5.31　水潮峰（左：1594年《普蘭修世界地圖》，右：《坤輿萬國全圖》）。

定的結果，他根本不知道這裡的地理。1699年，基諾（Eusebio Francisco Kino）才提出加利福尼亞不是島（Kino 1919）。歐洲人首次到奧勒岡是1806年的路易斯和克拉克，歐洲人第一次到達朱諾是1794年（Joseph Whidbey），比《坤輿萬國全圖》晚了近兩百年，實際比鄭和時代晚三百六十年以上。

永樂通寶出土處離安克拉治（水潮峰）約五百公里，離朱諾（美灣）則約五百公里。

奧勒岡州出土永樂通寶的地方，離華盛頓州的雷尼爾山（Mount Ranier）僅一百八十公里，這個海拔4,392公尺、終年積雪的火山峰，兩百五十公里外輕易可見，華盛頓州大部分地區都能看到它的高峰，所以成為西雅圖市和華盛頓州的標誌。雷尼爾山位於北緯46°50'，完全符合《坤輿萬國全圖》的「雪山」（見上圖）。而西方地圖翻譯為Sierra Nevada（西班牙文「雪山」），即現在的內華達山脈，海邊看不到，位於北緯40度以南，與事實不符，卻沿用至今。

《坤輿萬國全圖》清楚顯示亞洲與美洲分開，水潮峰、美灣、雪山的地理、地名、緯度完全切合，不可能是偶然的，繪製者必定親臨其境。《坤輿萬國全圖》全部用中文，利瑪竇沒有到過美洲，他的信息只能從中國來。

一般的說法是利瑪竇繪製《坤輿萬國全圖》，源自墨卡托的《奧特里烏

斯世界地圖》並不正確的。利瑪竇到達中國之前，西方地圖或缺地名、或地標錯誤，以後出現也是不肯定、不準確的，同一地名在同一海岸出現三、四次，莫衷一是。西方世界地圖在傳抄中國地圖中誤植地名、經緯不對。被稱為西方地圖學之父的墨卡托，甚至把加利福尼亞畫到北極圈裡。利瑪竇不可能從錯誤的西方地圖得出準確的地理。《坤輿萬國全圖》不是歐洲人繪製的地圖，原圖應為 1430 年左右的明代人繪製。沒有文獻證明西方比明代人更早知道這裡的地理。利瑪竇在中國繪製的《坤輿萬國全圖》上僅加進一些西方「地理大發現」後的地名而已。

1890 年代，加拿大育空地區和阿拉斯加的尋金熱曾吸引清朝的中國人，不能排除他們帶來古錢幣，但是，為什麼明代只有永樂通寶？《坤輿萬國全圖》已經證明是鄭和時代的中國人繪製的，即十五世紀中期中國人已清楚阿拉斯加的部分地理，表示他們來過，因此明代船隊留下永樂通寶是更合理的解釋。

《明史》與《明實錄》均沒有記載鄭和下「東洋」，不見得鄭和或其他明朝官員沒有往東航行。《明史·列傳二二〇·西域四》：

> 然仁宗不務遠略，踐阼之初，即撤西洋取寶之船，停松花江造舟之役，召西域使臣還京，敕之歸國，不欲疲中土以奉遠人。宣德繼之，雖間一遣使，尋亦停止，以故邊隅獲休息焉。

上文說明，仁宗一登基馬上撤銷下西洋的計畫，停止在松花江造船。仁宗只在位一年，繼位的宣德也停止下西洋。這段話卻透露了一個信息：松花江匯通黑龍江入海，入海處近庫頁島北面，明成祖永樂時曾在松花江造船，必然與北方出海有關。順北滄溟宗（太平洋）海流，日本一條小船漂流二十四日可至美洲[82]。這道海流之北，有阿拉斯加逆流，可以藉此返航中國。

隋唐時代，對中國東北一帶的地理已經相當了解，有南室韋、北室韋、鉢室韋、深室韋、大室韋等地名。《坤輿萬國全圖》在中國東北至俄國沿滄

---

82 James Mooney 未發表文章，私人通信。

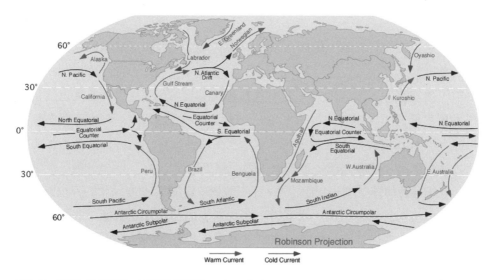

圖 5.32　世界海洋海流圖。（美國政府資料，Wikipedia）

溟宗（太平洋）海岸 60 到 70 度間，大興安嶺外有近二十個地名：獸室韋、黃頭室韋、大室韋、北室韋、缽室韋、深末怛室韋、羅荒野、門臥爾、登都國、胡布山、包得河、白湖、狗國等。顧名思義，狗國是因為當地人養了很多狗，用雪橇做交通工具。冬季時，這些雪橇可以渡過凍結的北冰洋。羅荒野、錫伯（即西伯利亞，有人認為錫伯即鮮卑）。地球在西元 950-1250 年這段期間曾比較暖和，鄭和時期後才進入小冰河期[83]。宋代比明代氣溫較高，航海業發達，能到達美洲實不足奇。在阿拉斯加地區出土的銅錢，有宋朝至和（1054-1056）、熙寧（1068-1078）年代的，可能是當時或後人帶來的。1570年的《奧特里烏斯世界地圖》明確標示美洲與亞洲之間有海峽，但是，事實上歐洲人連加利福尼亞半島也不清楚是不是島嶼，有些地圖甚至把亞洲與美洲連成一片，西方地圖學鼻祖墨卡托甚至把加利福尼亞繪在北極圈，地圖是靠傳聞繪製，西方對北美洲西岸的認識，僅限於墨西哥以南。西方地圖中亞、美之間的海峽是從中國人處得知的。中國人渡過海峽，到過阿拉斯加是

83　http://en.wikipedia.org/wiki/File:1000_Year_Temperature_Comparison.png（2012 年 5 月 1 日閱）

完全合理的。

　　雖然正史沒有記載，根據南京大學潘群教授，鄭和下東洋確有其事，起碼到過日本，而且比其他七次下西洋還早[84]。《日本一鑑‧窮河話海》：「永樂甲申，倭寇直隸、浙江地方，遣中官鄭和往諭日本王。」明人馮應京《皇明經世實用編》：「永樂二年，倭寇浙、直，乃命太監鄭和諭其國王源道義。」1404年，鄭和東渡日本之旅，比其他七次下西洋還早。估計往阿拉斯加這一路，氣候寒冷，地廣人稀，各朝歷史因而略去。

　　永樂通寶與豬骨頭一起出土[85]。十五世紀，北緯六十度以北的阿拉斯加和育空地區沒有養豬的歷史。永樂時，阿拉斯加的豬是外面帶進來的。雖然豬骨頭很少，無法做進一步的斷代測試，永樂通寶已是最好的斷代證據。

　　中國是第一個馴養豬的國家，也是全世界產豬最多的國家，占總產量50%（2005年統計）[86]。英國德倫大學（Durham University）的拉爾森教授（Greger Larson）與中國農業大學合作，分析一千五百頭現代豬與十八頭古代豬的DNA，考古和基因證據證明中國一萬年前馴養豬，是目前知道最早的例子[87]（Larson, et al. 2010）。

　　「國之大事，唯祀與戎。」中國人祭祀，豬是三牲六畜之一，大三牲（牛、羊、豬）、小三牲（魚、雞、豬）均有豬。中國南方今天還是以燒豬祭祀。船員祭祀媽祖、祈禱保祐平安都離不開豬。六畜之中，豬是特別重要的食物。長途跋涉中的旅行家，食物是鹹豬肉。

　　歐洲引進亞洲的家豬是十八至十九世紀的事情（Giuffra, et al. 2000）。中世紀的歐洲，家畜主要是羊、牛、馬、狗、貓。肉類來源是野兔、野豬、鹿。亞洲的家豬傳入歐洲後，才開始把歐洲的野豬養起來。歐洲靠狩獵野生動物的習慣興趣，保留至今。

　　十五世紀，有能力把豬帶來美洲西北部的，只有中國人。鄭和與不少副

84　http://paper.wenweipo.com/2005/03/27/CH0503270030.htm（2011年12月2日閱）

85　http://www.yukon-news.com/life/25638/（2011年12月2日閱）

86　http://www.thepigsite.com/articles/2/ai-genetics-reproduction/1857/world-pig-production-opportunity-or-threat（2011年12月2日閱）

87　http://www.sciencedaily.com/releases/2010/04/100419150947.htm（2011年12月9日閱）

手是回教徒，不吃豬肉，鄭和所經地方有印度教的，忌吃牛肉，所以船上伙食肉類方面主要是家禽、羊、兔和鹿，但是也有豬、牛的例子，主要在占城、榜葛剌（今孟加拉），以及中國人聚居的爪哇、舊港。假如鄭和能忍讓船員吃豬肉，可以想像這位統帥的廣闊胸襟，為不負使命，對自己宗教忌諱置之度外。鄭和出身回教徒，受儒家教育，服務於信奉佛教和道教的君主，多元的背景、寬容的態度是他能與文化迥異的國家和平相處、完成航海大業的原因。

三枚永樂通寶，《坤輿萬國全圖》準確的地理標記命名，內帕西族的五花馬（見〈動植物〉一章），是三項獨立的證據，支持永樂時代中國人到達美洲西部北緯四十至六十度地區的奧勒岡州、華盛頓州、阿拉斯加等地。西方到達這裡是十九世紀的事，比中國人起碼晚了近四百年。

阿拉斯加青銅器之謎

2011年底，在阿拉斯加幾乎最北部發現了皮帶扣狀的青銅文物，根據皮帶的碳十四斷代為西元500-600年左右[88]。這是歷史上首次在阿拉斯加發現青銅製品。因為金屬部分斷裂，未能決定其用途。阿拉斯加沒有煉銅的歷史。科羅拉多大學的研究員認為是亞洲帶來的。

《梁書》記載，慧深到扶桑是西元500年左右，正合這青銅器的斷代。1753年法國政府地圖學家布阿殊（Philippe Buache）在美洲地圖上標註「中國扶桑」，不是完全沒有根據的。這地圖繪製時間是美國獨立前不久，當時法國占據北美洲的中部，後來法國出讓路易斯安那，美國政府可能根據這些地圖購買路易斯安那。

阿拉斯加出土的青銅扣顯示，中國人不止在鄭和時代來過美洲，比鄭和早九百年已經有文物遺下。按照不完整的史料，慧深赴扶桑正是西元500年左右。慧深的記載有些頗難理解，以前一直認為是不可靠的傳說。阿拉斯加的青銅器出土，一反過去的觀念。慧深的傳說值得進一步研究。

比鄭和更早來美洲有沒有可能呢？古代中國造船越洋遠航有悠久的歷史

88　http://www.sciencedaily.com/releases/2011/11/111114112314.htm（2012年1月28日閱）

圖5.33　1753年法國官方地圖學家布阿殊的地圖顯示扶桑。

背景：

- 《史記‧淮南衡山列傳》：「（秦始皇）又使徐福入海求神異物，……遣振男女三千人，資之五穀種種百工而行，徐福得平原廣澤，止王不來。」秦始皇三十七年（西元前210年）遣派徐福往日本尋長生藥，遣送數千人的隊伍到日本，準備糧食種籽、各種工匠，有長期計畫和一定程度的航海技術。

- 《三國志‧卷四七‧吳書孫權傳》：「（黃龍二年）遣將軍衛溫、諸葛直將甲士萬人，浮海求夷洲及亶洲。亶洲在海中，長老傳言，秦始皇帝遣方士徐福將童男童女數千人入海，求蓬萊神山及仙藥，止此洲不還。」東漢三國時候，吳國孫權的船隊能載一萬人到台灣（古稱夷洲）。

- 西元601年，隋文帝建立了空前絕後的大運河網絡系統，中國水利、

造船達到新的高峰。

- 唐代海上絲路遠達中東各國，印尼勿里洞島（Belitung）附近的唐代沉船載有中東花紋和器形的外銷瓷，證明唐代已遠達阿拉伯國家。隋唐之際，正是中國國力最鼎盛的朝代，中國的船沿白令海岸航行到達阿拉斯加是可能的。慧深前此不久，亦當有此能力。

- 《新唐書·卷四十八·地理七下》杜佑（735-812）的《經行記》和《通典》就記載了「去中華絕遠之地」。

- 賈耽（730-805）所著《古今郡縣道四夷述》：「廣州東南海行，二百里至屯門山，乃帆風西行……經小國二十餘……又西北陸行千里，至茂門王所都縛達城。」縛達，今伊拉克巴格達，唐代已經與巴格達通商。

- 宋代造五千料神舟，載五、六百人。北宋，趙汝适的《諸藩志》記載大秦（羅馬帝國），記載五十多個國家地區，大食（波斯）頗為詳細。宋代航路橫跨印度洋，達紅海及東非洲。南宋沉船南海一號打撈的瓷器文物有阿拉伯器形，是中國外銷到中東的貨物。南宋，周去非（1135-1189）《嶺外代答》：「大食者，諸國之總名也。有國千餘所，知名者特數國耳。有麻離拔國，廣州自中冬以後發船，乘北風行，約四十日到地名藍里、博買蘇木、白錫、長白藤，住至次冬，再乘東北風，六十日順風方到此國。」大食國，今伊朗，古稱波斯。

- 元代不止是世界歷史上疆域最大的帝國，本來是游牧民族，繼承了漢人的航海技術，指南針有了新設計，造船四千多艘，元代的四桅船、十二張帆，可載千餘人，在印度洋上乘風破浪，往來中東與中國。這是明代鄭和造七桅、八桅船的先導。元代通過海路，遠征日本、高麗、安南、占城、緬甸。阿拉伯人伊本·白圖泰來華，譽福建泉州為世界第一大港。汪大淵著《島夷志略》（1349年成書），記錄他航行到東亞、東南亞、南亞、西亞、印度洋與地中海，比鄭和早一百七十五年。

- 明仁宗停止松花江造船一事，暗示永樂時代的確有向東北探測的計畫和行動。松花江流入黑龍江，入海處相當於庫頁島北面的緯度。在這

裡造船，不會是為了下西洋，一定是往東、往北向美洲方面出發的計畫。領導這項航行的不一定是鄭和。鄭和不過是史書有載、明代探勘世界的一員。松花江造船的計畫，是永樂「無遠弗屆」的大航海宏圖一部分。發動編修《永樂大典》的朱棣不會漏過慧深九百年前的壯舉。以朱棣的氣魄，沿著慧深的路子走，完全符合推理。

從秦代到明代，經歷一千六百年的造船航海經驗，中國已經到中東。當時，歐洲人還沒有越過非洲的赤道。詳細有關中國古代航海史，有專著介紹（孫光忻 2005）。

古代氣候與今天不一樣，曾經有一段時期，北半球比較暖和。鄭和下西洋之際，世界氣候回暖，停止下西洋後，世界才進入小冰河時期[89]。

2004 年，有三位冒險家用兩年的時間，光憑人力環球[90]，從溫哥華出發，騎自行車北上，然後划船渡過白令海峽，從美洲到達亞洲。如果人力划船可渡白令海峽，鄭和時代通過白令海峽應該沒有問題。

一點可以肯定的是，十九世紀，歐洲人才到達北美西岸。考古學家一致認為青銅扣件是亞洲人的文物，而亞洲人在西元 500-600 年能航行到美洲，只有中國人。如果隋唐時代中國人可以到阿拉斯加，九百年後的明代人探勘阿拉斯加就不足為奇了。

阿拉斯加的青銅物考古發掘研究還在繼續，以後應該有更多材料參考。中國史料對世界交通史往往不全，特別是人煙稀少的國度，外國考古對了解中國古代外交的關係極其重要。

> 朋帶相牽越滄溟
> 周儀漢禮宗四靈
> 扶桑諸夏同根出
> 儒佛虔心共謐寧

89　http://www.drroyspencer.com/2009/07/（2012 年 2 月 28 日閱）

90　http://www.angusadventures.com/world.html（2012 年 2 月 28 日閱）

參考書目

Bain, Robert Nisbet. *The First Romanovs. (1613-1725)*. London: A. Constable and Co., Ltd., 1905.

Beauchamp, William Martin. *Wampum and Shell Articles Used by the New York Indians*. New York: University of the State of New York, 1901.

Bradway, Kay, and Barbara McCoard. *Sandplay: Silent Workshop of the Psyche*. London: Routledge, 2006.

Brannon, Peter A. "Urn Burial in Central Alabama." *American Antiquity* 3, no. 3 (1938): 228-235.

Brennan, Martin. *The Hidden Maya*. Santa Fe: Bear & Co., 1998.

Brickell, John, John Lawson, and J. Bryan Grimes. *The Natural History of North Carolina*. Dublin: Trustees of the Public Libraries, North Carolina, 1737.

Bright, William. *Native American Placenames of the United States*. Norman, Oklahoma: University of Oklahoma Press, 2004.

Catlin, George, and Marvin C. Ross. *Episodes from "Life Among the Indians" and "Last Rambles"*. Mineola, New York: Courier Dover Publications, 1997.

Catlin, George. *Last Rambles Amongst the Indians of the Rocky Mountains and the Andes*. London: Sampson Low, Son and Marston, 1868.

Caubet, Annie, and Patrick Pouyssegur. *The Origins of Civililization: The Ancient Near East*. Paris: Terrail, 1998.

Cheesman, Paul R., and Millie Foster Cheesman. *Ancient American Indians: Their Origins, Civilizations & Old World Connections*. Springville, Utah: Cedar Fort, 1991.

Churchill, John. *A Collection of Voyages and Travels: Some Now First Printed from Original*. London: Awnsham and John Churchill, 1704.

Coleman, Sati N., and Otis W. Caldwell. *Bells, Their History, Legends, Making, and Uses*. Chicago: Rand McNally & Company, 1928.

Conner, William. *Iron Age America Before Columbus*. Landisville, PA: Coachwhip Publications, 2009.

Curry, Andrew. "Ancient Excrement." *Archaeology* 61, no. 4 (2008): 42-45.

Danver, Steven L. *Popular Controversies in World History.* Santa Barbara: ABC-CLIO, 2010.

Denison, Peet. Stephen. *The Mound Builders: Their Works and Relics.* Chicago: Office of the American Antiquarian, 1892.

Eluas. *Viginia Richly Valued.* Translated by Richard Hackluyt. London: Printed by F. Kyngston for M. Lownes, 1609.

Encyclopedia Americana Corp. *The Encyclopedia Americana: A Library of Universal Kknowledge.* New York, Chicago: Encyclopedia Americana Corp., 1918.

Essex Institute. *The American Naturalist.* Vol. 29. Boston: American Society of Naturalists, 1895.

Ethridge, Robbie Franklyn, and Sheri Marie Shuck-Hall. *Mapping the Mississippian Shatter Zone.* Lincoln, NE: U of Nebraska Press, 2009.

Fell, Barry. *Bronze Age America.* Boston, MA: Little, Brown & Company, 1982.

Frawley, William, Kenneth C. Hill, and Pamela Munro. *Making Dictionaries: Preserving Indigenous Languages of the Americas.* Berkeley, Los Angeles: University of California Press, 2002.

Gatschet, Albert. *Alabama Historical Society Reprint, Issues 1-20.* Washington DC: Alabama Historical Society, 1901.

Giuffra, E., J.M. Kijas, V. Amarger, O. Carlborg, J.T. Jeon, and L. Andersson. "The Origin of the Domestic Pig: Independent Domestication and Subsequent Introgression." *Genetics* 154, no. 4 (April 2000): 1785-1791.

Glasby, G.P. *Marine Manganese Deposits.* Elsevier, 1977.

Hodge, Frederick Webb. *Handbook of American Indians North of Mexico.* Washington DC: Government Printing Office, 1907.

Hogendorn, Jan, and Marion Johnson. *The Shell Money of the Slave Trade.* Cambridge, UK: Cambridge University Press, 2003.

Holmes, Abiel. *The Annals of America, from the Discovery by Columbus in the*

Year. Vol 1. Cantabrigiae: Hilliard and Brown, 1829.

James, Harry Clebourne. *The Hopi Indians: Their History and Their Culture.* London: Caxton, 1956.

Kaser, R. T. *African Oracles in 10 Minutes.* New York: HarperCollins, 1996.

Keddie, Grant. "The Question of Asiatic Objets on the North Pacific Coast of America: Historic or Prehistoric?" *Contributions to Human History* (The Royal British Columbia Museum), 1990: 1-26.

Kino, Eusebio Francisco. *Kino's Historical Memoir of Pimería Alta.* Cleveland, Ohio: The Arthur H. Clark Company, 1919.

Larson, Greger, et al. "Patterns of East Asian Pig Domestication, Migration, and Turnover Revealed by Modern and Ancient DNA." *PNAS* 107 (2010): 7686-7691.

Lawson, John. *A New Voyage to Carolina.* London, 1709.

Lawson, John, and William Byrd. *History of North Carolina.* Charlotte, NC: Observer Printing House, 1903.

McCullough, J. Huston. "The Bat Creek Inscription: Cherokee or Hebrew." *Tennessee Anthropolgist*, 1988: 79-123.

Mooney, James. *Myths of the Cherokee and Sacred Formulas of the Cherokees.* Whitefish, MT: Kessinger Publishing, 2006.

Moore, Clarence Bloomfield, and Vernon J. Knight. *The Moundville Expeditions of Clarence Bloomfield Moore.* Tuscaloosa, AL: University of Alabama Press, 1905.

Peabody Museum of American Archaeology and Ethnology, Harvard University. *Papers of the Peabody Museum of Archaeology and Ethnology.* Vol. 3. Cambridge, MA: Peabody Museum of Archaeology and Ethnology, 1904.

Peabody, Charles, and Warren King Moorehead. *The So-called "Gorgets".* Andover, MA: The Andover Press, 1906.

Pitkin, Harvey. *Wintu Dictionary.* Berkeley, Los Angels, London: University of California Press, 1985.

Roberts, David. *In Search of the Old Ones.* New York: Simon and Schuster, 1997.

Schoolcraft, Henry Rowe. *Information Respecting the History, Condition and Prospects of the Indian Tribes of the United States.* Whitefish, MT: Kessinger Publishing, 2006.

Seattle Art Museum. *Selected Works.* Seattle, Washington: Seattle Art Museum, 1991.

Shorr, Joseph E. *Imagery: Current Perspectives.* New York: Plenum Press, 1989.

Short, John Thomas. *The North Americans of Antiquity: Their Origin, Migrations, and Type of Civilization Considered.* 2. New York: Harper & Brothers, 1880.

Springer, L. Elsinore. *The Collector's Book of Bells.* New York: Crown Publishers, Inc., 1972.

Starr, Frederick. "Some First Ssteps in Human Progress." In *Some First Steps in Human Progress*, 254. New York: Chatauga Century Press, 1895.

Thomas, Cyrus. *Introduction to the Study of North American Archeology.* Cincinnati, Ohio: The Robert Clarke Company, 1908.

Wiener, Leo. *Africa and the Discovery of America.* Vol. 2. Philadelphia: Innes & Sons, 1922.

Willoughby, Charles C. "Dress of New England Indians." *American Anthropologist* (Judd & Detweiler) 7, no. 3 (1905): 506.

Yarrow, Harry Crécy. *Introduction to the Study of Mortuary Customs Among the North American Indians.* Washington DC: Government Printing Office, 1880.

李兆良，《坤輿萬國全圖解密：明代測繪世界》，台北：聯經出版公司，2012。

鄭一鈞，《論鄭和下西洋》，北京：海洋出版社，2005。

▌總結

　　《坤輿萬國全圖》已經含有幾百項證據，說明該圖不是利瑪竇繪製的，而是明朝鄭和時代，約1430年左右完成的。下面一本西方的地圖集，進一步證明有經緯度的地圖學是中國人創始的。

　　義大利籍耶穌會會士衛匡國（1614-1661），原名馬爾蒂諾‧馬爾蒂尼（Martino Martini），字濟泰。他是繼馬可波羅和利瑪竇後，對中國—歐洲關係有重要影響的一位。

　　衛匡國於1655年在阿姆斯特丹首次刊行的 *Novus Atlas Sinensis*，即《中國新地圖集》（又稱《中國新圖誌》），被認為是早期歐洲人及來華傳教士所繪製的中國地圖當中質量最好、影響最大的一本中國分省地圖集。圖集用拉丁文繪寫，共有十七幅地圖，其中中國總圖（Sinarvm）一幅，分省圖十五幅（兩京及十三布政使司），分別是北直隸（Pecheli）、山西（Xanxi）、陝西（Xenxi）、山東（Xantvng）、河南（Honan）、四川（Svchven）、湖廣（Hvqvang）、江西（Kiangsi）、江南（Kiangnan）、浙江（Chekiang）、福建（Fokien）、廣東（Qvangtvng）、廣西（Qvangsi）、貴州（Qveichev）、雲南（Iunnan），並附日本朝鮮圖（Iaponia）一幅。拉丁文的U，寫為V。原本為雙面彩印，另有說明文字一百七十一頁、目錄十九頁[1]。每幅圖的四周都附有精密的經緯度，並分別繪出海洋、山脈、河流、湖泊、運河、長城和大小城市，以及圖畫，顯示當時的風土人物。各幅地圖的精準度幾乎與今天的地圖相當，代表當時世界地圖編制的最高水平，明顯參考了《廣輿記》、《皇明職方地圖》等中國地圖地理著作。圖集記錄了兩千多個中國城鎮的經緯度。衛

1　http://www.booktryst.com/2010/09/happy-hour-for-kircher-two-martinis.html（2012年11月6日閱）

匡國在寫給自己的老師基歇爾的書信中表示，該地圖採用的經度計算方法是以北京作為零度子午線。

耶穌會士來華目的是傳教、了解中國國情，不是專責為中國繪製地圖。任何一個人在地面上，即使用今日的先進儀器，傾全力也無法在九年內準確繪製明代中國四百萬平方公里的各省地圖，並標上經緯度。

衛匡國於 1642 年來華、1651 年離開，總共逗留九年。中國當時是什麼一種狀況？聯繫這點來討論，就更明白衛匡國絕不是《中國新地圖集》的作者。

以下節錄幾段清代張廷玉編寫的《明史》來說明。衛匡國來華前一年（崇禎十四年），「春無雨，蝗蝻食麥盡，瘟疫大行，人死十之五、六，歲大凶。」衛匡國到達的那年，即 1642 年（崇禎十五年），離開崇禎自縊煤山只有兩年，群雄四起，中國北方兵荒馬亂，李自成基本占據了長江以北，九月，「賊決（黃）河灌開封……士民溺死者數十萬人。」滿洲人「多道入塞，京師戒嚴」。大半個中國，因鼠疫、蝗災，饑饉連年，餓殍遍野。1645年，清軍破揚州，屠城十日，殺人八十萬以上；1646 年，嘉定三屠，殺數萬人。1650 年，清兵破廣州，死者逾十萬人，史稱「庚寅之劫」。崇禎自縊後，李自成與清軍繼續作戰，明朝舊臣擁王室後裔成立南明，加上平民反清復明的起義，此起彼伏，整個中國無一寸淨土。直到 1661 年南明才結束。在如此混亂的國情下，衛匡國如何隻身跑遍全中國，繪製詳細的中國地圖？這是完全違反基本推理。正如福爾摩斯探案的作者柯南道爾說：「**當你把不可能的元素去掉，剩下的，無論概率如何低，就是真相。**」

衛匡國不可能是中國地圖的作者，真正的繪圖者只能是明代及以前的中國地理學家和一般人民，在中國中央集權領導下，通過各省、各縣、各鄉統籌計畫，經過幾百年、動用幾千人的力量實現的龐大工程。中國早就掌握經緯度的測量，西方測量經度要到一千八百年以後才掌握（李兆良 2012）。衛匡國只不過摹抄、翻譯中國人的地圖罷了。

同樣，《坤輿萬國全圖》的原本是 1430 年左右（鄭和時代）中國人繪製的，利瑪竇只是照抄，加上有限的新地名而已。原來《坤輿萬國全圖》上的一些附注也保留下來，因此揭露了祕密。《坤輿萬國全圖》和衛匡國的《中國

新地圖集》證明，這些地圖其實是中學西傳，是西方從中國獲得的技術資料。

永樂時代的中國人來美洲，有來有回，才能繪製世界地圖。根據所有的證據，可以模擬明代人可能的航程及在美洲的文化交流活動：

明代人繞過非洲南端的大浪山角（現在的好望角），被海流帶到西非洲的貝寧、尼日、馬利等地留下貝幣、失蠟鑄銅法、將軍帽等有中國文化特徵的文物和技術。

船隊一支往北在美國東海岸留下金櫻子（切諾基玫瑰），把美洲的農作物玉米、番薯、南瓜、花生等帶回中國。他們把美洲特有的鳥當成印尼、馬來西亞的鶴鴕，稱為火雞（食火雞的簡稱），印第安人隨中國人稱呼這鳥為「火雞」（furkei），卻被英國人誤讀誤寫為turkey，沿用至今。他們在加勒比海的阿巴科島、阿拉巴馬州、巴西，留下了中國培育的花馬。

另一支抵達南美洲，知道這裡出產蘇木，帶回菠蘿。中國人把雞送給巴西的土人。繞過南美南端，沿海岸線北上，在智利、祕魯也留下雞和馬。他們探明了加利福尼亞半島，登上「十字山」（今稱Sierra de la Laguna）。在加州贈給土人的一匹馬，後來被土人厚葬在加州卡爾斯巴德。船隊經過北美西部沿岸，命名加州北部的松樹林、華盛頓州的「雪山」（雷尼爾山），用花斑點馬與華盛頓州的內帕西人交易。維殊冧族婦女把中國銅錢和貝幣用做頭飾，特里吉特族（Tlingit）用中國銅錢編成盔甲，這種傳統延續到清朝。

永樂時代的中國船隊繼續北上，到達阿拉斯加的「美灣」（朱諾），觀賞過安克拉治附近的「水潮峰」，遺下永樂通寶，然後取道回中國。《坤輿萬國全圖》上的中文地名與今日的緯度完全吻合，而西方地圖上翻譯的地名與地理不符。回程中，中國人把美洲的菠蘿、番薯等作物帶到滄溟宗（太平洋）的國家。

宣德時代，明代人重臨美洲，把宣德金牌送給卡羅萊納州的土人，有些船員可能因為船破，永遠沒法回中國，與當地人同化，在南卡羅萊納州種稻、種桑、養蠶、製陶，把這些工藝傳授給當地人。明代中國船隊載來的穆斯林人、猶太人、非洲人，成為流落異鄉的人（馬倫真〔Melungeon〕），他們帶有土耳其、非洲等種族的血統，形成美國東南部比較複雜的種族分支，這些明代各國到美洲的移民後代，後來與幾千年前從亞洲來定居的人一起被

遷徙到奧克拉荷馬州及其他西部地區。

融入薩米諾爾（Seminole）和馬斯柯基（Muscogee）的穆斯林人，曾經保持他們的彎月與星的伊斯蘭旗幟。當時歐洲人對美洲的物品都冠以「土耳其」的名稱是有理由的，土耳其是伊斯蘭代表。中國人則與切諾基人一起，展示代表明朝御使的北斗旗，行中國文武官的制度。美國東南被認為最聰明的五個民族，風俗都與穆斯林、華人有關。歐洲移民美國前，美洲已有「自由身」的非洲裔土著，切諾基人中有自稱是猶太人，即明代國際貿易的旅客或船工。美國偶爾發現中東古語的刻石和文物，很可能與這些旅客、船工有關。

華人船員中的造瓷者，憑著他們對選土、漚土、龍窯、水碓、鹼性釉的知識，依照中國景德鎮的古老陶藝，製造了五毒罐、蟾滴、鼎、香爐等中國典型的陶瓷器形。由於景德鎮造瓷行業的分工，這些流落的陶工只能零星地根據自己片面的認識製陶，沒有達到瓷的水平。卡托巴人和切諾基人從明代人處學到瓷土的稱謂：堊土、堊泥。即使如此，卡羅萊納州還是成為西半球唯一傳承景德鎮古老工藝的所在。後來英國人從美洲得到瓷土，才建立造瓷工業。

明代文化在美洲的影響逐漸向西和北面擴張，中國商旅的銅鈴、珠子散見於印第安人各族的文物。其中佛教的手中眼、萬字符多次出現在印第安人的傳統飾物圖案。遠至威斯康辛州、蒙大拿州的克魯族也把北斗畫在旗幟上，稱北斗為「信使」。切諾基人珍藏宣德金牌這件傳家寶，守了三百多年，歷經十幾代人，在美國獨立前後丟失。金牌在山裡躺了兩百多年，無意中被尋寶者掘出，奇蹟地落到一位對中國文史有興趣的科學工作者手裡。深埋六百年的逸史，與宣德金牌一起面世。

以上總結為下面一些要點：

● 華夏文化[2]的天文、數學、工藝、農業、習俗、美術、宗教、語言，

---

2 這裡的華夏文化泛指中國古代文化（紅山、龍山、仰韶、良渚等），「中國」一詞尚未有。

在美洲留有深刻的印記，結繩記事、二十八宿、石圭是古代華夏文化在美洲的痕跡。

- 五代時期（西元 500 年左右）在阿拉斯加留下青銅器的很可能是中國人。慧深渡海至扶桑的記載，不是空穴來風。

- 明代中國人來美洲不止一次，永樂時代、宣德時代應起碼各有一次。

- 明代中國留在美洲的物質與非物質文化證據，與《坤輿萬國全圖》互證明代中國人測繪世界地圖。衛匡國的《中國新地圖集》只能是翻譯、抄自明代與以前中國人的作品，證明中國是地圖學、經緯線的發明者。

- 中國人曾定居美洲東南部，開墾稻田、養蠶、製陶，與原住民融和一起。

- 明代人把美洲重要的農作物——玉米、番薯、辣椒、南瓜、花生、煙草等帶回中國，並帶給亞洲、太平洋一些國家。其中玉米與番薯成為中國小冰川時期重要的副食品，是中國人口眾多的原因。

- 鄭和時代，中國與西非洲國家曾經有比較深的交往，留下文化證據。

- 外國商旅乘坐明代的船流落美洲，造成美國東南部複雜的種族成分。他們有非洲裔、穆斯林、猶太人，到達美洲，先於哥倫布。

- 西方地理大發現是建築在中國大航海的基礎上，通過中國測繪的世界地圖，按圖索驥。

誰先「發現」美洲其實並不重要，誰先發展美洲才重要。美洲本來是亞洲人一萬多年前發現、定居的所在。北歐人也可能早期來過美洲，但是沒有留下太多痕跡。明代大航海，測繪世界地圖，提供了開拓美洲的新局面，引起後來歐洲的所謂「地理大發現」。哥倫布是歐洲來美的第一人，但絕對不是發現美洲第一人。美國的農業基礎有明顯的中國痕跡。以往無法解釋的很多歷史現象、懸疑，可以從明代與美洲關係中尋找答案。明代人的參與，系統地與其他現象銜接，納入整幅世界歷史的拼板，形成統一理論，解釋以往的懸疑。

歐洲移民早期對美洲原住民大肆殺戮，本來的人口減少了 90%，而且強

迫與歐洲文化認同，許多歷史沒有自己的文字記載，但是文化痕跡是很難毀滅的。以上是按照目前有的資料闡釋，以往世界史的三大經典，均無法解釋文物、地圖、文獻上各種現象，因此必須更正，還原華夏民族對美洲、對世界的貢獻。認真來說，西方科學性的考古學只有兩百多年經驗，中國考古史短短一百多年，一半在顛沛流離中成長。歷史文獻、考古資料不斷有新發現，筆者不排除日後補充或更正，這是對歷史應有的正確態度。

附：洪保墓壽藏銘的天方在哪裡？[1]

2010年，洪保墓發掘引起考古界和一般人士極大的興趣。大家都希望墓裡的文物、文獻能提供一些新材料，解答六百年來對鄭和最遠到達哪裡的疑問。

鄭和研究2010年第三期為洪保墓發掘專輯。關於洪保生平及其墓壽藏銘多有啟發，尤其壽藏銘七百四十一字的內容，更是引人注目。茲就已發布之該文，略抒淺見。

壽藏銘裡絕大部分是洪保的生平與恭維的話語，表下不提。只談有關航行的段落。

洪保墓壽藏銘云：

> 航海七渡西洋，由占城至爪哇，過滿剌加、蘇門答臘、錫蘭山及柯枝、古里，直抵西域之忽魯謨斯、阿丹等國。及聞海外有國曰天方，在數萬餘里。中國之人古未嘗到。公返旆中途，乃遣軍校喻之。至則遠人駭其猝至，以親屬隨公奉□□效貢。

文中所載，最遠及阿丹，並未提到東非各國。不只文獻，最近非洲考古已證實鄭和曾至東非，故文中未提，絕不可做否定之據。推理最基本的戒條是：未有證據，不是「沒有」的證據（Absence of evidence is not evidence of absence）。

洪保壽藏銘之天方在「**海外數萬餘里，中國之人古未嘗到。……至則遠人駭其猝至**」。明史中有天方，一指阿拉伯麥加回教聖地。《坤輿萬國全圖》

之天方則錯置與陰山之南。另有墨加於阿拉伯半島。唐代中國已通商中亞、印尼勿里洞島，唐代沉船的出口瓷器上有阿拉伯紋飾。伊斯蘭教輸入中國，元代民間已通歐洲、非洲，與回教有密切關係，不少元朝蒙古人信奉伊斯蘭，所謂色目人，許多為中東穆斯林。明成祖與宣德派遣下西洋的太監鄭和、馬歡、費信、洪保，均為穆斯林。鄭和的其中一項任務是購買來自蘇麻利（Sumeria）的青白瓷顏料，蘇麻利即今伊拉克、阿拉伯半島一帶伊斯蘭地區。鄭和下西洋，有人說成全了他到麥加朝聖的願望。很難想像鄭和與他的穆斯林助手萬里迢迢到了伊拉克，卻不去麥加。事實上，馬歡的《瀛涯勝覽》對天方有很詳細的描述。怎麼可以說「**中國之人古未嘗到**」？

元朝時，伊本白圖泰曾來中國，回去後寫了很長的遊記，穆斯林當早有所聞，麥加之人亦不致對中國陌生，與「**駭其猝至**」不合。

「**及聞海外有國曰天方**」一句緊接阿丹，可解釋為在阿丹聽到的消息，阿丹（今葉門阿丹港，一譯亞丁港），距麥加僅兩千里，何以要強調天方為數萬餘里？南京至麥加直線距離約八千公里，約合一萬六千華里。航路距離約一萬兩千公里，相當兩萬四千華里。無三不成幾，還沒有數萬餘里。因此洪保壽藏銘的天方並非指麥加。距阿丹數萬餘里，為極遠之處，不但與美洲無衝突，反而暗合。

洪保「**返舳中途，乃遣軍校喻之**」。洪保本人並未親自去探查這個「天方」。他的軍校回報了什麼，沒有記載。

2010年7月，我在麻六甲第一屆國際鄭和會議上提出，《坤輿萬國全圖》裡美洲的中文地名，約50%沒有相應的歐文地名。根據黃時鑑、龔纓晏及義大利學者德禮賢從《坤輿萬國全圖》的中文地名翻譯為歐洲文字（黃時鑑、龔纓晏 2004）。如果利瑪竇真是《坤輿萬國全圖》的作者，原圖來自歐洲地圖學家，德禮賢應該直接從歐洲文獻得到《坤輿萬國全圖》上的地名，而不應從《坤輿萬國全圖》的中文地名翻譯為歐洲文字。這些《坤輿萬國全圖》特有的中文地名已經清楚表示：繪圖者、命名者是中國人。按照地圖上西班牙附近的按語，地圖成於利瑪竇之前一百六十年，即鄭和時代，其地理卻比利氏一百年後的歐繪世界地圖更準確。利氏地圖於獲准入宮一年後完成，利氏極可能得自中國檔案，是明代華人航行測繪美洲鐵證，故《坤輿萬國全

《圖》實應為中學西漸。

鄭和〈天妃之神靈應記〉碑云「**涉滄溟十萬餘里**」解釋有二：一為七次航程總和，一為最遠距離。中國南京至非洲東岸直線約一萬公里，即兩萬華里（按一公里約兩華里），以曲線航程計算，歷次下西洋總和應遠不止十萬餘里。此處應指最遠所達距離。地球赤道圓周為40,075.16公里，約八萬華里。若以最遠距離算，十萬餘里足可環繞地球一圈。

以上分析不能證明洪保的天方為美洲，亦不能排除天方為美洲。但可以認為洪保的天方有別於費信與馬歡描寫的在阿拉伯半島的天方（麥加）。《坤輿萬國全圖》上的天方置於陰山之北，另有墨加，與阿登國鄰，表示天方可能是古人對遠方外國、未名國度的稱呼。

唐代與阿拉伯通時，稱麥加穆斯林圍繞禮拜之Kaaba聖殿為天房，明代稱麥加為天方。

根據遼史、元史、明史描述天方的記載，基本上是指阿拉伯半島的麥加（見附錄）。因此很容易誤會洪保之天方亦必然是麥加。只有仔細分析壽藏銘的字句，關於距離和天方住民對明人的反應才會懷疑天方不是麥加。因此洪保壽藏銘之天方相當於「天各一方」，喻距中國極遠之地，而非麥加。

有認為洪保墓藏銘沒有列入美洲、澳洲，證明鄭和下西洋沒有到過。其實，若墓藏銘有美洲、澳洲的地名，恰恰證明墓藏銘是偽造的。

美洲，全名「亞美利堅洲」（America），源自西方航海家亞美利哥·韋斯普奇（Amerigo Vespucci），與哥倫布同時。洪保壽藏銘撰刻（1434）之後七十三年，這地名才出現在1507年的瓦德西穆勒（Waldseemüller）世界地圖。洪保去世後，亞美利哥才出生。

西方一般說法認為，澳洲是1606年荷蘭人威廉·約翰森（Willem Janszoon）發現的，當時他命名該地為Nieu Zeland，後來這名字卻用到紐西蘭。1644年，荷蘭人改稱這塊大陸為新荷蘭。荷蘭人「發現」澳洲以前，西方地圖上有Terra Australis Incongnita「南方不明之地」的地名，據說是「剛剛發現」，標註在1523年的Johannes Schöner的地球儀的印本。除此，沒有任何文獻記載誰發現、什麼時候發現。如果屬實，這不是與1606年發現澳洲之說有矛盾嗎？奧特里烏斯（Ortelius 1570）、墨卡托（Mercator 1569）地

圖上也標註「南方不明之地」這名字，他們如何畫出1606年荷蘭發現的地形？1837年，英國人再把名字改回澳大利亞（Australia），即中國原來的命名「南方之地」。《坤輿萬國全圖》上注的「此南方地，人至者少，故未審其人物何如」，就是西方地圖的根據。知道「人至者少」是已經到過的概念，只是「未審其人物何如」。《坤輿萬國全圖》實際上主要取材自中國人於1430年代完成的世界地圖。關於中國航至澳洲，詳細見作者《坤輿萬國全圖解密：明代測繪世界》一書。即使以1523年算，西方澳洲的命名是墓藏銘（1434）之後約九十年。

洪保墓藏銘絕對不應有美洲或澳洲的地名，否則就是偽造。

2010年8月9日，我在報界訪問中說：暫無文獻，或記載脫漏不詳，不能做否定證據。結論應從既有證據中探索。由於洪保非親至天方，軍校紀錄未詳，實難強求。研究中外交通史，中國文獻僅可窺豹數斑。必須多方對照外國文獻及實物實證，追本溯源，並慎重考慮翻譯之謬。外國文獻真偽正誤亦參差不齊，不能盡信，否則人不訛己而己先自訛。今人治史，科學工具較前更多，務宜充分利用文獻外之證據，以正史之誤、補史之缺。以上對洪保壽藏銘的淺析，僅為玉引。

附錄

以下文獻有關天方的記載，證明明代人熟知天方（麥加），洪保墓藏銘裡的天方是另有所指。

《遼史》三十九卷

宋王曾《上契丹事》曰：出燕京北門，至望京館。五十里至順州。七十里至檀州，漸入山。五十里至金溝館。將至館，川原平曠，謂之金溝澱。自此入山，詰曲登陟，無復里堠，但以馬行記日，約其里數。九十里至古北口，兩傍峻崖，僅容車軌。又度德勝嶺，盤道數層，俗名思鄉嶺，八十里至新館。過雕窠嶺、偏槍嶺，四十里至臥如來館。過烏灤河，東有灤州，又過摸鬥嶺，一名渡雲嶺、芹菜嶺，七十里至柳河館。松亭嶺甚險峻，七十里至打造部落館。東南行五十里至牛山館。八十里

至鹿兒峽館。過蝦蟆嶺，九十里至鐵漿館。過石子嶺，自此漸出山，七十里至富谷館。八十里至通天館，二十里至中京大定府。城垣卑小，方圓才四里許。門但重屋，無築闉之制。南門曰朱夏，門內通步廊，多坊門。又有市樓四：曰天方[2]、大衢、通闌、望闕。次至大同館。其門正北曰陽德、閶闔。城內西南隅岡上有寺。城南有園囿，宴射之所。自過古北口，居人草庵板屋，耕種，但無桑柘；所種皆從壟上，虞吹沙所壅。山中長松鬱然，深谷中時見畜牧牛馬橐駝，多青羊黃豕。

《元史演義》第二十回

八哈塔在今阿剌伯東岸，系回教祖謨罕默德降生地，著有《可蘭經》，為人民所信仰，凤稱天方教[3]。

（清）《欽定續通典‧卷一百四十九‧邊防三》

天方，古筠沖地，一名天堂，又曰默伽，四時皆春，土沃饒稻。男子削髮，以布纏頭，婦人編髮盤頭。相傳回回設教之祖曰瑪哈穆特（舊做馬哈麻今改正）者，首於此地行教，死即葬焉，墓頂常有光。後人遵其教不衰，有禮拜寺，寺分四方，其層次高下如塔狀，每見月初生，其王及臣民咸拜天號呼，稱揚以為禮。明宣宗宣德七年，國王遣臣沙瓛，貢方物。世宗嘉靖間，偕撒瑪爾罕、土魯番諸國，貢馬及方物。後五、六年一貢，迄神宗萬曆中不絕。

默德訥（舊作默德那今改正），回回祖國也，地近天方，有城池、宮室、田園、市肆。俗重殺，不食豕肉，常以白布纏頭。相傳其初，國王瑪哈默特（舊作謨罕驀德，今改正）生而神靈，臣服西城諸國。諸國尊為巴延鄂拉（舊作別諸契爾，今改正），猶華言天使也。明宣宗宣德年間，其酋長遣使偕天方使臣來貢。

2　此處天方為樓名，並非國名。故天方不一定特別指國名。
3　此處天方為教名。

《瀛涯勝覽》（明）馬歡

此國即默伽國也。自古里國開船，投西南申位，船行三個月方到本國馬頭，番名秩達。有大頭目主守。自秩達往西行一日，到王居之城，名默伽國。奉回回教門，聖人始於此國闡揚教法，至今國人悉遵教規行事，纖毫不敢違犯[4]。其國人物魁偉，體貌紫膛色。男子纏頭，穿長衣，足著皮鞋。婦人俱戴蓋頭，莫能見其面。說阿剌畢言語。國法禁酒。民風和美，無貧難之家。悉遵教規，犯法者少，誠為極樂之界。婚喪之禮皆依教門體例而行。

自此再行大半日之程，到天堂禮拜寺，其堂番名愷阿白（Kaaba）。外周垣城，其城有四百六十六門，門之兩旁皆用白玉石為柱，其柱共有四百六十七個，前九十九個，後一百一個，左邊一百三十二個，右邊一百三十五個。其堂以五色石疊砌，四方平頂樣。內用沉香大木五條為梁，以黃金為閣。滿堂內牆壁皆是薔薇露龍涎香和土為之，馨香不絕。上用皂紵絲為罩罩之。蓄兩黑獅子守其門。每年至十二月十日，各番回回人，甚至一、二年遠路的，也到堂內禮拜，皆將所罩紵絲割取一塊為記驗而去。剜割既盡，其王則又預織一罩，復罩於上，仍復年年不絕。堂之左有司馬儀聖人之墓，其墳壟俱是綠撒不泥寶石為之，長一丈二尺，高三尺，闊五尺，其圍墳之牆，以紺黃玉疊砌，高五尺餘。城內四角造四堆塔，每禮拜即登此塔喝班唱禮。左右兩旁有各祖師傳法之堂，亦以石頭疊造，整飾極華麗。

其處氣候四時常熱如夏，並無雨電霜雪。夜露甚重，草木皆憑露水滋養。夜放一空碗，盛至天明，其露水有三分在碗。土產米穀僅少，皆種粟麥黑黍瓜菜之類。西瓜、甜瓜每個用二人抬一個者亦有。又有一種（纏）綿花樹，如中國大桑樹，高一、二丈，其花一年二放，長生不

4　秩達Jeddah並非在古里西南，由古里至阿丹（阿登）近正西，由阿丹往北至秩達，後者瀕臨紅海，於麥加西七十公里，一日陸路可達。以海路，應先至秩達，然後東行至麥加，非西行。此處誤謂「自秩達往西行一日」，故文獻不可盡信。

枯。果有蘿蔔、萬年棗、石榴、花紅、大梨子，桃子有重四、五斤者。
其駝、馬、驢、騾、牛、羊、貓、犬、雞、鵝、鴨、鴿亦廣。雞、鴨有
重十斤以上者。土產薔薇露、俺八兒香、麒麟、獅子、駝雞、羚羊、
草上飛，並各色寶石、珍珠、珊瑚、琥珀等物。其王以金鑄錢，名倘加
行使，每個徑七分，重官秤一錢，比中國金有十二成色。

又往西行一日，到一城，名驀底納。其馬哈嘛聖人陵寢正在城內，至今
墓頂豪光日夜侵雲而起。墓後有一井，泉水清甜，名阿必糝糝。下番之
人取其水藏於船邊，海中倘遇颶風，即以此水灑之，風浪頓息。

宣德五年，欽蒙聖朝差正使太監內官鄭和等往各番國開讀賞賜。分到古
裡國時，內官太監洪見本國差人往彼，就選差通事等七人，齎帶麝香、
瓷器等物，附本國船隻到彼。往回一年，買到各色奇貨異寶，麒麟、獅
子、駝雞等物，並畫天堂圓真本回京。其默伽國王亦差使臣，將方物跟
同原去通事七人獻齎於朝廷。景泰辛未秋月望日會稽山樵馬歡述。

《星槎勝覽》（明）費信

費信曾先後四次奉使往海外諸國。

1. 永樂七年（1409）隨鄭和等往占城、爪哇、滿剌加、蘇門答剌、錫蘭
   山、柯枝、古里等國，至永樂九年（1411）回京。
2. 永樂十年（1412）隨奉使少監敏等往榜葛剌等國，至永樂十二年
   （1414）回京。
3. 永樂十三年（1415）隨正使太監侯顯等往榜葛剌諸番，直抵忽魯謨斯
   等國，至永樂十四年（1416）回京。
4. 宣德六年（1431）隨鄭和等往諸番國，凡歷忽魯謨斯、錫蘭山、古
   里、滿剌加等二十國，至宣德八年（1433）回京。

天方國　地多曠漠，即古筠沖之地，名為西域。風景融和，四時之春
也。田沃稻饒，居民安業，風俗好善。有酋長，無事科擾於民，刑法之

治，自然淳化。不生盜賊，上下和美。古置禮拜寺，見月初生，其酋長及民下悉皆拜天，以為一國之化，餘無所施。其寺分為四方，每方九十間，共三百六十間。皆白玉為柱，黃甘玉為地，中有黑石一片，方丈餘，曰漢初天降也。其寺層次高上，如塔之狀。男子穿白長衫。地產金箔、寶石、珍珠、獅子、駱駝、祖剌法、豹、麂。馬八尺之高也，即為天馬也。貨用金銀、段疋、色絹、青白花器、鐵鼎、鐵銚之屬。乃日中不市，至日落之後以為夜市，蓋其日色熱之故也。

詩曰：罕見天方國，遺風禮義長。存心恭後土，加額感穹蒼。玉殿臨西域，山城接大荒。珍珠光彩潔，異獸貴馴良。日以安民業，晚來聚市商。景融禾稼盛，物阜草木香。尤念蒼生誌，承恩覽遠邦。采詩雖句俗，誠意獻君王。

▌跋

「真相使你得到自由。」這至理名言是許多大學的校訓。拉丁文的原文Veritas vos liberabit，翻譯成英文是 Truth can set you free。英文的「真相」與「真理」是同一個詞彙，往往混為一談，所以有人翻譯為「真理使你得到自由」。

其實，真相與真理有一段距離。人類的認知過程是：「真相—演繹—知識—智慧—真理」。認知真相是第一步，演繹真相的事實，融匯為知識，總結成智慧，昇華為真理。真理是智慧的結晶、是指導行為的南針。沒有真相，是不會有真理的。硬要人接受「真理」，卻不提供真相的人，往往別有所圖。「博學—審問—慎思—明辨—篤行」與「真相—演繹—知識—智慧—真理」是平行的，一邊是過程，一邊是目標，互為作用。所以我在書的序言前面把它們聯繫起來：

博學窮真相，審問以演繹，慎思求知識，明辨出智慧，篤行為真理。

有人以為博學應該求知識，其實某些被稱為知識是經過過濾的產物，有真有假，真相是完全客觀的，沒有經過人為修飾的事實原本；對不同來源的真相與假象要審問以演繹，盡量避免偏頗的中介演繹；經過慎思比較不同的演繹才是真知識；累積的知識，通過明辨總結出智慧；智慧的集成是真理，只有這樣的真理才值得篤行。

尼采感嘆：「只有演繹，沒有真相。」不錯，真相往往被演繹綁架，導致錯誤的知識，誤導真理。人云亦云的盲從、篤信、篤行是最可怕的思想病，是人類進步最大的絆腳石。

歷史有兩個層面：一是以前確實發生的事情，這是真相；一是人們對以

前發生事情之紀錄，這是文獻。兩者可以是一樣，也可以截然相反。

有人把歷史稱為「演繹科學」。紙上的歷史是人寫的。一個人能獲得的資訊有限，即使沒有偏見，紀錄也未必全面、正確。文化痕跡是集體的成果，比較全面，是整體總和的平均。考古的意義就是把歷史事實盡量客觀地重現。文獻與考古有衝突，考古結果的可信度較大。有一位電視新聞界的著名人物，家族有教歷史、考古的，考古的新發現經常翻出歷史課本的錯誤。

做科學研究，比較簡單，設計對頭，操作正確，實驗數據是不會說謊的，演繹者公開數據，就事論事。數據與假說不符，除非實驗設計不對頭，該檢討的是假說，絕對不能以數據遷就假說。闡析基於真相，不是先立論，再找「事實」。歷史卻不一樣，利益衝突的雙方，各有說法，有時為了利益，不顧事實，隱瞞、捏造、歪曲，加上人的記憶本就不完善，報導與真相往往有偏差，例如網際網路上的傳訊，真假莫辨，百口莫辯，既可笑又可怕。歷史可以有不同的闡析，但是事實真相是沒有國界之分的，無須謙恭推讓。明明是自己對的，硬要說錯；明明是自己的功勞，硬要推讓，非但不能贏取國際的聲譽，只惹人竊笑是偽善與懦弱的表現。

古人造字，「時」、「事」、「實」、「史」、「是」，同音不同調，很有意思。把當「時」的「事」，如「實」記載為「史」，為之「是」（正確）。與時間證據有衝突的必然不是事實，這樣寫成的不叫史，叫謊言。英文有一個字「Factoid」，還沒有中文翻譯，牛津字典的解釋是「一宗不可靠的信息，重複太多次，被人當成事實」，姑且稱之為「非實」，與事實相對。我們過去讀的歷史課本，不少是似是而非的「非實」。科學最重要的一點，是允許更正的。科學只是認識的階段總結，新的數據與舊的理論有衝突，必須找出原因。科學不只允許自我否定，而且是鼓勵自我否定的，這是科學的基本態度。歷史教本，也相當於科學理論，是允許推翻的。新的數據與舊的理論有衝突，必須重新審視。歷史與科學一樣，沒有真相，就無法得出有意義的結論。社會科學的錯誤，往往比自然科學的錯誤危害更大。

■

六年前，我不會想到一封短短的電郵、一面小銅牌會帶來這麼巨大的人

生轉變，開始了我從科學走向歷史、回到科學融合歷史的長路。這是一宗六百年懸案的偵探過程，離奇曲折，每解決一個問題，帶出更多疑問，線索愈揭愈多，不可收拾。案子沒有完全了結，不過，眉目已經清楚，事情總要告個段落，可以判斷，有所交代。這本書只算是開了頭，還有很多工作，竭一生之力也不能完成，將來總有人寫續集。

2006 年獲得宣德金牌，上面的六個字「大明宣德委錫」給我巨大的震撼。維繫著我繼續鑽研下去的主要是兩個字：「委錫」，宣德委派一位使者去賞錫（賜）的銅牌在美洲東部出土，意味著什麼？一是可能給挨罵的笑料，不然是驚天動地的翻案。為了把真相弄清楚，我跑了美、歐、亞不少博物館，不能親自去看的，在網際網路上查考、去信詢問。最重要是搜索西方原始文獻，最早到十六世紀早期，即西方所謂世界地理大發現的時期，而且盡量找最早的版本，最好是手抄本的影印本，避免後人改寫。結論是，幾百年來，歷史一直被改寫，與原來的真相相差甚遠。

我在洛陽白馬寺看過一副對聯，給我很深的印象：

西域覓真經，五萬里苦雨淒風，欲渡眾生登彼岸；
慈恩弘佛法，十一年青燈黃卷，唯憑一念證菩提。

上下聯的最後一句很能表達我的心情。我不敢自比玄奘，也沒有弘佛的意思，不至於苦雨淒風、青燈黃卷。但是，一天十幾小時，神遊上下古今倒是有的。追求真相，公諸大眾，造福人類，是做科學工作的最終目的。在文史界，何嘗不是？

■

利瑪竇的生平有比較完整的中外資料，《坤輿萬國全圖》最容易理解、最具說服力。有上百項證據，證明《坤輿萬國全圖》主要的地理不是來自歐洲地圖學家，而是明代中國人繪製的世界地圖。所以，我先完成《坤輿萬國全圖解密：明代測繪世界》一書，全部用中文繪製的《坤輿萬國全圖》，比任何同時期的歐洲繪世界地圖都來得精確、詳細，不可能抄自西方錯誤的地

圖。《坤輿萬國全圖》標記的中文地名，包括美洲的地名，一半沒有出現在西方地圖上。為什麼西方的世界地圖上出現他們還沒有到過的地方？沒有第一手文獻支持。利瑪竇沒有到過美洲，歐洲人還沒有發現的地方，利瑪竇從何得到信息？專門研究利瑪竇的耶穌會教士德禮賢（Pasquale M. d'Elia, 1890-1963）把《坤輿萬國全圖》的中文地名翻譯成歐洲文字。為什麼他不用原來歐洲繪的地圖原有的地名？因為沒有。這些地名是中國人命名的，包括許多美洲的地名。《坤輿萬國全圖》沒有教宗領地，教宗是當時歐洲的領袖，利瑪竇作為耶穌會會士，不標註教宗領地和文藝復興城市，義大利的地形也不對，與他的國籍、身分和使命嚴重牴觸，說明《坤輿萬國全圖》不是利瑪竇或歐洲人畫的世界地圖。

《坤輿萬國全圖》圖中的一些說明、地名、歷史事件把成圖年代鎖定在1430年前後，而不是利瑪竇序言說的1602年。這個公開的祕密，幾百年來沒人察覺，一直隱藏於眾目睽睽之下，在利瑪竇逝世四百年的時候才揭開，打破了哥倫布發現新大陸五百年的神話，解答了鄭和下西洋六百年終點的謎團，跡近神奇。

《坤輿萬國全圖》的前身是鄭和大航海的成果，就是大家幾百年來一直尋找的鄭和地圖的原本，利瑪竇只在這中國繪製的世界地圖上，有限地添加了幾個歐洲人擬的地名而已。與《武備志》裡的航海圖用途不一樣，這份地圖展示了宏觀的世界。鄭和歷次航海的點滴信息，通過沿路的船員，透露給歐洲的探險家，才有瓦德西穆勒（1507）、墨卡托（1569）、奧特里烏斯（1570）、普蘭修（1594）等人的地圖。這些地圖的美洲，大部分不是歐洲航海測繪的結果。錯誤的地形、莫衷一是的地名，歐洲文獻顯示他們沒有到過，卻出現在他們的世界地圖。利瑪竇到中國後，西方探險家還未發現的地理，莫名其妙在地圖上改善了，唯一的可能是，利瑪竇把在中國獲得的正確信息反饋給歐洲，而不是把西方世界地理帶來中國。1593年，利瑪竇還沒到南京，同年刊刻的梁輈《乾坤萬國全圖古今人物事蹟輿圖》無意中透露：「白下諸公之翻刻有六幅者。」白下是明代南京朝臣居住辦公的區域，往往以此代表政府。利瑪竇沒有到南京前，明朝政府就有一份六幅的世界地圖，《坤輿萬國全圖》也是六幅，有這樣巧合嗎？不是明顯透露了《坤輿萬國全

圖》的前身嗎？而且，利瑪竇自己寫的紀錄裡，他與李之藻原來合作的地圖只有六平方英尺（利瑪竇、金尼閣 1983, 432），即《坤輿萬國全圖》的十分之一大小。這些證據讓我們知道，六幅的《坤輿萬國全圖》前身，早就存在南京政府裡，真正作者是1430年左右的中國人。應該說，《坤輿萬國全圖》是東學西漸，不是西學東漸。這張地圖還有很多值得學習的地方，將來恐怕要成立《坤輿萬國全圖》學。

我們必須尊重利瑪竇的貢獻。他不是地圖的主要繪製人，但是，沒有他，這份世界地圖可能就在朝代更替的混亂中，永遠消失在歷史的視野。同時，也要佩服明代大臣們的機智，他們知道有《坤輿萬國全圖》的存在，但是不能明說，否則有人要犯欺君之罪，因為前此，有人呈報鄭和下西洋的資料已經不存。他們巧妙地把地圖的著作權讓給利瑪竇，寧可不沾光彩，把這份寶貴的文化遺產保留下來，公諸於世，也保住自己的頭顱，趁利瑪竇來華，讓曾經稟告遺失的鄭和時代地圖重見天日。

明代人能繪製世界地圖，一定已經環球航行，安全回中國。但是，這過程中必然付出很大的代價。明朝政府裡有人極力反對大航海，就是因為「昔下西洋，費錢糧數千萬，軍民死且萬計」。想想麥哲倫是第一個歐洲人嘗試越過滄溟宗，何以一次就成功呢？沒有任何信息去準備，能行嗎？經過南美海峽後，他為什麼不沿著海岸線安全地探索，而是一直往西北走，越過滄溟宗呢？除非他已經有信息，這方向是能行的，是誰給他這信息？正確地說，是鄭和船隊裡成千上萬犧牲的先行者，開啟了世界地理大發現的門。歐洲航海者是站在鄭和船隊肩膀上的受惠者。永樂通寶在美洲西部幾處地方出現，證明永樂時代中國船隊已經來過。宣德金牌在美國東部出現，代表另一次，而這次有人定居。我在2010年發表過，鄭和船隊來美洲不止一次，就是這意思。來美洲的是龐大的鄭和船隊一部分，暫時不能確定是否包括鄭和本人。

耶穌會士衛匡國（Martino Martini）在1655年出版的《中國新地圖集》一直被認為是西方的作品。衛匡國在中國只有九年。即使以現代的技術，沒有空中攝影的幫助，任何人靠平地的勘查，不可能在九年內繪製整個中國的地圖，尤其是明清交際，中國陷入歷史上極其混亂的時期，沒有一塊土地不受戰爭災害的蹂躪。唯一可能是，衛匡國的《中國新地圖集》是他翻譯摹寫

明代人總結過去歷代方志、統志、省志、縣志等而成，與利瑪竇摹抄翻譯中國人繪製的《坤輿萬國全圖》一樣。西安碑林裡豎立的宋代石刻的中國地圖，把黃河、長江的方位，曲折、準確地記錄，幾乎與今天的地圖無異，沒有千萬人統籌的勘查是不可能的，況且還有經緯一樣的方格。為什麼今人要懷疑祖先的智慧？

■

這本書收集了物質性和非物質性的文化痕跡，分析在美洲的明代文化。結論是明代中國人曾登陸並開墾美洲，推翻我們幾百年來認為經典的歷史觀點，糾正歐洲中心的歷史觀。

長期以來，有很多猜測，中美之間的文化關係。美洲原住民人種與亞洲人種基因同源，遺傳學的證據毫無疑問。從文化來說，華夏文化多方面在美洲生根，比鄭和時代更早。經過幾百年、甚至幾千年的演化，美洲文化在原來的中華文化基礎上發展出獨特的性格，有時不易辨認。

十六世紀的世界充滿幻想、希望、機會，也充滿冒險、欺詐、殘暴。歐洲人本來要繞過穆斯林控制的東方貿易之路。出乎意料的美洲，把這意圖化為投資探險。他們編造美麗的遠景，把只有丁點印象的美洲誇大為金銀滿山的天堂，吸引了更多的冒險家。

開始的歐洲新移民，還沒有太大利害關係衝突，比較客觀地報導所見所聞。他們對美洲原住民保持著好奇、了解的願望，抱著和平共處的態度與原住民交往，其記述有一定的客觀性。

愈來愈多的歐洲移民與原住民利益不能調和，摧毀了和平的關係。「發現者」察覺，「先到先得」的口號，在千千萬萬的原住民面前是自嘲，於是極力低貶、醜化美洲原住民的智慧文明，禁止原住民的語言、風俗、文化，甚至武力消滅種族，大量竄改歷史，以掩埋真相。紀念哥倫布的幾百個地名，是 1790 年以後才有的。以前的三百年，哥倫布只是眾多捨命尋金者之一。哥倫布其實是美洲原住民悲慘命運的開始，原住民絕對不慶祝哥倫布日。哥倫布本人也成了權力與貪婪的犧牲品，最終沒有得到什麼好處。

明代人探訪美洲，不過是中國人重臨舊地。中華文明在美洲留下很多痕

跡，遠至史前時代。饕餮、結繩記事、圭、二十八宿、四方四靈、節杖、旌
旄等特別的華夏文化符號，凝固在美洲文化裡幾千年，無論怎樣扭曲竄改，
還是很難磨滅。歐洲人自己的紀錄躺在圖書館的角落裡三、四百年，今天通
過電子書籍重現人前，比對之下，才知道近代報導的失實，基於無知與自
私。美國歷史學家 David McCullough 慨嘆美國人對歷史愈來愈無知，有些大
學生連美國開國十三州在哪裡也說不清。美國教育不重視歷史教育，尤其是
殖民地時代歷史，是一個能否面對事實的問題。

　　1996 年，美國史密森學會的人類學系發表了一封信，回答摩門教聲明關
於利用該研究所的名義支持摩門教的「科學」基礎，詳細列出八點澄清。其
中第四點提到：

> 舊世界文明（按：指歐洲文明）如果對美洲印第安人文明發展有任何影
> 響的話是非常微不足道的。除了狗以外，舊世界馴化的動植物在哥倫布
> 以前的新世界並不存在。1492 年以前的美洲印第安人沒有小麥、大麥、
> 燕麥、小米、稻米、牛、豬、雞、馬、驢、駱駝（駱駝、馬、野牛、猛
> 獁大象在西元前 10000 年已經絕跡，當時牠們是美洲人的獵物）。[1]

美洲與亞洲的動植物交流遠早於 1492 年。

　　載有美洲作物的《滇南本草》作者蘭茂 1441 年已經去世。菠蘿、玉米、
番薯、南瓜、花生、煙草、辣椒等美洲獨有的農作物在中國出現，比歐洲早
近一百年。

　　智利的雞骨頭的斷代是西元 1304-1424 年，與鄭和時代重合。豬骨頭與
永樂通寶同時在阿拉斯加出土，豬與雞都比哥倫布早，是明代中國人帶來美
洲的。加利福尼亞的馬，比西班牙人建立教堂最少早五十年。五花馬、小型
馬，這是中國培養了兩千年以上馬種，出現在美國東部、南部、西部、西北
部。歐洲人帶來美洲的大馬、純色馬，遺傳學上無法是小馬、五花馬的祖
先。歐洲人的五花馬是來美洲以後才出現的，他們從美洲帶回中國優良馬

1　http://www.utlm.org/onlineresources/smithsonianletter2.htm（2011 年 12 月 2 日閱）

種。

中國植物藥金櫻子，成為美國切諾基玫瑰。美洲東南部出現中國幾千年發展的米、桑、蠶絲與有關的農具、犁、農田規畫、景德鎮的陶瓷技術、文武官職制度、中國小孩用的銅製虎鈴、中國發明的國際貨幣——貝幣，都在歐洲人第一次接觸原住民時已經存在；美洲東部、南部的印第安人普遍有佛教的卍字符、手中眼；明代的北斗旗、伊斯蘭的星月旗曾經是一些原住民的代表旗幟。美國與加拿大之間的許多二十八宿天文圖觀星站、四方四靈、旌斿、饕餮、結繩記事記簿的傳統，更是遠古中華文化的痕跡。

文化特徵和生物遺傳特徵，物質與非物質的文化證據互為支持、互為印證，清晰地描畫出宣德時代中國人與同船的東南亞和中東民族在美國東海岸定居情況，也就是宣德金牌真實性的最好支持。

整個脈絡已經很清楚：明代不止環球航行，而且測繪了第一張詳細的世界地圖，在美洲留下不少文化痕跡。鄭和下西洋的功績，遠比殘留在中國的文獻記載要深遠。是鄭和領導下的明代人開創了世界地理大發現的新時代。

■

西方對中國不了解，紀錄缺失，下面的例子是很明顯的。

2011年史密森研究所出版了五百一十二頁的巨著《史密森歷史年表》，談到鄭和1405年第一次出海，船長四百四十英尺。但是，在〈世界地理大發現〉一章，沒有提到鄭和；有馬可波羅的旅行路線、伊本‧白圖泰的路線，沒有元代到中東、歐洲的航路（Kindersley 2011）。除此外，中國在世界史的參與，闕漏錯誤甚多：

- 貝幣被認為是馬爾地夫於西元前1200年開始的，中國用貝做冥幣陪葬有六千年以上。
- 〈錢幣〉一章，中國只有一枚刀幣，沒有沿用了兩千年以上的方孔錢幣。
- 〈文字〉一章，有埃及象形文字，沒有中國甲骨文。中文是世界使用最久的文字。

- 古帝國地圖，有希臘、羅馬、中東、埃及，沒有秦、漢、唐，只有清朝及分裂時期的小地圖。
- 1300-1500年的航海史不提鄭和。
- 〈醫學歷史〉一章，沒有中國醫藥歷史、針灸、草藥和本草綱目。
- 農業歷史沒有全世界最古最大的農業國——中國的貢獻：絲、茶、稻、雞、豬等均缺。
- 中國漢唐的五千年以上的耒和兩千年以上的犁沒有載入，犁算是歐洲中世紀的發明。
- 〈天文歷史〉一章，不提最早觀察記錄星空天象的中國。
- 有漢字的圖片不止一處印反了。

史密森研究所有十九所博物館、九所研究院、一百四十所附屬博物館，是目前世界最龐大的博物館研究所系統。它出版的書籍應該是周詳考慮、最有分量、最平衡的，事實卻令人失望。如果編輯有華人參與，相信不會有這樣的失誤。另一本《世界船隻歷史百科全書》，共六百八十頁，圖文並茂，連幻想小說的船也有，關於鄭和只有引號裡面兩行，三十個字。如果光看上述兩書，中國的航海史、科技史，實在乏善可陳。一些人卻把這些當成經典教本。

史密森研究所承認，歐洲人對美洲的農業沒有太大貢獻。索任森與約翰森兩位收集農作物在全球傳播的緣起，提出一向以漁獵採集為主的歐洲人，並非農產品的傳播者。除了大麥和燕麥，歐洲人沒有在世界農產品開發上有任何建樹。這兩位強調，歐洲人不應該繼續宣揚歐洲中心主義，要平等對待亞、非、美洲的人民，尊重他們在農業上的貢獻（Sorenson and Johannessen 2009）[2]。是亞洲、非洲與美洲以農為本的民族為世界帶來農作物的多樣性。

上面的例子說明，權威、專家、文獻該尊重，但不能迷信。希望今後中國學者用國際通行的文字發表著作，介紹中國歷史文化，以彌補國際認識的不足。

2　約翰森的講演，見http://www.slideshare.net/Atlanticconference09/carl-johannessen-2075422

■

　　本書的文獻基本上參照西方的原始資料。採用十六、十七世紀的影印電子書籍，原文有拉丁、西班牙、英、法、德、義大利、荷蘭等各種文字。並盡量尋找原作者版本，以避免後人改寫。個別書籍印刷複製比較模糊，假如演繹有誤，該筆者負責。限於個人的能力，沒有包括阿拉伯文獻，是最遺憾的，希望懂中東語文的學者將來補充伊斯蘭民族對世界地理的貢獻。

　　非洲古代文獻更加短缺。西方殖民非洲時，銷毀大量非洲書籍，非洲本來有著璀璨的多元文化、多種文字，現在大部分消失，剩下的很多無法解讀，是人類一個巨大損失。廷巴克圖（Timbuktu）常常用來代表遠在天邊的山旮旯（音 ga-la）。事實上，廷巴克圖是非洲文化中心，原來有很豐富的圖書館，燒毀了，餘下零散的文獻[3]。埃及的亞歷山大圖書館，也屢遭戰火。現在救回的非洲文字、書籍有限，讓人覺得非洲缺乏文化。

　　美洲原住民原來有五百個以上，人口有五千萬到一億，經過兩百多年，不增反減，現在只剩兩百五十萬左右。少數保留部分語言，沒有文字，只有零星的口述歷史，他們的文化痕跡殘存在陶藝、籃織、雕刻等工藝圖案上，他們的損失，也是人類文明的損失。墨西哥的奧梅克、馬雅、阿茲特克、祕魯的印加，原來都是具有高度文明的國家，同樣地，他們的書籍被認為是異端邪說，被盡可能的銷毀。強勢文化自定一尊，控制媒體、教育、改寫歷史，是人類文明的災難。沒有原材料，一代人可以顛倒是非黑白，三、四代人可使事實完全消失。

　　誰先發現、發展什麼，表面是沒有太大意義的爭辯，但對民氣影響極大。龔自珍說：「滅人之國，必先去其史。」美洲、非洲原住民的不振，因為歷史文化被毀滅。有哪一個國家、民族，自願自發毀滅自己的歷史文化？歷史失憶症是民族自卑的根源，有人稱之為「逆向民族主義」（Reverse nationalism）。糾正錯誤的「歷史」不是民族主義，是對真相負責。

3　http://www.loc.gov/exhibits/mali/mali-exhibit.html; http://www.timbuktufoundation.org/libraries.html

■

　　有一部令我印象深刻的電影——《十二怒漢》（ *12 Angry Men*, 1957）。十二位陪審員困在一個悶熱的小房間，要決定一位十八歲的墨西哥裔嫌疑犯是否應判殺父罪名，全數通過才能定罪。大家都希望草草了案，咬定死罪，只有一位堅持重新審視案件，他認為只要有一絲有理的疑點，就不能輕易裁決。因此，他成為眾矢之的，大家都罵他礙事、不識時務。苛責、埋怨也不能打動這位認真的陪審員。他毫不畏懼、據理力爭，一個個擊破偏見和不合理的假證，終於說服所有人，爭取到一致意見，開脫了年輕人的罪名，避免一件冤案。每次寫到鄭和，就想起那年輕的疑犯和那位堅持真相的陪審員。

　　奧特里烏斯把北海畫到南半球，墨卡托把加利福尼亞置於北極圈，不是輕微的過失。《坤輿萬國全圖》如何能抄自這兩位西方地理學家錯誤的地圖，而得到正確的地名與地理？聯繫中美文化，有數不清的數據、物證、文化痕跡，怎能用「獨立偶發」推得一乾二淨？如果我們接受這種裁決，在被告席上的是自尊和自信，被冤枉禁錮的是真相和公義。

■

　　這本書能完成，是許多個偶然的組合，許多「如果……會如何？」的機率湊在一起，近乎神奇。試想，如果金牌原來的物主不把它的照片登在網際網路上；如果第三者沒有看到他的照片、沒有與我聯繫；如果我沒有興趣，對明史沒有一點認識；如果金屬測試的誤差令我失望；如果我相信某些人的勸告，頂不住某些專家的批評和冷嘲；如果不是鄭和、哥倫布、利瑪竇三位交通史的重量級人物，剛剛碰上六百年、五百年、四百年的紀念，刺激多方面的興趣；如果沒有學者朋友的鼓勵和勇氣，承擔出版的風險……。還有很多「如果」，任何一個環節都會讓這本書夭折，何況全部是在沒有任何外來研究經費支持下進行。以後是不是再有機會，還有人翻案？很難說。在研究過程中，有令人困擾的日子，大多數時間卻是在極度興奮的情況下度過，可以說廢寢忘餐，有時為抓住一個概念，查、思、寫，通宵達旦。

　　很多時候，我想起錢穆先生作的，母校新亞書院校歌一段：

手空空，無一物，路遙遙，無止境。

亂離中，流浪裡，餓我體膚勞我精。

艱險我奮進，困乏我多情。

千斤擔子兩肩挑，趁青春，結隊向前行。

珍重珍重，這是我新亞精神。

六年前，我的確是「手空空」，除了一枚使人半信半疑的宣德金牌，一無所有。尋根究柢的動力，是金牌上幾個謎一樣的字。頂著「歷史外行人」的大帽子，何止「路遙遙，無止境」，簡直前路茫茫。可是，新的線索接踵而來，有時簡直應接不暇、欲罷不能。積存的材料，足夠再寫兩、三本書。探索經過，發生許多詭異的事情，類似《達文西密碼》的傳奇。為了普及，不好囉嗦，把大部分圖片、文字省去，相信書中的線索足夠讀者判斷了，還希望方家們補充、指正。

網際網路上經過無數次轉載，有各種失實的報導，把我和一些與我無關的事扯在一起，這是無法澄清的，有些是結論大致一樣，但取向與表達方法不同，我只能對自己的作品負責。這便是為什麼我再三聲明，不能把任何人歸入什麼門派，只有原作者的論文才真正代表他自己。

這本書要有學術性，也希望一般人有興趣、看得懂。微博時代，限一百四十字符表達，這本書遠超過一般人的耐性。我的專業是科技方面，不是學歷史的，大半輩子在外國度過，只是對探求事實有興趣。請歷史界人士體諒我文筆生硬、體裁不規範。如有錯漏，願意恭聽、改善、糾正。

■

寫完兩本書，再回看現代史，感觸良多。中國人首先到達美洲，究竟有什麼意義？把哥倫布的名字換上鄭和太簡單了。中國能掙回美洲的主權嗎？這是不切實際的妄想。人類文化發展是否也按照達爾文主義的模式？優勝劣敗是否等於弱肉強食？什麼是強勢文化，什麼是弱勢文化？這些問題不容易回答，我的責任是把歷史的真相先公開給大眾，也許能開拓一種新視野、新思路，對歷史重新評價。如何闡析、如何評價，讓大家繼續討論。

■

本書討論的範圍廣，零零碎碎，上下古今，如何訂題目，曾煞費思量。《明宣宗實錄》有一段話：

> 宣德五年（1430）六月戊寅（初九），遣太監鄭和等詔往諭諸番國，詔曰：「朕恭膺天命，祗嗣太祖高皇帝，太宗文皇帝、仁宗昭皇帝大統，君臨萬邦，體祖宗之至仁，普輯寧於庶類，已大赦天下，紀元宣德，咸與維新。爾諸番國遠處海外，未有聞知，茲特遣太監鄭和、王景弘等齎詔往諭，其各敬順天道，撫輯人民，以共享太平之福……。」

1430年，明宣宗朱瞻基（宣德）派鄭和再下西洋，目的是重建永樂後中斷了的國際關係。「其各敬順天道，撫輯人民，以共享太平之福。」這是歷來中國的政治理想。今日國際間，謀詐攻伐不斷，七十億人終日誠惶誠恐，遠離宣德的意願。朱瞻基這段話與金牌一起給遺忘了。曾經想過用「遺忘了的聖諭」做書題，一來有點封建，也太隱晦。作為跋，倒可以提一下。

我還想起另外一段給遺忘了的話：「子子孫孫永寶用」。

商周的青銅器上，經常以這段銘文作結，希望子孫們保存器皿，流傳後世。把這句話延伸，器皿是我們共有的自然環境，以長遠的眼光看世界，讓子子孫孫和平共處，繼續享用地球，何妨不是一道警語？

中國比其他文明較悠久，歷史基本上沒有間斷，這些經驗值得與世界分享。重視歷史教訓，也是需要永寶的一個傳統。正是這傳統，使華夏文化在一萬多年的顛沛苦難中一次又一次涅槃重生。鄭和時代的歷史，在國外塵封了六百年，一個離奇的機遇使它重見天日，支離破碎的資料，正像散落的貝珠，終於重新串起一條「朋」鏈帶，把滄溟宗[4]兩岸連起來。湮沒的文化積

4　滄溟宗，中國古代對太平洋的命名。太平洋，從海洋物理或國際關係來說，並不太平。太平洋是西方譯自中國命名的「寧海」，本來只是智利以西一段比較平靜的海面。西方地圖原來把這大洋錯名南海，為了補拙，把寧海擴大為太平洋，後來中國又按西方的名字，譯為太平洋，原來貼切的滄溟宗反被遺忘了。詳見《坤輿萬國全圖解密：明代測繪世界》一書。

澱已經露出水面，行將消失的映像再次聚焦。更多材料需要有識、有志者整理出更清晰的面目，子子孫孫永寶用。

李兆良

成書於獲得宣德金牌六周年，2012年11月7日竣筆

圖7.1 「子子孫孫永寶用」（center）。

補遺

明代命名非洲南端──羅經正峰

以下補充《坤輿萬國全圖解密：明代測繪世界》一書的證據。一個很不顯眼的地名：「羅經正峰」，標記在非洲最南端。

「羅經」是指南針，也叫羅盤、子午盤、針盤、經盤等，是看風水方位的，也是航海必備的儀器，除了磁針外，還有詳細的方位刻度。經，就是指

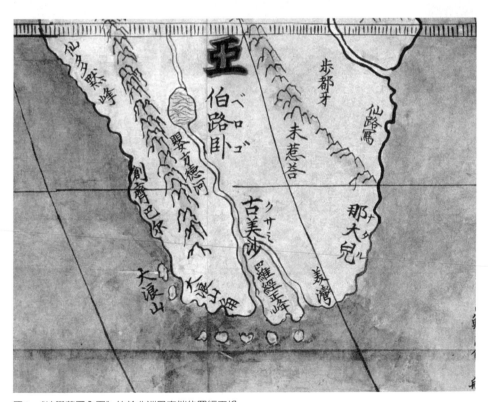

圖1 《坤輿萬國全圖》位於非洲最南端的羅經正峰。

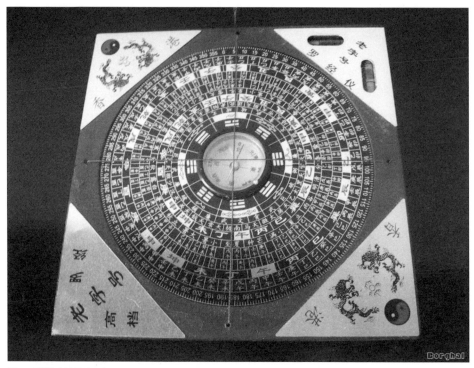

圖2　羅經（羅盤）。（Wikipedia〔Borghal〕）

地球的經度。一般認為經度的概念來自西方，其實，「羅經」這名字已經清楚表明，中國在地理上有測量經度的傳統技術。這個名字的含意非常明確，航海者利用一個山峰，以糾正方向及正確位置。

羅經正峰，相當於今日阿古拉斯岬角（Cape Agulhas，南緯：34°49'58"，東經：20°00'12"）。

被認為是《坤輿萬國全圖》藍本的奧特里烏斯1570年地圖並沒有「羅經正峰」這地名。黃、龔把該地名譯作 "Costa Dritta"（黃時鑑、龔纓晏 2004，208），雖然沒有註明，但很可能來自德禮賢（Pasquale d'Elia）的翻譯[1]。

1　德禮賢（1890-1963），義大利人，專事研究利瑪竇的耶穌教會士，翻譯了《坤輿萬國全圖》的中文地名。這本來是疑點，假如《坤輿萬國全圖》是西方著作，為何要從中文翻譯，而不採自原本？

Dritta是義大利文航海術語,指右舷,即在船上面向船頭時,船的右側。當歐洲人首次沿非洲海岸往南向東航行,海岸應該總是在船的左側,因此,該地名不可能是歐洲航海家命名的!德禮賢從何得知這地名,很難考證,但不會是空穴來風,在這裡看到海岸在右舷的人是自東往西航行的,只有下西洋的中國人如此走。目前為止,谷歌電子古文獻沒有出現Costa Dritta的名字。對歐洲航海者,它不只無用,而且誤導,被放棄是理所當然的。

按照西方理論,第一個繞過非洲南端的是葡萄牙人達伽瑪(1498)。今天,非洲南端不是好望角,應為阿古拉斯岬角,源自葡萄牙文Cabo das Agulhas,在電子古文獻中第一次出現是1598年,荷蘭旅行家林斯可騰(Jan Huygen van Linschoten, 1563-1611)的著作(Linschoten 1598)。葡萄牙文Agulhas的意思是「針狀」。阿古拉斯岬角本身不是高峰,只有一個小山丘。羅經正峰可能是指開普敦綿延的桌山(Table Mountain),大部分是平頂,正如其名,其中一座比較尖,呈圓錐狀,也不像針。有人認為Agulhas是指南針。指南針在葡萄牙語中是「bússola」,如果是葡萄牙人命名與指南針有關,應該包含bússola這字。即便如此,與校正羅經還是沾不著邊。他們的命名,只保留了「羅經正峰」部分意義。

岬角附近海域,沉船特多,1685-1975年之間,約有一百二十艘古沉船擱淺在岸邊,是吸引遊客的標誌。有人認為是因為真北與磁北重合,導致羅盤針不穩定,這解釋不太令人滿意。比較合理的解釋是,這裡有一股阿古拉斯洋流沿東非南下,由東向西,到達這岬角,遇上南大西洋自西往東的洋流,東西洋流碰撞,造成漩渦,船隻進入漩渦,團團轉,指南針也就不穩定、不辨東西,容易失事,YouTube上有一個模擬這洋流漩渦的影片,可以參考[2]。明代的航海家,碰上這裡的漩渦洋流,不能靠羅經導航,為確保他們繼續向西航行,以右舷對準海岸定位(義大利地名的片面解釋),這應該是中國人命名「羅經正峰」的本義。

還有另外一種解釋:地球的真北與磁北極並非完全一致,不同地區和不同時期,真北與磁北會有差異,這個偏差名為磁偏角(magnetic declination),

---

2　http://www.youtube.com/watch?v=IDPP9eaWTkw(2013年3月17日閱)

按地區和年代，從0度到60度不等。美國地質測量（US Geological Survey）把磁夾角的偏差按1590-1990年做一圖表，顯示1590年左右，真北與磁北剛好在南非正南端重合[3]。雖然沒有1590年以前的數據，估計與鄭和時代的測量差別不大。羅盤是中國發明的，宋代科學家沈括在《夢溪筆談》裡提到「方家以磁石磨針鋒，則能指南，然常微偏東，不全南也」，該書成於1086-1093年之間，是人類知道磁偏角的最早紀錄。明代中國人知道在這裡的真北與磁北重合，用以校正羅盤，因此稱之為羅經正峰，是正常的推理。

義大利文Costa Dritta和葡萄牙文Cabo das Agulhas的命名，只透露了地名與導航的部分意義。中國人的概念傳到義大利和葡萄牙的船員，語言差異，只得到部分的理解，因此有以上的翻譯。《坤輿萬國全圖》上同樣的例子，還有中國人按照加利福尼亞巴哈半島的山脈地形，標註「十字山尾」，卻被西方誤認為與宗教有關，稱為「聖十字」（Santa Cruz），後來地名被移位到與地形毫無相關的地方，是同一道理（李兆良 2012）。

所以，首先測定非洲最南端岬角，命名「羅經正峰」的是明代中國人。他們把信息傳給歐洲航海者，後者的命名只是一知半解。這個中文地名再次證明《坤輿萬國全圖》是鄭和時代中國人繪製的。

羅經正峰的地點還有另一重要意義：這是小西洋與大西洋的分界。《坤輿萬國全圖》的大、小西洋，都在中國西方。西方地圖是找不到大、小西洋的，因為小西洋在歐洲的東方，故只能名之為印度洋。西方地圖中的東洋、西洋混亂得很，也是因為信息來自中國，但是方位不對。而中國人稱的大西洋，從明代一直沿用到今天。《坤輿萬國全圖》已經證明大部分材料（包括美洲部分）不是利瑪竇原作，原圖應完成於1430年代，永樂第六次下西洋後，是中國人繪製的地圖（李兆良 2012）。明代中國人知道有大、小西洋，一定渡過，才能比較大小，這是明代中國越過大西洋的明證。越過大西洋，彼岸是美洲，意謂鄭和時代的中國人已經經過非洲最南端，越過大西洋，發現美洲。

3　http://geomag.usgs.gov/products/movies/index.php?type=declination&format=gif（2013年5月5日閱）

　　《宣德金牌啟示錄》一書提供確實的文化、文物證據，支持中、美在明代已經有文化交通，早於哥倫布，完全可以與《坤輿萬國全圖解密》一書互證。所有證據都導向一個結論：中國首先到達美洲，比哥倫布早六十年以上，中國零碎的信息傳到歐洲，萌發西方地理大發現。

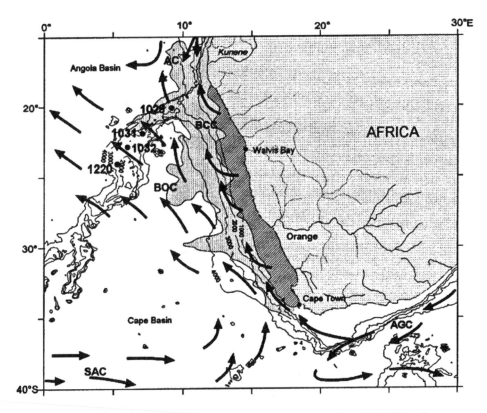

圖3　阿古拉斯海流[4]（http://www-odp.tamu.edu/publications/175_IR/chap_12/c12_f1.htm）
　　　AC＝安哥拉洋流（Angola Current）；SAC＝南大西洋洋流（South Atlantic Current）；AGC＝阿古拉斯海洋流（Agulhas Current）（根據 Wefer et al., 1996；改繪自 Lutjeharms and Stockton, 1987）

4　http://www-odp.tamu.edu/publications/175_IR/chap_12/c12_f1.htm（2013 年 3 月 17 日閱）

參考書目

Linschoten, Jan Huygen van. *John Huighen Van Linschoten, His Discours of Voyages Into Ye Easte [and] West Indies*. London: Iohn Wolfe, 1598.

李兆良，《坤輿萬國全圖解密：明代測繪世界》，台北：聯經出版公司，2012。

黃時鑑、龔纓晏，《利瑪竇世界地圖研究》，上海：上海古籍出版社，2004。

感恩

父母親合照（約1970年）

SLLee-parents

父母親給了我們的一切，謹向他們叩奠一杯，以慰天靈。

他們生逢亂世，含辛茹苦，全部努力成果都給下一代了。

父親李君可（又名李新，1911-1981），母親盧雪珍（1921-1989），經歷民國以來所有動亂，更遭祝融之災，全家付之一炬，拮据難為。我曾請求不上中學，工作以幫補家計，為父親嚴拒，堅持讓我念書。他們從來不干擾我的興趣，盡量提供一切求學條件，直至業成。父親祖籍是東莞縣（市）清溪鎮鐵牛鄉，刻苦耐勞、堅韌不拔的名字，一如父母親的性格。李氏是明朝年間遷來的客家人，父親的店員都講客家話，母親在上海出生，是虎門盧禮屏後代。父母親也講普通話和上海話，我從小耳濡目染，養成對語言的興趣，想不到，對破解中西文化交流的懸疑起了關鍵作用。這兩本書，是對父母親最大的報答，願九泉有知，尚饗。

▌銘謝

　　我的思想成長、對事物的看法受很多人影響，最重要的是我的姨婆溫徵德女士（故），她與兄長溫雄飛先生（故）、我的外公盧寶賢先生（故）為孫中山先生的事業付出很多；皇仁中學中文老師容國章先生（故）、中文大學新亞書院生物系麥繼強教授、中文系楊勇教授、歷史系孫國棟教授等，培養了我對文學、歷史的興趣；本書雖然主要談歷史，其實多方面牽涉生物學，中文大學新亞書院生物系鮑運生教授的植物學和趙傳纓教授（故）的遺傳學是考據的重要工具；我在普渡大學博士論文導師Professor Heinz G. Floss、Professor Peter F. Heinstein會很意外，他們的科學方法和治學態度會應用到一本與他們專業毫不相干的著作。

　　直接與本書主題有關，需要感謝的人實在很多，這裡提的人物是曾經在我研究過程中有參與貢獻的，有些結論與我一致，有些暫時不接受，有些是反對的。即使總的結論相同的，每個人對個別證據的採用和演繹，可能截然不同；即使結論不合，對追求真相的心大致相同。他們的意見無論正反，均刺激思考，完善本書，都得致謝。由於本書有爭議性，請讀者千萬不要把我該負的責任加到他們身上。對的，他們有功勞；錯的，我一人擔當。千萬不要把任何人分宗歸派、立門入夥。學術上，每一個人的思想都是獨立的，自負全責。為了讓他們本人知道，名字用原文，不再翻譯。除個別例外，下面次序大概按參與層面和接觸先後，若有疏漏，敬請原諒。

　　中央研究院歷史學院士張灝教授給予很多鼓勵和寶貴意見，是這兩本書能面世的主要原因。他贈送的《明史》與近兩萬頁的《中文大辭典》是我案頭必備。

　　Gavin Menzies，2002年在英國皇家地理學會上的演講，第一次引起我對鄭和的興趣。2006年6月，他安排了我第一次在皇家地理學會香港分會、

香港大學、香港遊艇會、香港外國記者會等演講活動。Ian Hudson 現在處理他的事務。

毫不認識的 Doug Drudik 把宣德金牌照片傳給我，發掘人 Robert Shinnick 出讓宣德金牌，使這段歷史得重見天日。

香港中文大學麥繼強教授提供明代銅錢，做宣德金牌分析對照，還給予極大的鼓勵，他提供文物，建成網站，是引起我得到宣德金牌的主要因素。俄亥俄州州立大學教授蔡宗亮教授推薦材料科學工程系 Dr. Cameron Begg，為宣德金牌和明代銅錢做細心詳盡的金屬測量。

城市大學中國文化中心主任鄭培凱教授，於2006年安排了在香港歷史博物館、香港電台和香港城市大學的講演和訪問。

黃時鑑和龔纓晏兩位浙江大學教授的《利瑪竇世界地圖研究》，是我過去三年內翻得最多的書，滿是書籤。他們對《坤輿萬國全圖》做了最重要的基礎研究，尤其地名索引，是我《坤輿萬國全圖解密：明代測繪世界》一書的啟發點。

美國國家圖書館前館長李華偉教授、潘銘燊博士、盧雪鄉女士，提供了不少中國古籍珍本。俄亥俄州州立大學圖書館李國慶教授多次為我找偏僻的參考。

泉州海交史博物館榮譽館長王連茂教授，南京大學歷史系張生教授、范金民教授，北京清華大學土木水利工程陸化普教授主辦了講演會。中國科學院地理研究所黃盛璋教授、北京鄭和下西洋研究學會名譽理事長鄭明教授、上海復旦大學葛劍雄教授、人民大學歷史系毛佩琦教授、新加坡大學東亞研究所所長王賡武教授、中國科學院海洋研究所鄭一鈞教授、劉鋼律師等，部分過目或提供寶貴意見。

國際鄭和學會陳達生教授、謝麟先教授主持第一屆國際鄭和會議，並幫忙整理論文發表。南京《鄭和研究》編輯蕭季文教授、江蘇省鄭和研究會鄭自海教授推薦發表我最早的論文。

其他曾經熱心安排支持講座的有：加拿大參議員 Senator Vivienne Poy；多倫多客家會 Dr. Keith Lowe；多倫多大學江紹倫教授；香港客家崇正總會；俄亥俄州州立大學東方語文學系 Professor Galal Walker，李敏儒博士；

美洲鄭和學會；紐約鄭和學會；美國中西部古銘文學會（Midwest Epigraphic Society）、James Leslie、Professor Huston McCulloch、Dr. John White III、David Rush；克里夫蘭市嚴雲泰博士；香港浸會大學陳湛杰博士（故）；模里西斯的曾繁興博士；香港亞太二十一世紀學會會長黃枝連教授；香港樹仁大學區志堅教授；北京外交學院陳奉林教授等。

家兄承基、大嫂秀蘭充當導遊，讓我拍攝到 Hereford、Oxford、London、Barcelona 等地珍貴的文物照片；景德鎮龔農民先生、饒維坤師傅讓我體驗中國古陶瓷的精妙；澳洲雪梨吳鎮圭醫生來回五百公里特地為我拍了兩張澳洲出土宣德銅盤的照片；金旭東和李鈞玉兩位專程跑到昆明金殿去為北斗旗照相。Dr. James Mooney 提供了育空地區永樂通寶的線索和北美出土中國銅錢的文獻。無錫李放先生提供鄭和信息參考。另外幾位朋友提供圖片，已經在文內謝過。

這本書的完成，還要感謝無數根本沒有見過面的無名氏，只看到有些留下的指紋。他們把西方古籍、地圖掃描放到網際網路上，讓普羅大眾有研究的機會。網際網路的電子古籍、世界地圖與搜索網站提供了方便。

聯經出版公司的朋友說，書中對他們個人的致謝一般都會刪去，不過，我還是得冒被刪的險，特別向聯經出版事業股份有限公司發行人林載爵先生致謝。沒有林先生的努力支持，這本「離經叛道」的書大概是不會面世的。還有他領導下的編輯同仁，認真努力，實為同業之範。

最重要的助手是老伴衛小玲，如往為我校對，提了不少意見，她的信任和關懷，支持我的生活和工作。她的妹妹衛美玲、衛寶玲也為我的研究奔走忙碌，一併感謝。

李兆良

2012 年 11 月 11 日

歷史大講堂
宣德金牌啓示錄：明代開拓美洲

2013年11月初版　　　　　　　　　　　　　　　　定價：新臺幣320元
有著作權・翻印必究
Printed in Taiwan.

著　　者	李	兆	良	
發 行 人	林	載	爵	

出　版　者	聯經出版事業股份有限公司	叢書編輯	梅	心	怡
地　　　址	台北市基隆路一段180號4樓	特約編輯	林	俶	萍
編輯部地址	台北市基隆路一段180號4樓	校　　對	吳	淑	芳
叢書主編電話	(02)87876242轉211	封面設計	陳	文	德
台北聯經書房：	台北市新生南路三段94號				
電　　　話：	(02)23620308				
台中分公司：	台中市健行路321號				
暨門市電話：	(04)22371234ext.5				
郵政劃撥帳戶第0100559-3號					
郵撥電話：	(02)23620308				
印　刷　者	世和印製企業有限公司				
總　經　銷	聯合發行股份有限公司				
發　行　所	新北市新店區寶橋路235巷6弄6號2樓				
電　　　話：	(02)29178022				

行政院新聞局出版事業登記證局版臺業字第0130號

本書如有缺頁，破損，倒裝請寄回台北聯經書房更換。　　ISBN　978-957-08-4283-8 (平裝)
聯經網址：www.linkingbooks.com.tw
電子信箱：linking@udngroup.com

國家圖書館出版品預行編目資料

宣德金牌啟示錄：明代開拓美洲/李兆良著 .
初版 . 臺北市 . 聯經 . 2013年11月（民102年）. 352面 .
17×23公分（歷史大講堂）
ISBN　978-957-08-4283-8（平裝）

1.文化交流　2.明史　3.美洲史

630.9　　　　　　　　　　　　　　　　102021180